资助项目

本书得到贵州大学社科学术出版基金资助（部分资助）

本书为教育部人文社科重点研究基地重大项目——“政府治理对我国企业董事会资本配置与战略决策机制的影响研究”(15JJD630002)阶段性研究成果

本书为国家自然科学基金资助项目（71862006）阶段性研究成果

政府治理、董事会资本与企业投资效率研究

A Research on Government Governance, Board Capital and Enterprises' Investment Efficiency

许为宾——著

经济管理出版社
ECONOMY & MANAGEMENT PUBLISHING HOUSE

图书在版编目（CIP）数据

政府治理、董事会资本与企业投资效率研究/许为宾著．—北京：经济管理出版社，2018.12
ISBN 978－7－5096－6172－7

Ⅰ.①政…　Ⅱ.①许…　Ⅲ.①上市公司—企业管理—研究—中国　Ⅳ.①F279.246

中国版本图书馆 CIP 数据核字(2018)第 294037 号

组稿编辑：杨雅琳
责任编辑：杨雅琳
责任印制：黄章平
责任校对：董杉珊

出版发行：经济管理出版社
（北京市海淀区北蜂窝 8 号中雅大厦 A 座 11 层　100038）
网　　址：www.E－mp.com.cn
电　　话：（010）51915602
印　　刷：三河市延风印装有限公司
经　　销：新华书店
开　　本：720mm×1000mm/16
印　　张：12.25
字　　数：249 千字
版　　次：2019 年 5 月第 1 版　　2019 年 5 月第 1 次印刷
书　　号：ISBN 978－7－5096－6172－7
定　　价：48.00 元

序言一

在金华秋实的九月，很高兴看到又一位国内管理学界的青年才俊，也是我指导过的博士研究生——贵州大学管理学院许为宾博士的个人学术专著《政府治理、董事会资本与企业投资效率研究》即将付梓，不禁感慨良多。

中国的经济转型自改革开放以来，一直是全球管理学研究难以离开的一个焦点。有关中国企业管理的研究，不仅逐渐成为全球管理学界的热点关注领域，更是基于中国企业管理实践进行管理理论构建的重要土壤。这样的研究趋势也在逐步推动传统的公司治理研究边界的扩展。单一治理主体的价值创造过程，日益和多治理主体的价值创造相联系，如治理机制之间的相互作用，就被证明是改善企业绩效的重要途径。公司治理主体价值创造的多元化结构和机制，也就进一步成为中国企业，特别是国企改革实践的重要力量。

20 世纪 90 年代中国的国企改制，如果说是以制度安排设计为核心的现代企业制度导入为标志，则其目标不妨抽象为“0 到 1”的过程。于中国国企而言，就是国营企业（SREs）改制为国有企业（SOEs）的过程。这一过程背后的逻辑推手，则是著名的市场经济制度背景下为特征表现的“两权分离”，即企业的所有权和控制权的分离。中国企业这种“0 到 1”的制度转型过程，本质上还是体现于治理结构的转化，如曾经广为流传的“老三会”变“新三会”。不过，这种治理结构的转化中，令人印象深刻的，是董事会制度的建设。由于董事会在现代企业制度，或者说独有的法人治理结构中，同时充当代理人和委托人的双重角色，董事会治理通常被称为公司制企业的关键枢纽，或者说在企业决策权力优化配置基础上进行科学决策的“牛鼻子”。抓住了“牛鼻子”，企业的绩效因为决策科学性水平的提高而降低决策风险，从而有助于提高企业在产品市场上的经营绩效。正因如此，国务院国资委前主任李荣融就认为，中国国企改革的核心，本质上就是董事会制度的建设。

不过，中国企业特别是国企完成“0 到 1”的过程后，发现重要性异乎寻常的董事会治理，却因为委托人的单一特性和产权关系的虚化，导致中国国企董事会由于股东单一或者国有股长期一股独大而诱致结构和机制几乎同时形式化，逐步开始显现出僵化刻板，甚至成为一种摆设的现象。党的十八大以来提出的国企混改制度设计，本质上是将中国企业特别是国企的现代企业制度的建设过程，从“0到1”推进到“1到多”，即通过基于现代企业制度的制度设计，导入活性更高、更大的其他资本，单一股东变为多股东，真正建设体现代理人和委托人合二为一的董事会治理结构和机制。当前，中国企业的混改在全国各地陆续展开，方兴未艾，值得关注。实际上，董事会制度如此重要的作用，也是吴敬琏教授长期以来倡议的法人治理结构的核心。

聚焦董事会治理及其和企业绩效的关系，从公司治理体系来看，实际上还是在公司治理的内部治理边界内。但是，上述有关中国企业改革和改制的过程，却并不能够完全从公司治理的内部治理视角进行解释、解读和解构。许为宾博士的这部学术专著，正是上述中国企业改制过程中，顺应公司治理研究趋势，聚焦企业董事会的一项有意思的成果。该成果围绕三个关键词，即政府治理、董事会资本以及企业投资效率。从企业价值创造的开放视角看，政府治理应该是公司治理体系中的外部治理范畴，董事会资本则是将董事会治理这一内部治理机制的边界进行了结构化的扩展，对主导科学决策主体董事会的价值创造行为进行了微观刻画。至于企业投资效率，不难理解，属于公司治理中科学决策的结果评价。这样一来，上述三个关键词就构成了涉及整合公司治理内外部治理机制的平面乃至立体问题，而非单一治理主体导向的价值创造机制问题。这样的结构布局对于深化董事会治理，特别是中国制度背景下政府在资源配置中的作用的变化认知，具有显而易见的积极作用。

许为宾博士采用政府治理（Government Governance）而非政府管理这样的提法，是有其深刻含义的。作为现代企业制度核心表现的公司治理，或者法人治理结构制度，其应用范围实际上是所有类型的组织形态。公司治理通过对经济组织决策权优化配置和制衡的制度设计，旨在实现提升经济组织科学决策的水平，最终提升经济组织绩效的目标。因此，相对于组织管理的系统封闭属性，公司治理是用开放系统的组织思想，通过协作机制，认知经济组织面向投入品主体和产品/市场矩阵中客户的资源配置效率和效果。从而，作为影响企业价值创造因素之一的政府和企业的关系，不是简单线性的，而是具有丰富的行为内涵的互动关系。中国独特的转型经济制度环境，折射出中国政府在企业价值创造活动中的独特作用，不容忽视。这样一来，政府治理而非政府管理，就成为公司治理研究领域一个重要的因素。许为宾博士正是敏锐地抓住了政府治理这一新的治理机制，并嵌入公司治理制度框架中发挥着“牛鼻子”作用的董事会治理领域，尝试建立起政府治理、董事会资本和企业投资效率这样一个围绕公司治理内外部治理机制和科学决策结果评价展开的分析框架，具有比较显著的理论和实践价值。

就具体的中国企业公司治理实践而言，企业嵌入在“权力 + 市场”的转型制度背景中。中国企业的投资决策面临两方面问题：一方面表现为以政府为主导来推动市场和企业发展，政府（官员）过多地介入微观经济活动中，企业的投资决策经常面临产权保护、法律及市场环境等制度性困局；另一方面表现为公司内部治理机制不完善，作为公司治理核心机制的董事会制度，在投资决策过程中并没有完全发挥有效的治理作用。这使得企业一方面要改善内部治理，提升董事会在投资决策中的治理有效性（内治），另一方面要积极应对外部的政府干预行为（外攘）。由此，所引发的一个科学问题是：中国企业的公司治理变革如何适应政府治理情境的变化，它们的投资决策行为及其经济后果如何？

至今我都还记得2011年那个炎热夏天，我在贵州大学讲学期间的间歇，当时还是云南大学教师的许为宾和我见面的情景。当时他在硕士阶段的研究积累，特别是他在管理学学术研究方法上的娴熟运用，给我留下了深刻的印象。几番谈话和沟通后，我鼓励他报考2012年我在南开大学的博士招生计划。2012年9月，许为宾以优异的入学成绩入读南开大学中国公司治理研究院和南开大学商学院公司治理专业博士研究生，开始了他对于上述有关政府、董事会和企业投资关系问题的思考和研究历程。2012年至今，他心无旁骛，潜心研究，力求有所作为，有所研究心得。天道酬勤。求学期间，他专注于董事会治理机制在政府和企业投资效率之间关系如何发挥作用的问题，发表了一系列相关论文，并在此基础上一鼓作气完成了博士学位毕业论文。毕业后，许为宾博士直接进入贵州大学管理学院任职，随后经过进一步的拓展和深化，最终形成了今天这部学术著作，可喜可贺。

这部学术著作聚焦于作为公司治理核心机制的董事会的资本配置异质性，探索中国地方政府治理状况改变企业董事会资本配置，并进而影响企业投资效率的内在机理。研究结果不仅能够折射出中国宏观制度变迁和政府演进所隐含的治理变化对微观经济主体治理与决策行为的影响，也可以在更一般的意义上，反映地区公共治理与公司治理的差异状况和效率问题。为中国企业理解和建设董事会、提升董事会治理有效性提供新的思路和借鉴。也有助于厘清当前公共治理与公司治理在影响企业投资效率方面的互动关系，以及规范中国上市公司在特定治理结构下的投资决策模式。

由于研究对象的特殊性和数据收集的困难，书中难免有一些不尽如人意的地方。但从总体上来说，许为宾博士这本个人学术专著是我国政府治理与公司治理交叉领域中的探索性成果，也体现了一位中国高校青年教师和学者长期在求学路上求真务实、不浮不躁的心路历程。作为许为宾的博士生导师，感记以上文字，并以朱熹《观书有感》鞭策为宾："半亩方塘一鉴开，天光云影共徘徊。为渠哪得清如许，为有源头活水来。"千江有水千江月，万里无云万里天。祝为宾学术之心常在，学术之树长青。

周　建

南开大学商学院

南开大学中国公司治理研究院

2018 年 9 月

序言二

获悉为宾要出版其著作——《政府治理、董事会资本与企业投资效率研究》，非常羡慕。为宾要我为此次出版写序，自忖不够资格写序，不敢接受，但是几经思考仍然写了。主要是感念与为宾在南开大学的同门之谊，同时也希望透过这样的机会一起为中国企业公司治理略尽绵薄之力，唤起各界重视公司治理的作用。爰不揣浅陋贻笑大方。

为宾的著作针对中国上市公司董事会治理做了创新视角的深入探讨，尤其是解读经济下行以来，企业转型过程中企业与政府治理互动下内化的因应和政府治理之间的反应，检视企业董事会治理绩效和企业发展的关联性，并寻求有效的企业董事会治理模型。这是一个创新的研究视角，也是对于当前企业发展极具参考价值的创新研究，尤其经过前沿计量分析的数据，更极具参考价值。

企业公司法人的人格独立性，是各国公司法实践和理论的基础，所谓法人人格独立的意义在于，公司法人是法律赋予拟人化的组织，给予法律上的人格，和自然人一样具有法律行为能力和权利能力，同时也负有法律行为的义务能力。这是公司之所以能存在的法律基础，公司组织的设计也是现代文明的最大发明之一。公司法人具有独立人格，但是无法自己作为，依赖于组织的代理行为而进行法律行为，进而在社会公民中完成公司的价值体现。公司的代理人制度因此产生，对于代理人和公司自身权益的关系治理，牵涉结构的建制和机制的运作，公司法规定了各种公司组织的规则和运作机制，现代公司治理学的大量理论与实践论述，包括各种评价标准和数据的发布也应运而生。公司治理因为近年来多宗治理舞弊案的发生，成为现代高院学校研究的新显学，政府也极度重视企业的治理现状和相关法律的完善与监督机制加强的。董事会是企业运作过程中兼有代理人和委托人双重身份的企业的重要组织，对于企业的长期发展和日常运作占有绝对关键的地位，是企业的灵魂中枢，对于研究董事会治理绩效的论述具有极为重大的意义和实际价值。

中国企业发展历程历经改革开放的四十年，从混沌模糊的“0 到 1”，现在又即将转型为“1+N”的发展。作为在大陆生活和学习三十年的台湾人，我参与了这个发展历程，更多地以客观者的视角观察研究了我国企业发展的各种情况，尤其这两年参与了多笔破产重组个案的法律和实际作业，审慎理解企业发展的困难与瓶颈，虽然各种因素牵扯着企业发展的各种可能，但是最主要的还是企业董事会运作的效益，这是直接导致企业是否走向破产的主要关键因素。

我和为宾等四位同门同时参加博士论文开题，而他是第一个毕业的，毕业后他到了贵州大学授课，现在学校为他出版论文著作，这是值得庆贺的事情，更是我们同门的最大荣耀，祝为宾学术之路越走越宽。

游志郎

台湾理慈科技法律事务所　高级顾问

台湾中华香道协会　理事长

台湾高点电视台　高级顾问

目录

第一章　引言

当前中国宏观经济发展的下行压力，使得微观企业投资效率问题的重要性再次凸显。在中国“权力＋市场”的转型体制中（魏下海等，2015），中国企业的投资决策面临两方面问题：一方面表现为以政府为主导来推动市场和企业发展，政府（官员）过多地介入微观经济活动中，企业的投资决策经常面临产权保护、法律及市场环境等制度性困局。另一方面表现为公司内部治理机制不完善，作为公司治理核心机制的董事会，在投资决策过程中并没有完全发挥有效的治理作用。这使得企业一方面要改善内部治理，提升董事会在投资决策中的治理有效性（内治），另一方面要积极应对外部的政府干预行为（外攘）。

中国企业在“内治”与“外攘”之间的投资决策及其经济后果，在很大程度上取决于其所处的制度环境。制度会影响企业的投资行为函数，在决定企业资本投资和配置的微观机制中发挥规范、激励和约束的作用（斯蒂格利茨、曹荣湘，2001）。当前中国制度环境中最重要的变量之一是构建国家治理体系。政府治理作为国家治理体系的重要组成部分，不可避免地会涉及政企之间的边界与行动规则问题。那么，摆在研究者面前的问题是：中国企业的公司治理变革如何适应政府治理情境的变化，它们的投资决策行为及其经济后果如何？

因而，在此背景下，探析政府治理、企业董事会资本配置与投资效率关系的问题，不仅能够折射出中国宏观制度变迁和政府演进所隐含的治理变化，对微观经济主体治理与决策行为的影响。也可以在更一般的意义上，反映地区公共治理与公司治理的差异状况和效率问题。更进一步来说，在公司治理框架内，阐释、甄别和探究影响企业投资决策有效性背后的公司内部治理机制，以及其与外部环境治理之间的关系，不仅是当前公司治理研究领域的迫切问题，而且对于提高中国上市公司投资决策的有效性，提升企业投资效率，助力宏观经济发展具有重要的理论和政策意义。

第一节 研究问题的提出

一、研究背景

企业投资决策及其形成的经济结果，不仅受剩余索取权和资产经济属性的影响，而且内生于公司治理环境和治理机制（陈德球等，2012）。企业投资效率是外部治理环境与内部治理机制交互作用的结果。近年来，公司治理与企业投资决策问题的研究，虽然成果颇丰，但已有成果重点关注的是传统的两类代理问题，即股东与经理人之间的第一类代理问题，以及大小股东之间的第二类委托—代理问题，而忽视了政企之间的代理问题。政府如何与企业内部人交互作用，进而影响企业投资行为的研究，尚未在现有研究中得到充分重视（Durnev，Fauver，2009）。这一问题更进一步的延伸则是企业董事会治理与投资效率关系问题的研究，没有考虑外部政府治理情境的嵌入性及其影响路径。下文将从理论与现实背景两方面就该问题作更进一步的论述。

（一）理论背景

董事会治理与企业投资效率之间的关系问题，一直是备受管理学界关注的重要研究问题。从以往研究来看，关于企业董事会治理与投资效率关系的研究成果很多。这些研究成果从理论上揭示了董事会治理影响企业投资行为及其经济后果的作用机制，在实践上也推动了上市公司董事会治理变革［如《中华人民共和国公司法》（以下简称《公司法》）和证监会相关法律，明确了对上市公司董事会独立性的要求等］。但令人遗憾的是，无论是在欧美等成熟市场国家，还是在中国等新兴经济国家，关于董事会治理与企业投资行为之间的经验证据都是混合的，甚至是相互冲突的（Maere et al.，2014）。什么样的董事会最好，什么样的人担任董事，治理效果更明显，企业的投资效率更高？这些看似简单的问题其实并没有得到有效解答。

从现有文献来看，以往研究多是根据外在易见的董事会结构性特征变量（如董事会规模、独立董事比例、领导权结构等）来研究董事会的治理作用（Pugliese et al.，2009），并以此为企业投资效率的前导性因素进行实证检验。上述数量性的结构特征变量，并不能很好地反映董事会成员的实际工作能力和工作有效性。为什么公司之间具有相同或相似结构特征的董事会，其投资行为及其经济后果却迥然不同？为什么许多投资决策频频失误、投资效率低下的公司却有一个结构配置良好、运行管理规范的董事会？这些问题都很难通过对董事会数量性的结构特征变量的检验获得答案（马连福、冯慧群，2014）。董事会结构性特征视角研究的局限性，是当前关于董事会治理与企业投资效率关系研究，未能得出有效性结论的重要原因之一。

另一个比较突出的原因是，由于现代主流的董事会治理与企业投资决策研究，采用了形式主义研究范式。这一范式主要表现为“零嵌入性”和“普遍主义”情结，即忽视了社会文化、法律机制、政治和权力干预以及对竞争优势的追求等因素所导致的具体公司治理情境的影响（李心合，2004）。把董事会视为一个完全独立而理性的决策行为主体，将文化、制度、组织惯性等基本因素游离于董事会治理之外。并试图通过复杂的推理和经济计量技术对相关特征变量进行检验，来获取最佳董事会治理模式，以此为突破点来解决董事会治理与企业投资效率之间的关系问题。

近年来，随着研究积累和认识加深，人们意识到在公司治理领域中，并不存在适用于一切情况（One Size to All）的最佳治理模式（Bhagat et al.，2008）。因此，学术研究焦点开始转向企业如何根据其所根植的治理环境选择有效的治理机制上（Aguilera et al.，2008）。这种选择行为既受到企业内部制度安排的影响，也依赖于企业所处的外部制度环境（Filatotchev，Allcock，2010）。具体到董事会治理与企业投资效率问题，则表现为两者之间的关系对制度环境的依赖性。

根据新制度主义的战略管理观点：受制度环境因素的影响，企业决策主体对企业战略决策行为的作用非常有限。投资效率作为企业投资决策的直接经济反映，不仅会受到作为企业战略决策主体的董事会的影响，也会受到外在制度环境的制约。事实上，国内外多项研究已注意到制度安排对投资效率的影响（Claessens，Laeven，2003；郝颖等，2014）。近年来，法与金融方面一系列研究成果的出现，也彰显出从制度安排视角出发进行研究的重要性（La Porta et al.，2001）。但令人遗憾的是，将制度环境、董事会治理与企业投资效率纳入同一框架进行研究的文献尚不多见，即使有所涉及也限于主题而未能深入。

因此，重新审视和理解董事会治理与企业投资效率之间的关系，需要从两个方面进行突破。一是超越数量性结构特征的边界，重新挖掘能够反映董事会特质的相关因素变量；二是突破“零嵌入性”情结，将制度环境因素的嵌入性及其影响路径，纳入董事会治理与企业投资效率关系研究框架中进行综合分析。

在第一个方面，根据现有文献，董事会治理研究正在逐步实现从结构特征视角到行为能力视角的转变（Krause et al.，2014）。目前，此方面的研究已经推进到了以技能、经验、社会关系网络以及信息和知识获取能力为主要内容的董事会资本的层面上（周建等，2010）。董事会资本概念由 Hillman 和 Dalziel（2003）在整合代理理论和资源依赖理论相关知识的基础上提出，该研究认为，董事会资本包括人力资本和社会资本。其中，人力资本是指董事会成员知识、技能和经验的有机组合；董事会社会资本则是董事会成员通过社会网络关系为企业提供资源性支持的能力集合（Chen，2014）。董事会资本是董事会有效发挥其监督职能和资源供给职能的重要保障，能够反映出董事会能力的特质性差异（Haynes，Hillman，2010）。

该方面的研究日益受到西方学者的重视，在 EBSCO 等主要文献数据库中，以"Board Capital""Board Capability""Director Capability""Director Human Capital""Director Social Capital"等为关键词进行检索，可以发现该方面的研究文献和引文数量逐年增多，且研究成果大多发表于 AMJ、AMR、ASQ、SMJ 等国际权威管理学学术期刊上。这一方面反映出金融危机后管理学界对于董事会治理功能的关注，另一方面也指出了董事会治理研究的未来发展方向。近年来国内关于董事会资本的研究也逐渐增多。在中国知网（CNKI）数据库中，以"董事会资本"为关键词进行学术趋势检索发现，自 2011 年起，关于董事会资本的学术关注度呈逐年上升趋势（见图 1－1），说明中国情境下的董事会资本问题已经引起了学术界的重视。

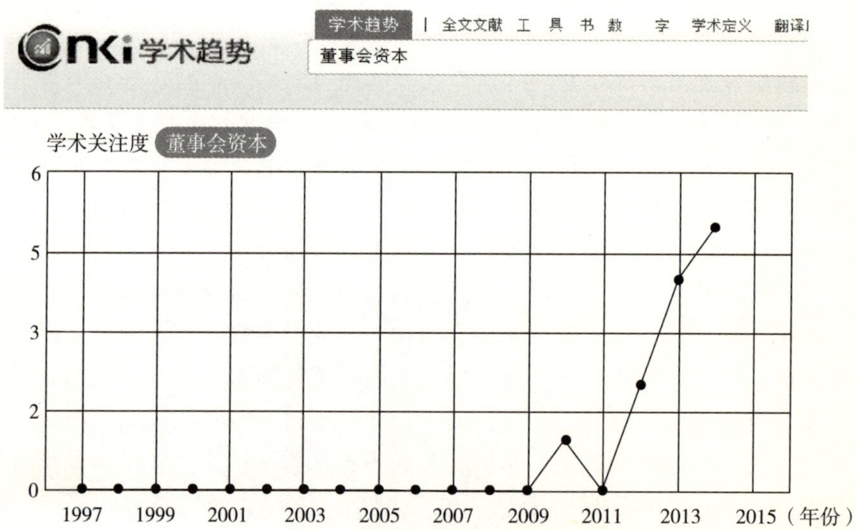

图 1－1　董事会资本学术关注度

资料来源：以"董事会资本"为关键词在 CNKI 学术趋势进行检索的结果。

从现有关于董事会资本的研究来看，尽管该主题的研究已经取得了一定的研究进展，但现有文献主要集中于对董事会资本概念内涵的认识，以及董事会资本对企业发展带来了哪些正面或负面的影响。对于企业如何进行董事会资本配置，以及企业拥有一定的董事会资本之后的内生反应，即董事会资本如何影响企业决策行为尚未进行深入探讨，也缺乏相应的经验证据。因而也就难以深入理解董事会资本对企业决策行为及其经济后果的影响，并对其做出客观的评价。相对于董事会结构性因素，董事会资本在反映董事会特质方面的优越性，使其能够为我们进行董事会治理与企业投资效率关系的研究，提供新的有效研究视角。因此，超越董事会结构特征的边界，从董事会资本视角出发研究中国企业投资效率问题。探析董事会资本如何影响企业投资效率，以及具体影响这一重要经济后果的路径。既能为董事会资本研究进行有益的拓展，也能够为重新理解董事会治理与企业投资效率之间的关系带来新知识。

在第二个方面，制度环境对投资效率的重要性已经被广泛认可（Bekaert et al.，2005）。近年来，随着研究认识加深，对该主题的研究已经推进到分析公共治理与治理结构、公司行为之间关系的层面上（陈德球、陈运森，2013）。但从现有文献来看，已有研究更多的是从宏观层面上关注制度对投资的影响作用，分析制度与微观经济组织投资决策的研究依然较少，相关经验证据也缺乏深入性。另外，法与金融的一系列文献主要集中于分析法律机制等如何影响企业行为，但对于法律机制背后的政府治理问题缺乏足够的重视（陈德球等，2012）。

事实上，从本质上来看，当前主流研究重点关注的是传统的两类代理问题，即股东与经理人之间的第一类代理问题，以及大小股东之间的第二类代理问题，而忽视了政企之间的代理问题。Stulz（2005）在对经济转型国家的制度特征进行分析后，提出了由政府（官员）、公司内部人与投资者构成的双重代理模型。其中，“第一重代理问题是公司内部人利用公司资源谋取私人利益，即公司内部人与投资者之间的代理问题。第二重代理问题是政府及其官员利用政治权力，通过侵占或帮扶企业来谋取利益，即企业存在着政府（官员）和公司所有投资者之间的代理问题”（Stulz，2005）。第二重代理问题会影响到企业内部的董事会治理行为与投资决策行为。

“制度通过组织发挥对经济主体的作用，制度的变迁和组织的演进隐含了治理的变化程度”，与公共治理环境关系最紧密的组织是（地方）政府（陈德球、李思飞，2012）。已有研究表明，公共制度的供给与执行有效性会因政府治理差异而有所不同。政府作为公共制度的主要供给者和执行者，其治理行为及质量直接影响整个制度环境的优劣（李稻葵，2002）。政府通过公共层面的制度设计与安排，影响企业资源配置。在此影响下，企业的治理行为、投资决策及其经济后果内生于政府治理水平（陈德球、李思飞，2012）。但令人遗憾的是，关于政府治理如何与企业内部人互动，影响企业投资决策行为的研究尚未得到足够的重视（Durnev，Fauver，2008）。

同时，从已有文献来看，关于公共治理如何影响企业投资决策的研究，主要是基于国家制度之间的比较，且大多以欧美国家公司为研究对象。由于各个国家的历史文化与社会经济的多元化特征，制度的跨国比较受到的干扰因素较多，难以得到比较聚集的反应结果。但在同一国家的研究能够更好地控制相关干扰因素，使研究更多地聚焦于公共制度安排和政治体制的具体方面。因此，研究同一国家内不同地区的政府治理水平差异，对企业董事会治理与投资效率关系的影响，能更有效地深化对制度与微观经济组织投资决策关系的理解。

同时，从中国政治经济发展的实际情况来看，由于社会历史文化和经济发展水平的不同，各地方政府的公共治理水平发展不平衡，造成了地区市场环境的不均衡，从而最终影响微观组织的经济行为。中国所具有的新兴市场国家和转型经济国家的双重特征，为我们将制度与投资关系的研究推进到政府治理水平与微观经济组织的治理行为、投资决策之间关系的层面上，提供了良好的实验环境。同时，中国的公共治理机制与西方国家相比有很大差异。探究在中国独具的经济文化制度环境和转型经济背景下，地方政府公共治理水平对企业董事会治理与投资效率关系有怎样的影响，将是一个有趣的研究问题。

综合上述分析，可以看出，探究中国政府治理情境下的董事会资本与企业投资效率的关系及其微观作用机制，能够为理解转型经济条件下，如何提高中国企业投资效率提供理论支持和经验证据，也能够为关于此类问题的学术研究带来新的知识，同时也有助于公共治理与公司治理研究文献的进一步丰富。

（二）现实背景

从现实情境来看，对上述问题的研究也是理论研究对实践的呼应。从当前中国上市公司董事会治理水平与企业投资效率的实际情况来看，呈现出令人费解而有趣的现象。根据南开大学公布的《中国上市公司治理指数》（简称 $CCGI^{NK}$ 指数），中国上市公司董事会治理水平逐年改善，董事会治理指数从 2007 年的 55.67 上升到 2012 年的 61.21。其中，2010 ~2012 年的董事会治理指数均值分别为 60.15、60.81 和 61.21。在投资效率方面，根据《中国证券报》2014 年 1 月 19 日的调查报告显示，中国 A 股上市公司投资效率逐年下滑。从总体投资情况来看，A 股上市公司 2010 ~2012 年投资总额分别为 1.6 万亿元、1.93 万亿元和 1.99 万亿元；2010 ~2012 年上市公司总体收入年增长率分别为 35.4%、23.4%和 8.8%；2010 ~2012 年上市公司总体年平均 ICOR 值分别为 0.34、

0.45 和 1.00。由此可见，中国上市公司投资效率水平与董事会治理水平背道而驰。

从理论逻辑上来讲，董事会作为企业主要的战略决策主体之一，对企业投资决策及其经济后果具有重要影响。董事会治理水平的改善应该能够给企业投资效率的提升带来积极的影响，而现实情况显然并非如此。中国上市公司董事会治理水平与企业投资效率的悖论现象，彰显出在中国情境下，重新审视和理解董事会治理与企业投资效率之间关系的必要性。但是，随着监管制度的变化和中国上市公司治理水平的逐渐提高，中国上市公司之间在董事会规模、领导权结构、独立性等方面呈现趋同化现象，使得我们在治理实践上难以通过对董事会结构性变量的探究解决上述悖论问题。学术研究领域近年来逐渐引起学者们关注的董事会资本概念，能够更好地反映董事会能力的特质性差异，这为我们解决上述公司治理实践问题提供了新的努力方向。

更进一步地讲，众所周知的是，上述中国上市公司董事会治理水平与企业投资效率的悖论问题，并不是纯粹的公司治理与企业投资决策问题，还势必会受到外在制度环境的影响。对处于转型经济下的中国企业来讲，单纯经济问题的背后实际上是更深层次的体制问题（王争、史晋川，2008）。与西方以市场为主导形成的公共治理模式的发展路径不同，中国经济社会的制度变迁和公共治理模式构建，是在政府主导背景下开始的（包国宪、郎玫，2009）。“尽管改革所激发的市场力量，是推动微观经济组织资源配置效率改进的重要因素，然而在经济转型过程中，政府依然控制着市场资源的微观配置权”（赵静、郝颖，2014）。反映在微观经济层面上则表现为政府过多地介入微观企业的经营活动。

事实上，中国政府自实施财政分权以来，促进地方经济发展成为地方政府的主要职责之一。在经济绩效考核和政治晋升压力的刺激下，地方政府介入微观经济活动的动力更是得以强化（陈德球、李思飞，2012）。地方政府（官员）的行为方式，构成了企业外部治理环境的重要组成部分。企业战略的本质是决策行为主体积极对话环境的匹配过程（Barney，1991）。因此，中国上市公司的内部治理结构及投资决策行为，需要考虑和关注外部的政府治理行为。

当前中国正处于全面深化政治经济体制改革的关键时期。2013 年 10 月，中国共产党十八届三中全会通过的《中共中央关于全面深化改革若干重大问题的决定》指出，“全面深化改革的总目标是完善和发展中国特色社会主义制度，推进国家治理体系和治理能力现代化”。在构建国家治理体系的过程中，如何构建政府治理体系是不可避免的重要问题，这一问题必然会涉及政企之间的边界与行动规则问题，并最终会影响企业的治理行为与投资决策行为。

在此背景下，探析政府治理、董事会资本与企业投资效率关系问题，不仅能够折射出中国宏观制度变迁和政府演进隐含的治理变化，对企业董事会治理和投资效率的影响，也能够在更一般的意义上，反映地区公共治理与公司治理的差异状况和效率问题。这无疑是对当前中国正在进行的国家治理体系建设的一个生动的微观注解，因而具有重要的实践价值。

二、研究问题

中国企业如何在“权力 + 市场”的转型体制下，通过提升董事会治理的有效性，解决困扰中国资本市场发展重要“顽疾”之一的中国上市公司投资效率低下问题，实质上一直是政府、学界和企业界共同思考的重要问题。事实上，改革开放 40 年来，中国企业改革的管理实践是持续导入现代企业制度的过程。实质上是构建法人治理结构，以实现企业科学决策的过程。法人治理结构的本质，是公司治理思想。董事会作为现代公司治理结构的核心机制，如何实现董事会的有效配置，直接关系到其能否发挥有效的治理职能，进而影响企业投资决策的有效性及其经济后果。因而，对于企业投资效率问题进行研究的一个新视角，就是探求作为企业投资决策行为主体的董事会的配置形态和过程。

而正如前文所述，企业战略管理的本质是决策行为主体积极对话环境的匹配过程（Barney，1991）。中国企业的公司治理改革同样离不开与外部制度环境的互动性。在现代企业制度框架中，这种制度环境对企业投资战略决策的压力来自广义的制度供给（周建等，2015）。党的十八大以来陆续出台的市场化改革政策中，最引人注目的内容是“推进国家治理体系和治理能力现代化”。在此背景下，政府治理作为国家层面的重要制度设计，如何影响企业治理行为及投资决策行为，已经是一个重要的学术研究问题。中国企业投资决策的有效性，从以往相对专注于引入现代企业制度的内部治理结构和机制，扩展到日益重视外部治理制度供给的影响。

在此情况下，本书回应理论与实践研究的需要，从企业自身对政府治理和董事会资本的内生反应入手，剖析政府治理、董事会资本与企业投资行为及其经济后果之间的关系。基于此，本书研究的核心问题是：在中国经济转型背景下，地方政府治理差异是如何影响企业董事会资本配置，并进而影响企业投资效率的？

上述问题可以分解为三个子问题：一是中国地方政府治理差异如何改变企业董事会资本配置；二是董事会资本如何影响企业的投资效率，以及具体的作用机制是什么；三是政府治理与企业董事会资本，两者在影响企业投资效率方面的作用关系是什么。本书将以此为突破口，来理解在中国经济转型背景下，地方政府治理状况对企业治理行为及投资决策的影响机理。

第二节 研究内容与研究方法

一、研究内容

根据本书提炼的科学问题——“在中国经济转型背景下，地方政府治理差异是如何影响企业董事会资本配置，并进而影响企业投资效率的?”本书聚焦于作为公司治理核心机制的董事会的资本配置异质性，探索中国地方政府治理状况改变企业董事会资本配置，并进而影响企业投资效率的内在机理。

为实现这一研究目标，本书运用公司治理领域经典理论，结合在中国经济社会转型过程中，政企关系由传统的庇护/依附关系，转变为以市场为导向的委托/代理关系；政府完全主导企业的超经济强制，转变为政企之间相互调适的关系性合意的现实情境。解读中国企业在不同的政府治理情境下，如何实现董事会治理有效性和投资决策有效性的内在逻辑。以此为企业投资价值创造机制奠定坚实的认知基础，补充和扩展公共治理与公司治理的交叉研究，还原、解构和丰富企业董事会建设和投资决策的治理实践。根据本研究提炼的科学问题所细分的三个子问题，拟分为三个主要部分，研究框架及内容如图 1 –2 所示。

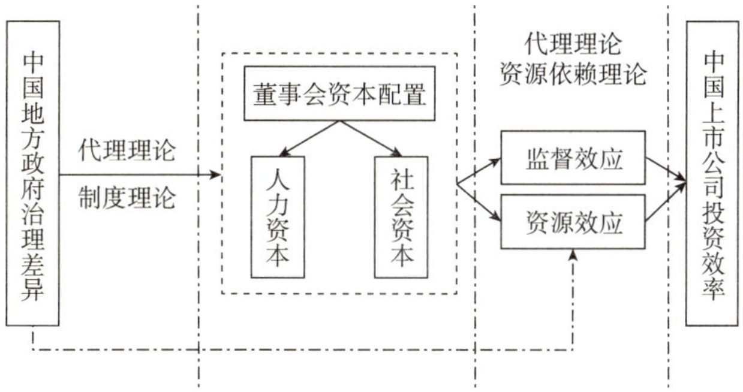

图 1 –2 研究框架

(一) 政府治理对企业董事会资本配置的影响

该部分内容着力回答本书的科学问题所分解的有关“中国地方政府治理差异如何改变企业董事会资本配置”的问题。公司治理实践的异质性需要考虑制度环境的异质性，特别是在特殊的社会政治环境中，不同组织治理机制之间的交互作用影响。就董事会资本配置而言，我们很难从单纯的公司内部治理因素出发，对该问题进行有效的解释。因为，微观经济组织的资本结构配置很难脱离于现有的制度框架，它总是嵌入在特定的制度环境中。“行动者具有目的性的行动企图实际上是嵌在正式的、正在运作的社会关系之中的。”

政府作为公共治理环境的主要塑造者，不同地区政府治理情境的差异，会导致企业所面对的外部治理机制存在差异，同时也会导致企业与政府之间的代理成本产生差异。面对由于政府治理差异所导致的外部治理机制差异和政府代理成本差异，企业在进行董事会建设过程中，会采取相应的应对性措施，特别是对董事会资本配置进行相应的调整。检验不同政府治理情境下的企业董事会资本配置状况，能够反映企业董事会治理，在整个社会政治经济活动过程中的理性抉择状态，是探究企业董事会资本配置的一个有价值的研究思路。该部分的研究内容主要包括以下内容：①政府治理水平与董事会资本配置的关系；②产权性质对两者关系的影响。

（二）董事会资本影响企业投资效率的机制：监督效应还是资源效应?

该部分内容着力回答本书的科学问题所分解的有关“董事会资本如何影响企业投资效率，以及具体的作用机制是什么”的问题。董事会作为现代公司治理架构的核心，董事会治理的有效性直接关系到企业内部治理制度效率的高低，进而影响企业的资本配置效率和市场竞争力。董事会资本反映了董事会履行其治理职能的能力基础。董事会资本的异质性将直接影响，董事会在企业投资决策过程中的治理有效性，并进而影响企业的投资效率表现。

本书在对董事会资本构念进行深入分析的基础上，检验董事会资本影响企业投资效率的微观作用机制以及不同影响机制的重要性。从而有助于我们重新审视和理解企业董事会治理影响企业投资效率的微观作用机理。该部分的研究内容主要包括以下内容：①董事会资本影响企业投资效率的监督效应；②董事会资本影响企业投资效率的资源效应；③董事会资本影响企业投资效率的机制比较——监督效应重要还是资源效应重要。

（三）政府治理与董事会资本在影响企业投资效率方面的关系

该部分内容着力回答本书的科学问题所分解的关于“政府治理与企业董事会资本，两者在影响企业投资效率上的作用关系是什么”的问题。上述两部分内容分别分析和检验了政府治理如何影响企业董事会资本配置，以及董事会资本配置如何影响企业投资效率的问题。由此所引发的需要进一步思考的问题是：在影响企业投资行为方面，政府治理与董事会资本之间的作用关系是什么？董事会资本是否在政府治理与企业投资效率之间发挥中介作用？当企业为了应对政府治理差异而调整董事会资本配置之后，董事会资本与政府治理的匹配性如何影响企业投资效率？为此，我们将进行进一步的分析和检验。本部分的研究内容主要包括以下内容：①政府治理与企业投资效率：董事会资本的中介效应；②董事会资本与政府治理的匹配对企业投资效率的影响。

二、研究方法

本书根据研究对象及变量之间的关系，拟采用如下研究方法完成对科学问题的分析和检验。

文献研究法。文献研究法是通过对文献的收集、甄别、整理和归纳等方式形成对事实的科学认识的方法。为了借鉴以往研究的经典成果和最新成果，为本书铺垫良好的理论基础。本书首先对以往相关文献进行梳理。在分析国内外相关文献资料时，从政府治理、董事会资本和企业投资效率三方面着手，对本书主题所涉及的经典理论进行回顾和总结，对相关经验研究进行梳理和分析，对以往研究的理论基础和核心观点进行归纳整理，以达到提出本书的科学研究问题，确定本书的理论贡献和突破方向的目的。

基于实证研究的统计分析法。根据理论模型和研究假设，收集中国上市公司相关数据，运用统计分析方法检验理论分析的合理性。钱颖一（2003）认为，证据的数量化，使得实证研究结果具有一般性和系统性，能够减少经验研究中的偶然性和表面化现象。本书拟运用多元统计回归技术，分别对政府治理、董事会资本与企业投资效率之间的主效应关系、中介效应关系和调节效应关系进行检验。考虑当代实证研究对内生性问题处理的极大关注，我们在相关检验中分别采用工具变量法进行两阶段最小二乘回归以及构建联立方程组，采用三阶段最小二乘法（3SLS）对相关方程一同加以估计的方法来进行处理。通过上述检验，以达到最终为本书所提炼的科学问题提供经验证据的目的。

这里需要特别指出的是，本书第六章涉及的中介效应的检验，在所采用的检验方法上与传统方法存在差异。

当前检验中介效应最常用的方法是 Baron 和 Kenny（1986）所提出的逐步法。其基本思路以图 1－3 所构建的三个基本方程为基础（三个方程中 X 为自变量，Y 为因变量，M 为中介变量，a、b、c、c′为相应的回归系数）：

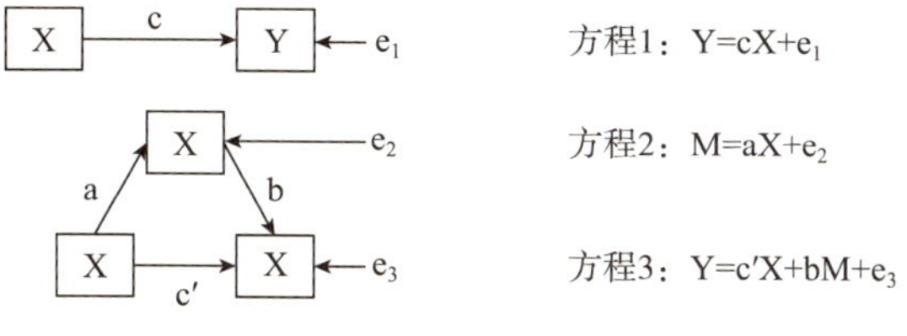

图 1－3 中介变量示意

资料来源：温忠麟，张雷，侯杰泰等．中介效应检验程序及其应用［J］．心理学报，2004（5）：614－620.

首先，检验方程 1 中回归系数 c 的显著性。其次，在系数 c 显著的情况下，通过检验方程 2 中系数 a 和方程 3 中系数 b 的显著性来检验系数乘积 ab 的显著性。最后，当系数 a、b 均显著时，检验方程 3 中系数 c′的显著性，并区分完全中介效应和部分中介效应。需要注意的是，当系数 a、b 至少有一个不显著时，需要进行 Soble 检验。

但近年来，逐步法受到学术界的批评和质疑（Hayes，2009；Zhao et al.，2010）。目前，Soble 检验逐渐被 Bootstrap 法所取代，相应的中介效应的检验程序也发生了变化（温忠麟、叶宝娟，2014）。具体步骤如图 1－4 所示。

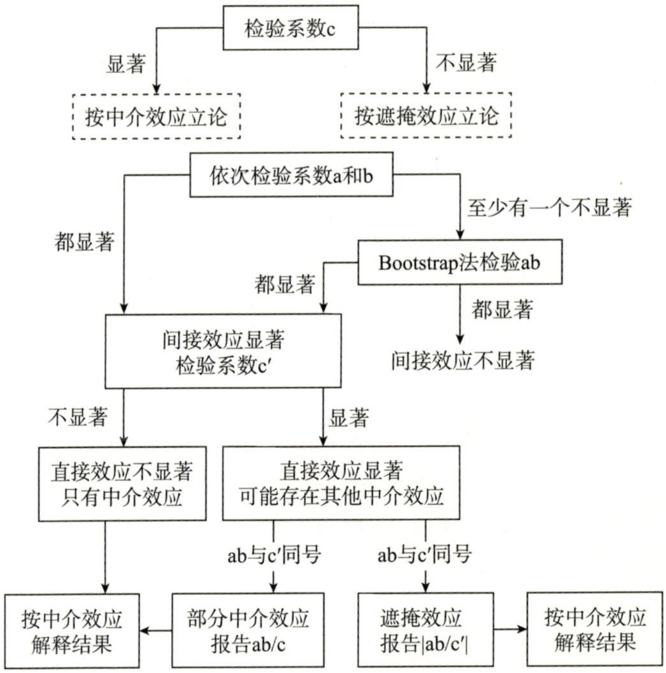

图 1－4　中介效应检验流程

资料来源：温忠麟，叶宝娟. 中介效应分析：方法和模型发展［J］. 心理科学进展，2014，22（5）：731－745.

第一，检验方程 1 的系数 c，无论是否显著，都可以进行后续检验。

第二，依次检验方程 2 中的系数 a 和方程 3 中的系数 b 的显著性，如果两者当中至少有一个不显著，则需要用 Bootstrap 法对系数乘积 ab 的显著性进行检验，如果检验结果不显著，则停止分析。如果显著则进行第三步。

第三，检验方程 3 的系数 c′的显著性。如果系数 c′不显著，则说明中介变量发挥了完全中介效应。如果系数 c′显著，则需要进行第四步检验。

第四，在系数 c′显著的情况下，比较系数乘积 ab 和系数 c′的符号。如果两者同号，则中介变量发挥了部分中介效应，报告中介效应占总效应的比例为 ab/c。如果两者异号，则中介变量事实上发挥了遮掩效应，报告间接效应与直接效应的比例的绝对值为 | ab/c′| 。

需要说明的是，关于逐步法在检验中介效应方面的缺陷和不足之处，请参考温忠麟和叶宝娟（2014）的研究。因为该问题与本书研究主题不属于同一领域，本书在此不做详细解释。

第三节 技术路线与结构安排

一、技术路线

在研究过程中，根据本书所凝练的科学研究问题以及各研究对象之间的相互关系，本书采用了如下技术路线（见图 1 –5）。

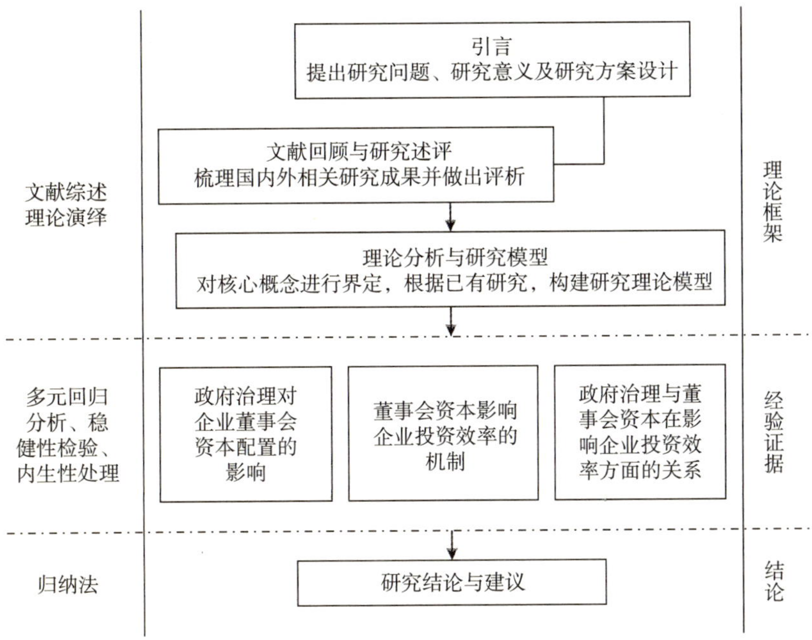

图 1 –5 研究技术路线

首先，从理论和现实两方面对研究背景及相关文献进行梳理，提炼本书的科学问题。并根据科学研究问题的要求，进一步进行文献梳理、归纳和总结，为进一步研究奠定基础。这一过程主要采用文献研究法进行。

其次，在上述文献整理的基础上，进行概念界定、测量和理论模型的构建。这一过程主要采用理论演绎法进行研究。

再次，根据理论分析提出研究假设，进行具体的模型和变量设计。在此基础上，进行相应的数据收集和预处理。并根据数据特点，选用恰当的实证方法进行数据检验。本书拟运用多元统计回归技术，分别对政府治理、董事会资本与企业投资效率之间的主效应关系、中介效应关系和调节效应关系进行检验。具体包括描述性统计、相关分析、显著性分析、稳健性检验和内生性处理。然后，根据数据分析结果得出研究结论。这一过程主要采用实证研究方法。

最后，根据研究假设和数据验证结果，整理、归纳形成研究结论，并提出相应的政策建议。在此基础上，指出研究的学术贡献、创新之处、研究不足以及未来可能获得突破的方向。这一过程主要采用归纳法进行研究。

二、结构安排

本书的结构共分为七个部分，各章节内容的逻辑结构如图 1－6 所示。

第一章为引言。基于董事会治理与企业投资效率在理论研究方面有效性的不足，以及当前中国上市公司董事会治理水平与企业投资效率相悖的研究背景。进一步突出在中国转型经济情境下重新审视和理解董事会治理与企业投资效率之间关系的必要性，并凝练本书的科学研究问题。在此基础上，介绍本书的研究内容、研究方法、研究技术路线、结构安排以及研究意义和创新之处。

第二章为文献回顾与研究述评。围绕研究的科学问题，以及核心变量进行文献梳理。从经济学看待政府视角的转变，政府治理的基础理论及中国的逻辑，政府干预企业投资的动因、路径与结果三个方面，对政府治理相关文献进行整理归纳。从董事会资本的理论基础，以及董事会资本影响企业投资的经验证据两方面，对董事会资本相关研究成果进行梳理。从信息不对称视角、委托—代理视角、行为金融学视角以及政府干预视角四个方面，对企业投资效率的相关研究成果进行整理。在梳理文献的基础上，对已有研究情况进行综合评析。

第三章为理论分析与研究模型。首先，对本书涉及的核心概念：政府治理、董事会资本与企业投资效率，进行界定并交代具体的测量方法。其次，在第二章文献综述的基础上，系统梳理政府治理、董事会资本与企业投资效率之间的关系。最后，探究政府治理和董事会资本在影响企业投资效率方面的互动关系。以上述分析为基础，构建理论模型。

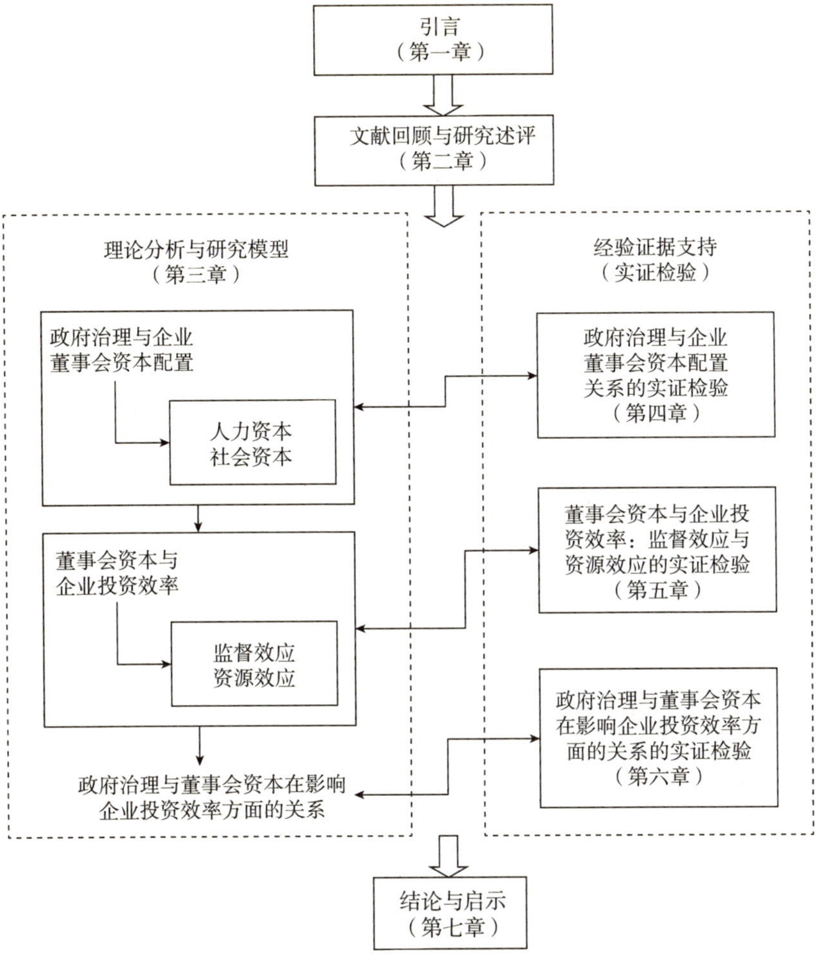

图1-6 研究逻辑结构

第四章为政府治理对企业董事会资本配置的影响。该部分实证检验了政府治理水平与董事会资本配置的关系，以及产权性质对两者关系的影响。

第五章为董事会资本影响企业投资效率的机制。该部分从董事会的监督职能和资源供给职能出发，以沪深A股上市公司为样本，检验董事会资本影响企业投资效率的监督效应与资源效应。并在此基础上，对两种作用机制进行比较。

第六章为政府治理与董事会资本在影响企业投资效率方面的关系。在第四章、第五章研究结论的基础上，以沪深A股上市公司为样本，实证检验董事会资本在政府治理与企业投资效率之间的中介效应，以及政府治理与董事会资本的匹配性对企业投资效率的影响，进而解释政府治理影响企业投资效率的作用机制。

第七章为研究结论与建议。在前文研究的基础上，对所得到的研究结果进行归纳总结；指出本书的研究创新和学术贡献，并根据研究结论，提出相应的建议；指出本书研究的不足之处，以及未来可能获得突破的研究方向。

第四节 研究意义与创新之处

一、研究意义

（一）理论意义

（1）超越结构边界视角，突破形式主义研究范式，进一步丰富和拓展董事会治理有效性的研究。良好的公司治理是企业实现价值创造和可持续发展的重要制度保证，董事会则是公司治理的核心机制。因此，如何构建高效董事会、解决董事会治理“形备而实不至”的问题，一直是备受学界和实务界关注的一个重要主题。虽然已有研究所取得的成果颇为丰富，但大量经验证据的混乱甚至相互冲突，严重减低了研究结论的有效性（Maere et al.，2014）。其中，主要的原因在于董事会治理研究所采用的数量性结构特征视角和形式主义研究范式。

近年来，学术界对此提出了质疑和批评，并提出了“企业应当根据其所根植的治理环境选择有效的治理机制”等观点。在学术研究上则表现为董事会资本研究开始引起关注，以及法与金融研究的兴起。董事会资本关注董事会成员的技能、经验、社会关系网络以及信息和知识获取能力，能够反映出董事会能力的特质性差异（周建等，2010）。这一点对于董事会治理有效性具有十分重要的作用。本书遵循学术界的研究倡议，超越结构边界的视角，突破传统的形式主义研究范式，以企业投资效率为落脚点，研究分析企业董事会资本与企业投资行为的关系以及政府治理情境的嵌入性及其影响。从而，研究成果能够拓展和丰富当前学术界关于董事会治理有效性的研究。

（2）进一步深化关于董事会资本与企业决策行为的研究。尽管董事会资本视角的研究日渐受到国内外学者的重视，并取得了一定的研究进展，但尚未真正触及董事会资本与企业决策行为的内生性机理这一核心问题。从国内外已有的关于董事会资本与企业决策行为的文献来看，学者们要么立足于考察董事会资本对企业战略决策的直接影响，要么着眼于分析董事会资本与企业价值之间的直接关系。关于董事会资本究竟如何影响企业投资决策及其经济后果，其内在的具体作用机制和影响路径是什么，尚不得知。从而对这一问题的解答，对当前董事会决策行为研究的延续和拓展具有重要的理论意义。

（3）对政府治理和公司治理理论和实践的一次有益整合与尝试。近年来，部分研究提出了企业投资行为内生于制度环境的论点，并通过跨国比较的方式为这一观点提供了经验证据。但现有研究大多是从国际视野出发对不同国家的制度进行比较。由于不同国家的历史文化和政治体制的多元化特征，制度的跨国比较的有效性难以控制。本书针对中国“大一统”环境下不同地区的政府治理水平进行比较研究，能够较大程度地控制宏观环境的差异性特征，使研究聚焦于政府治理与企业投资行为关系的具体方面，深化了对公共治理与公司治理和投资行为的研究，是对已有的跨国比较研究的丰富和有益补充。同时，本书深入分析影响企业投资效率的宏微观机制，从政府治理和董事会治理两个方面，探索公共治理与公司治理的互动对企业投资决策行为的影响，有效拓展了从单一的政府治理或董事会治理视角分析企业投资决策行为的内容。从而，本书是对政府治理和公司治理理论和实践的一次有益整合与尝试。

（二）现实意义

（1）为中国企业理解和建设董事会、提升董事会治理有效性提供新的思路和借鉴。当前，中国企业的董事会建设更多地关注董事会规模、独立性、专业委员会设置等结构性问题，而较少从董事会资本的角度考虑，如何选拔合适的董事会成员，提升其履职能力的问题。同时，从中国上市公司治理实践来看，为满足公司治理准则而进行的董事会建设，虽然达到了形式上的合规性，但并没有对企业绩效带来较大的实质性的积极影响。

提升董事会治理有效性的关键在于提升董事会治理能力。本书关注不同政府治理情境下，以技能、经验、社会关系网络以及获取信息和知识的能力为主要内容的董事会资本问题。有助于重新审视企业董事会建设的影响因素及其作用机理，为理解转轨经济条件下中国上市公司如何提升董事会治理的有效性，促进中国企业董事会建设由“合规”向“有效”的实质性转变提供经验证据，从而有助于推动企业界以新的思路更有针对性地进行董事会建设。

（2）为政府治理体系建设提供参考和经验证据。在建设国家治理体系背景下，新型政府、市场、企业治理模式的构建，首先要求从制度上保证更好地发挥市场在资源配置中的决定性作用，调整和祛除宏观经济制度和微观企业制度中，不适应生产力发展的相关因素。政府作为宏微观经济制度变革和创新的主要推动者，政府治理水平不仅影响变革过程中的宏观经济增长和微观经济组织行为，更是国家治理体系构建是否成功的主要动因和直接反映。

本书以企业投资效率为落脚点，分析政府治理对企业董事会治理以及投资决策行为的影响。不仅能够为地方政府在国家治理体系建设过程中正确处理政企关系，以合适的方式推动企业投资进而实现地区经济增长提供借鉴，也能为理解中国当前的政府治理体系建设与微观经济组织行为之间的关系，提供进一步的文献资料和经验证据，从而能够为国家治理体系建设做出有益的贡献。

（3）有助于厘清当前公共治理与公司治理在影响企业投资效率方面的互动关系，以及规范中国上市公司在特定治理结构下的投资决策模式。当前中国企业在特殊的转型经济背景下面临两方面问题：一方面表现为以政府为主导来推动市场和企业发展，政府（官员）过多地介入微观经济活动中，企业的投资决策行为经常面临产权保护、法律保障和市场环境等种种制度性困局。另一方面表现为公司内部治理机制不完善，作为现代公司治理核心机制的董事会，在企业投资决策过程中并没有完全发挥有效的治理作用。

虽然上述两种因素都可以视为企业非效率投资行为的主要动因，但它们的含义却决然不同。若政府干预是导致企业非效率投资行为的主要因素，那么政策制定的重点应该集中在如何提高政府治理水平、规范政府行为、改善市场环境等方面；若公司内部的董事会治理问题是导致企业非效率投资的主导因素，那么政策制定的重点应当集中于公司内部治理机制的改善。因此，在中国这样一个处于转型经济下的非充分有效市场中，在中国上市公司中考察政府治理、董事会资本与企业投资效率关系问题，有助于厘清当前公共治理与公司治理在影响企业投资效率方面的互动关系。同时，对进一步深入探讨、规范中国上市公司特定治理结构下的投资决策模式、改善公共治理对微观企业投资决策的传导机制、促进上市公司董事会建设等方面，都具有重要的现实意义。

二、创新之处

本书的特色之处，在于坚持突出中国企业所面临的客观的转型经济和建设国家治理体系的现实背景。择取中国上市公司为研究单位，以政府治理、董事会资本配置与企业投资效率关系为研究主题。通过对公共管理、公司治理和企业投资等研究领域经典理论的梳理、分析和归纳，探索和检验政府治理、董事会资本影响企业投资效率的微观作用机理与具体路径，解构中国企业在不同的政府治理情境下，实现董事会治理有效性和投资决策有效性的内在逻辑。从而有益于重新认识和理解，董事会在企业投资决策中的治理作用及其有效性，以及中国地方政府治理与上市公司董事会治理交互影响企业投资决策的作用机制。因此，本书的创新点主要表现在以下几方面。

（1）研究视角的创新。一是不同于以往政企关系研究所采用的“政府—政策—企业”范式下的“扶持之手—掠夺之手”的分析视角。本书以企业为主体构建分析框架，把关注重点从以往基于政府视角的分析，转向企业在不同政府治理情境下的内生反应，即企业治理行为及其经济后果对政府治理行为的反应。基于这个新的研究视角，本书论证并检验了在不同的政府治理情境下，企业在董事会资本配置方面的差异化选择，以及两者的匹配性对企业投资效率的影响。从而就中国上市公司投资效率的问题，给出了一个更适合中国情境的公共治理与公司治理关系层面的普适性解释。同时，研究结果也有助于加深对中国式政企关系的理解。二是以往公司治理主流研究试图通过检验董事会结构的经济绩效反应这一角度，来寻求最优的董事会建构方式，但研究结论的混合与冲突严重影响了解释的有效性。本书则从公司治理行为对外部制度环境的内生反应入手，探究董事会构建与制度环境依赖的相机抉择性。即企业在进行董事会构建过程中，如何根据不同的外部政府治理情境进行董事会资本配置选择。从而为董事会建构研究提供了新的认知视角。

（2）研究范式的差异。以往关于董事会治理与企业投资决策研究，大多采用了形式主义研究范式。这一范式主要表现为“零嵌入性”和“普遍主义”情结，即忽视了社会文化、法律机制、政治干预等因素所导致的具体公司治理情境的影响（李心合，2004）。把董事会视为一个完全独立而理性的决策行为主体，将文化、制度、组织惯性等基本因素游离于董事会治理之外。并试图通过复杂的推理和经济计量技术对相关特征变量进行检验，来获取最佳董事会治理模式，以此为突破点来解决董事会治理与企业投资效率之间的关系问题。本书回应学术界提出的“企业如何根据其所根植的治理环境选择有效的治理机制”的问题，探究董事会资本配置与企业投资效率关系，是否会随着外部政府治理情境的变化而有所差异，即是否具有“状态依存性”。检验企业董事会资本与投资效率关系的制度嵌入性，并为之提供了经验证据。这与以往将董事会视为一个完全独立而理性的决策主体的形式主义研究范式有所差异。

（3）差异化的经验证据的贡献。当前对董事会资本的主流研究，主要是基于西方公共治理环境下得出的结论，关于中国公共治理情境下的研究较少且尚未深入。本书基于中国情境，考察不同政府治理情境下，企业董事会资本配置的相机抉择性，及其影响投资效率的作用机理及路径。从而有助于加深理解董事会资本影响企业投资效率的作用机理，同时也为学术界关于“董事会究竟发挥何种治理作用”的争议提供了新的经验证据。

（4）新的研究策略以及应用前沿计量分析方法，获得新发现。为从经验上检验董事会资本的不同治理效应的差异性，我们设计了一种新的研究策略。董事会资本影响企业投资效率的机制主要有监督效应与资源效应。假如我们能够验证其中一种影响效应起主导作用，那么，我们就能够识别出不同董事会治理效应的差异。要实现上述策略，关键在于控制其中一种影响效应，以便分离出另一种影响效应。为此，我们利用企业代理成本构建反映董事会监督效应的指标，并在多元统计回归中对其加以控制，从而分离出资源效应。最后，通过差异性比较检验，从经验上检验了董事会不同治理机制的重要性。

同时，在检验董事会（社会/人力）资本的中介效应时，我们摒弃了传统的Baron 和 Kenny（1986）所提出的对于中介效应的逐步检验方法，而采用了当前在中介效应检验方面的前沿性方法。运用新的方法，本书发现了董事会社会资本在政府治理与企业投资效率之间的遮掩效应。这一种影响效应尚未在现有文献中得到充分认识。从而有助于厘清政府治理与董事会治理在企业投资领域的微观作用机制，进而深化我们对于公共治理与公司治理在企业投资决策过程中所扮演角色的认识。

第二章　文献回顾与研究述评

本章围绕所提炼的科学问题——“在中国经济转型背景下，地方政府治理差异是如何影响企业董事会资本配置，并进而影响企业投资效率的”，系统梳理关于政府治理、董事会资本以及企业投资效率的相关研究成果。在此基础上，分析现有成果的可供借鉴之处和不足之处，从而为本书提供理论基础和支持。

第一节　政府治理相关研究

一、政府与企业的互动：经济学看待政府视角的转变

政府与市场、企业的关系问题一直是经济学重点关注的核心问题之一。关于政府（官员）与市场、企业之间的互动关系，或者说政府在经济发展中的作用，现有经济学的认识演变过程大致经历了三个阶段，并形成了“无形之手”“扶持之手”和“掠夺之手”三类基本观点（Frye，Shleifer，1997）。

（1）“无形之手”的观点始于亚当·斯密，这一观点占据经济学主流地位的时间大致从1776年持续到20世纪30年代西方主要资本主义国家出现经济大萧条。这一阶段，学术界对于社会经济发展的主导思想是经济自由化，强调自由市场机制和自由企业制度（胡怀国，2011）。“无形之手”的观点认为，竞争性市场能够自动实现资源的有效配置，并实现社会福利的帕累托最优。

亚当·斯密（1776）认为政府在社会发展中主要承担三项基本职能：一是保护国家免遭其他国家的暴力侵害，即国防；二是保护社会成员免遭其他成员的侵害并主持正义，即司法；三是从事私人不愿意或无力承担的公共设施与工程。

概括地说，政府只限于在政治领域提供公共产品，而在社会经济中主要发挥辅助性作用，国家除了税收外不需要介入经济过程。经济过程是一个自然的过

程，会自动形成自然经济秩序并以此保障经济社会的有效运行（多尔蒂，2009）。政府在经济活动中只需扮演“守夜人”，尽可能减少对经济活动的干预。

（2）“无形之手”关于竞争性市场的假说在现实经济生活中很难满足，在垄断、公共产品供给、负外部性、信息不对称等因素的影响下，会出现市场失灵现象（高鸿业、刘文忻，2011）。特别是20世纪30年代，西方主要资本主义国家爆发的经济危机，严重挑战了市场自由化理论。人们意识到政府在市场经济中不应当只是“守夜人”的角色，政府应当介入社会经济活动中。为应对经济萧条，经济学家的目光从“看不见的手”转向“看得见的手”——政府。以凯恩斯主义为标志的政府干预理论，成为当时指导社会经济发展的主要思想。这一阶段，学术界在对市场失灵进行论证的基础上，赋予了政府越来越多的经济方面的相关职能，并提出了“扶持之手”的观点。

该观点假定政府是仁慈的，政府的主要工作目标是追求社会福利最大化。因此，政府除了承担斯密（1776）界定的基本职能外，还负有改造经济结构、维护市场公平竞争、稳定物价、保障就业、维持宏观经济平衡、管制私营企业等多项职能，政府可以通过干预经济活动来矫正市场失灵（Keynes，1936）。

政府干预经济活动的本意是矫正市场失灵，然而这种干预活动的实际情况并不尽如人意。对于“扶持之手”观点的批评主要来自于两方面：一是政府失灵问题，即政府对经济的干预活动会遭遇到信息不完备，以及缺乏激励等问题；二是“扶持之手”关于政府是仁慈的且追求社会福利最大化的假设受到质疑，政府对经济的干预活动并不总是出于对公共利益的追求，很多时候往往是出于私有政治利益的需要（Becker，1983）。

（3）20世纪70年代，西方主要资本主义国家出现经济“滞胀”现象。面对这一社会经济问题，以凯恩斯主义为代表的政府干预思想显得苍白无力。特别是20世纪八九十年代，由传统工业社会向现代信息社会过渡的过程中，主要资本主义国家政府所面临的财政危机和信任危机，使得重新界定政府经济职能成为应对危机的必然选择。经济自由主义再度兴起，经济学家的视角由市场失灵转向政府失灵，重点关注社会经济发展过程中的政府失效问题。

在此背景下，Shleifer和Vishny（1998）建议公正地看待政治行为，并提出了“掠夺之手”的观点。认为无论政府体制如何，政府官员的目标主要是追求实现自身的私有利益，而非最大化社会福利（Shleife，Vishny，1998）。政府（官员）为维护和实现自身的政治利益，往往会利用其所掌握的公共权力，如财产征收、立法活动、税收分配、“寻租”行为等将资源配置给相关利益者，实现利益输送（Shleifer，Vishny，1994）。即便是在民主政府，获胜的多数派也会通过相应的政治行为（如税收分配等）剥削失败的少数派。同时，其政治决策往往会受到相关利益集团的游说影响，利益集团通过游说活动操纵社会再分配，从而影响市场资源配置的有效性（Shleifer，Vishny，2002）。

因此，当时主流的经济思想主张政府不应当承担过多的经济职能，应当充分发挥自由市场机制和企业制度。倡导市场调节与政府干预相结合，由“看不见的手”和“看得见的手”相结合共同去发展经济。

从上述社会经济思想的演进历程可以发现，政府干预和市场自由两种经济思想在社会经济发展过程中的主导作用是相互交替的。其中，市场自由主义占据主导地位的时间较长。理论上，无论是政府还是市场，在社会经济发展过程中都负有相应的职责，并应当积极地发挥其作用。但是，在现实社会经济中的政府与市场各自都存在缺陷。讨论政府与市场的关系问题，既要注意市场失灵问题，也要正视政府失灵问题。特别是对于转型经济国家，其经济运行过程往往是政府调节机制与市场机制并存，比市场失灵问题更突出的是政府失灵问题，这是转型经济国家的政府治理战略需要解决的关键问题（世界银行，1997）。

二、政府治理的基础理论及中国的逻辑

（一）政府失灵理论

政府失灵是在政府克服市场失灵的过程中产生的。正如上节所述，早期的自由主义经济学家认为，市场可以自动实现资源的优化配置，无需政府干预。但西方市场经济发展的实践表明，单纯依靠市场力量无法解决由公共产品、垄断、负外部性和信息不对称等所造成的市场失灵问题。市场失灵是政府干预经济活动的基本理由。

理论上，政府职能的有效发挥可以弥补市场机制存在的缺陷与不足。市场机制和政府调节相结合，共同实现社会资源的有效配置。但在现实经济生活中，政府组织并不总是运行良好、富有成效的。政府对经济的干预行为在弥补市场失灵、促进社会经济增长的同时，也产生了一系列的负效应。政府失灵和市场失灵一样是不可避免的。

政府失灵理论是公共选择理论的衍生品（茅铭晨，2007）。以 Buchanan 和 Tullock 为代表的公共选择学派运用经济学方法，通过引入“理性经济人”假设，对包括政府在内的政治现象进行分析，从而揭示了政府失灵的制度性根源。该理论也成为关于政府失灵问题的典型理论。

公共选择理论认为，整个社会由政治市场和经济市场组成。在经济市场中，人们可以通过货币购买行为来满足个人偏好。在政治市场中，民众通过投票的方式，选择能够为其创造最大效用的政府官员及相关制度安排。政治市场中的政府官员，同经济市场中的个体没有差异，都是具有利己动机的“理性经济人”，而

并不是追求社会福利最大化的“理性公共人”（Dennis，Mueller，1989）。由追求个人利益最大化的官员组成的政府机构，自然会把个人偏好带入政府行为过程中，从而使得政府运行出现低效率和浪费严重的现象。政府失灵成为必然。

公共选择学派的研究重点是市场经济中所存在的政治权力寻租行为。其观点是：在非完全竞争市场，个体或企业可通过游说等活动获得垄断特权来实现个人利益最大化，这会造成社会公共福利损失，产生社会浪费（Tullock，1967）。

公共选择理论的主要贡献在于，明确指出政府的政策倾向取决于官员之间以及利益集团之间的利益冲突和协调。政府政策可能符合社会公共利益，也可能只代表少数人利益。为了避免政府失灵，应当构造出一种能够将个体谋利行为导向公共利益的政治秩序（James，Buchanan，1987）。

（二）新公共管理理论

20 世纪 70 年代，西方主要资本主义国家出现的经济“滞胀”现象，引发了公众对政府干预经济的思考。社会福利的下降以及政府效率低下，引发了政府的信任危机。面对危机，西方主要资本主义国家掀起了被看作为“政府再造”的新公共管理运动。学术界也在对传统公共管理思想进行反思的基础上，提出了新公共管理理论。新公共管理成为社会面对市场失灵和政府失灵的新的选择。

新公共管理主义主要由 20 世纪初发展起来的古典泰勒主义的管理原则构成，其主要思想如下：

一是强调重新界定政府角色，合理划分政府职能。政府的基本职责是确定问题的性质和范围，然后通过相应的政府手段去解决问题。因此，政府需要重新进行角色界定。政府应当承担制定决策和公共政策的职能。政府政策、决策的执行可以由其他公共部门、私营部门、非营利部门来共同承担，由多种组织的配合体现效率（Kelnert，Silva，1992）。因而，成功的政府应当将上述两种职能分开，建立一种将政策执行和公共服务相分离的政府体制。

二是构建小政府模式。政府部门减少其在社会、市场以及产业保护方面的规制性管理，提高自由化程度。将部分国有企业和公共事业产权转移给市场或社会其他部门来承担，减轻政府负担，压缩政府开支。一方面，对于效率不高的公共项目予以停止，解散相应部门及工作人员。另一方面，有选择地降低社会服务水平，对部门公共服务项目实行付费制度，节约不必要的政府开支。

三是推行公共服务社会化。将政府承担的部分工作如环保、消防救护、决策咨询、公共部门绩效评价等推向市场，实行政府业务合同出租。鼓励私营部门通过竞争与相关政府部门签订业务合同，并以合同规定的业务标准规范私营部门的服务行为。通过实施政策优惠，引导和鼓励私人资本投入相关政府公共事业领域，弥补政府财政及服务能力方面的不足。鼓励各个社区建立公益事业及承担相关社会工作，提升社会整体福利水平。

四是引进和借鉴企业管理方式，提高政府部门工作效率。政府应当明确相关机构部门的业绩目标，对其结果进行评估，按照业绩付酬、按照业绩进行管理、按照效果做出预算。政府提供部门公共服务的权力通过民主的方式转移给相关组织、社区及雇员等。使其自我服务、自我管理，激发它们的创新精神，积极构建健康而有活力的社会基本单元。

五是强调顾客导向，提升公共服务质量。政府需要将其所服务的社会公众视为政府部门的顾客，建立相应的顾客服务标准，以符合社会需求的服务方式和服务质量正常运行。政府应当最大限度地满足社会公众需要，给公众提供更多的选择社会服务的权利。将竞争机制引入政府内部，增加相关政府服务机构的工作压力。通过引入对话协商机制，使得公民可以直接参与相关政策讨论，提高公共服务的政策透明度，提升公民的满意度。

但新公共管理思想在发展过程中，不同学者从不同的立场和角度出发，存在一些观点上的差异，主要有以下代表性观点：

胡德（2004）的研究指出，根据已有研究，新公共管理主要由七个要点构成：①公共部门职业化管理。②明确绩效管理方式。③严格控制产出。④公共部门单位分散化。⑤公共部门要存在竞争性。⑥重视私营部门管理方式。⑦强调资源利用的纪律性和节约性（胡德，2004）。

Orsborn 和 Gabler（1996）的研究则认为新公共管理的导向为建立企业家型政府，这一类型的政府有十个“赖以维系的辐条”：①政府掌舵而不划桨。②政府提供授权。③服务中要引入竞争机制。④增强组织的使命感。⑤讲究效果。⑥满足公民需求。⑦有事业心。⑧工作有预见性。⑨政府要从等级制到参与协作。⑩以市场为导向进行变革（Orsborn，Gabler，1996）。

从上述内容可以看出，新公共管理的核心在于，政府部门不仅要维护社会正义与公平，而且要借鉴和引入市场竞争机制和企业管理方法，利用市场机制和自身力量调配各种资源，建立起规范、高效的行政体系，提高公共服务的有效供给（Kravchuk，Schack，1996）。

（三）政府委托—代理学说

新公共管理理论的兴起，反映了社会公众对于解决政府委托—代理问题的热切期望。部分公共管理学者借鉴信息经济学和新制度主义经济学的相关学术思想，提出了政府委托—代理学说。该学说认为，在社会公共行政管理中，国家公民、纳税人以及选民都属于委托人，而政府组织及其官员则属于代理人。由于国家公民、纳税人、选民与政府机构及政府官员之间的目标函数差异，以及双方之间信息不对称。作为代理人的政府机构及其官员可以利用其所拥有的信息优势，在追求实现自身利益最大化的过程中，把公共利益放在次要位置甚至以牺牲公共利益为代价，做出不利于委托人的行为（王金秀，2002）。由于公共利益具有共享性和普遍的影响力，那么确保公共利益的增加和有效分配，就成为公共管理的根本目的。为了确保这一目的的实现，政府部门就面临着选择何种有效的治理原则和治理机制的问题。

该理论认为，以解决政府的委托—代理问题为目的，以构建权力约束机制为关键，具体包括以下内容：一是问责机制。即建立相应的法规制度，是政府部委作为代理人有义务向特定的委托人解释其行为，并接受委托人的质询。二是参与机制。建立影响的制度，使得政府以外的利益相关者通过多种形式参与政府治理。三是公开机制。政府部门及其相关治理主体的信息进行主动公开，提高政府工作透明度。四是监督机制。这一机制包括对政府部门及其他参与公共事务管理、行使公共权力的主体进行监督，以及相应的规范化的监督方式和途径等。五是沟通机制。一方面委托人和代理人之间要有沟通机制，另一方面在治理主体和相关利益者之间要有有效的对话机制。

政府委托—代理理论脱胎于企业管理理论，着力解决传统公共管理中的委托—代理问题。王金秀（2002）认为，政府效用目标的复杂性和多层级性，会形成政府、职能机构和公众之间的三角委托—代理关系。要解决政府的委托—代理关系，关键是要建立权力约束机制：构建法制基础、划分政府与市场的权力边界、改革预算制度、鼓励社区竞争以及打破政府信息垄断等。刘用铨（2007）认为，与公司代理问题相比，中国政府的委托—代理问题更加严重，主要表现在监督体系落后、封建思想影响较重、信息透明公开有待加强。

王守坤和任保平（2009）认为，在中国经济社会转型过程中，经济分权和政治集权相结合的中央与地方政府之间的委托—代理关系，是中国政府代理问题的来源。在经济分权方面，中央政府作为委托人将财政分权与行政分权相结合，使得地方政府追求经济发展的积极性提高。但考虑地方政府官员的任期有效性及行政权力垄断性，会导致作为代理人的地方政府存在较多机会主义行为。中央政府和地方政府之间的激励扭曲，是导致政府代理问题的根源。

近年来，部分学者将政府委托—代理理论引入公司治理研究领域，用于解决政府控制下的自由支配企业资源的政府代理问题。陈德球和李思飞（2012）认为，政府对企业投资的影响效应主要取决于政府治理水平。实证检验结果表明，地方政府治理水平越高，越有助于企业获得更多的投资机会和融资渠道，从而有利于企业扩大投资规模和提高投资效率，政府行为对企业投资的影响表现为扶持效应，反之，则表现为掠夺效应。

（四）政府治理的中国逻辑

1. 财政联邦主义与地方政府治理

在现实中，由于中央政府无法完全按照公民偏好、产品及资源禀赋提供公共产品，以满足社会福利最大化，导致中央政府向地方政府进行财政分权。学术界对这种财政分权现象进行了分析，并提出了财政联邦主义理论。该理论的核心观点认为：相对于中央政府，地方政府在社会公共产品供给方面具有信息优势。同时，地方政府受到的政治约束比较少。因此，地方政府在社会公共产品供给方面更有效率。到了20世纪90年代初，以中国为代表的经济转型现象日益受到重视，研究者将财政分权、地方政府行为及地区经济增长相结合，对财政联邦主义进行了重新解释，形成了保护市场的联邦主义理论。

该理论的主要观点认为：如果政府机构及其官员缺乏有效的约束，就会导致官僚机构及政府官员寻租行为的出现。因此，必须构建能够实现政府（官员）的私人收益与社会福利激励相容的治理机制。中央政府对地方政府的财政分权能够促进地方政府之间的相互竞争，而以经济绩效为主要考核指标的竞争结果，将会影响地方政府机构及官员的私人受益，促使其更有动力去促进和加快地区的市场化进程，加快地方经济发展（Qian，Weingast，1997）。

财政联邦主义成立的制度条件包括具有规范的政府层级体系；中央与地方之间的权力边界明确，任何一方没有完全的政策垄断权；中央与地方政府之间具有长期性的可置信承诺；地方政府能够控制一定的资源，并对区域内的经济发展负责；各级政府面临硬预算约束（Qian，Weingast，1996）。

根据财政联邦主义理论，地方政府为了能够在区域竞争中获胜，会采取如财政补贴、税收优惠、土地政策等扶持性手段影响企业经营活动。同样，地方政府也会为了增加地方财政收入或其他治理目标，利用政府行政手段对辖区内的企业经营活动进行干预。改革开放以来，中国式财政联邦主义的核心是财政分权与政治治理体制的紧密结合（傅勇、张晏，2007）。

2. 政治集权结构下的官员晋升锦标赛

根据财政联邦主义理论，财政分权和经济绩效考核将促进地方政府之间的竞争，并由此促进了地方经济的发展。但财政分权的激励尚不足以形成对地方政府官员的激励。政府官员的激励机制是影响经济增长的重要制度安排。在财政分权体制下，中国地方政府官员有其独特的激励机制。

周黎安（2004）提出了政府治理过程中的官员晋升锦标赛学说。该学说认为，中国地方政府官员具有“经济参与人”与“政治参与人”的双重特征，即中国地方政府官员既有强烈的经济发展动机，也积极参与政治晋升的竞争（周黎安，2004）。在当前以经济增长为导向的政绩考核体系下，地区经济绩效成为地方政府官员实现政治晋升的主要指标。地方政府官员在政治晋升的激励下，会积极促进地区经济发展以彰显任期政绩，进而提高其获得政治晋升的概率。与财政分权相比，晋升锦标赛具有承诺可信和强激励的优点。“以GDP增长为基础的考核体系是对政府自由处置权的一种强制引导”（周黎安，2007）。

当然，这种政治晋升竞赛在现实经济运行中也产生了许多负面影响，主要体现为以下几个方面：①偏好替代。即以GDP指标替代辖区居民偏好。②多任务下的激励扭曲。即地方政府官员只关注被考核的指标。③预算软约束问题。地方政府官员为了加快区域经济增长，以提高其获得政治晋升的概率，采用多种手段支持地方企业扩张，从而容易导致企业非效率投资行为的发生。

政治锦标赛学说的解释力，在学术研究中也得到了大量的经验证据支持。如刘瑞明和白永秀（2007）的研究结果显示，中央政府的宏观调控机制和政治体制中的官员晋升激励，是影响中国经济周期性波动的主要动因。中国经济增长与官员政治晋升激励具有同周期性（刘瑞明、白永秀，2010）。陈艳艳和罗党论（2012）的经验证据显示，地方官员更替与辖区内企业投资支出正相关，与企业投资效率显著负相关，官员更替频率与辖区内企业投资波动性显著正相关（陈艳艳、罗党论，2012）。

从上述经验研究来看，在政治集权下的政府治理结构中，地方经济发展与区域内政府官员更替有密切关系。干预微观经济活动，成为地方政府官员实现政治晋升利益的重要手段。

综上所述，政府治理的理论基础与中国的逻辑如表2-1所示。

表2-1　政府治理的理论基础与中国的逻辑

相关理论	主要观点	参考文献
政府失灵理论（公共选择学派）	在非完全竞争市场，个体或企业可以通过游说等活动获得垄断特权来实现个人利益最大化，这会造成社会公共福利的损失，产生社会浪费。政治制度具有一定的可塑性，不同的政治制度安排会产生不同的政治行为	Tullock，1967；Buchanan，1987
政府失灵理论（货币学派）	政府官员作为一个理性经济人，会因为其谋求私利而导致公共资金浪费和政府效率低下。因此，政府对经济活动的干预并不总是会取得预期效果，有时还会妨碍市场机制的正常运行，影响经济发展，带来一系列负面影响	Friedman，1962

续表

相关理论	主要观点	参考文献
政府失灵理论（理性预期学派）	在经济运行过程中，社会公众作为理性经济人，会充分运用所获得的经济信息对未来经济状况进行预测，最终使自己能够了解到政府政策的变化情况及其目的，从而采取相应的经济行为。社会公众的理性预期能够有效抵消政府制定的任何干预措施，导致政府政策失效	Robert，Lucas，1972
政府失灵理论（供给学派）	政府的大量税收会对深灰经济的正常发展产生挤出效应，不当的政府行为会影响市场机制正常功能的发挥，此时会导致政府失灵现象的出现	Canto et al.，1983
新公共管理理论	政府部门不仅要维护社会正义与公平，而且要借鉴和引入市场竞争机制和企业管理方法，利用市场机制和自身力量调配各种资源，建立起规范高效的行政体系，提高公共服务的有效供给	Kravchuk，Schack，1996
政府委托代理学说	由于国家公民、纳税人、选民与政府机构及政府官员之间的目标函数差异，以及双方之间信息不对称，作为代理人的政府机构及其官员可以利用其所拥有的信息优势，在追求实现自身利益最大化的过程中，会把公共利益放在次要位置甚至以牺牲公共利益为代价，做出不利于委托人的行为	王金秀，2002
政府治理的中国逻辑（财政联邦主义）	中央政府对地方政府的财政分权，能够促进地方政府之间的相互竞争，以经济绩效为主要考核指标的竞争结果将会影响地方政府机构及官员的私人收益，促使其更有动力去促进和加快地区市场化进程，加快地方经济发展	Qian，Weingast，1996，1997
政府治理的中国逻辑（官员晋升锦标赛）	中国地方政府官员具有“经济参与人”与“政治参与人”的双重特征，即中国地方政府官员既有强烈的经济发展动机，也积极参与政治晋升的竞争	周黎安，2004，2007

三、政府干预与企业投资：动因、路径与结果

财政联邦主义刺激了地方政府发展经济，加快了区域市场化进程。同时，地方政府在追求政绩目标和经济目标之外，还担负着提供公共服务和维护社会稳定的目标（林毅夫、李志赟，2004）。再加上政治集权结构下的官员晋升激励，大

大刺激了地方政府及官员干预辖区内企业投资的动机。

（一）政府干预与企业投资：动因

1. 政府公共治理的需要

财政分权之后，地方政府在承担促进地区经济发展职责的同时，还肩负着最大化社会福利、提供社会保障、维系地区社会稳定等职责。因此，地方政府的公共治理目标既包括经济目标，也包括社会目标和政治目标。上述公共治理目标的实现，在很大程度上依赖于政府对微观经济活动的干预（谭劲松等，2009）。从经济目标来看，财政分权虽然给予了地方政府促进区域经济发展的高能激励，但“财权上收、事权下移”的方式无疑在一定程度上造成了地方的财政困难（Shen et al.，2012）。在中央集权的政治体制下，地方政府可以运用的政策工具比较局限（周业安，2005）。如地方政府难以通过税收立法、财政政策制定等方式保障政府的公共产品供给。财权和事权的不对称无疑增加了地方政府实现其经济目标的难度。

在此情况下，积极介入微观经济活动成为地方政府缓解其经济目标压力的现实选择（郑国坚、魏明海，2007）。Walder（1995）指出，财政分权改革所带来的经济压力使得政府有极高的热情介入企业的运营和发展。地方企业尤其是国有企业收入和投资在地方政府财政预算中的重要位置，又使其成为地方政府增加财政收入的主要途径，从而进一步强化了地方政府的干预动机。

从社会目标来看，地方政府的社会目标包括社会稳定、市场秩序、充分就业、公共教育和医疗、环境保护、社会福利等，社会目标在地方政府绩效评价中占有重要地位。例如，在社会就业压力较大的情况下，扩大就业对于促进地区经济发展和社会环境稳定具有重要的社会意义（杨瑞龙，2001）。社会目标重要性的提升，使其成为引导政府行为调整的“指挥棒”（王珺，2004）。单纯依靠政府自身力量难以解决其承担的社会目标，将其分解和转移到辖区内企业身上成为政府解决社会问题的现实途径。

杨记军等（2010）的研究发现，政府掌握大型企业控制权的基本动机之一是出于对社会就业的考虑（杨记军等，2010）。金鑫等（2014）的研究通过对2004~2008年中国A股上市公司的经验证据证实，在市场化程度较低的地区，企业的慈善捐赠行为更多的是迫于政府的政治压力，并在一定程度上增加了企业的代理成本，这种影响在国有企业中更显著（金鑫等，2014）。

在经济目标和社会目标之外，政治目标也是地方政府介入企业活动的主要动因之一。政府会出于其政治发展目标的考虑而干预企业活动，使其投资于特定的行业或市场（林毅夫等，2004）。周雪光（2005）的研究认为，地方政府出于政治动机，迫使或诱惑辖区内企业承担一些政绩项目或公共设施工程（周雪光，

2005)。Acemoglu 等（2008）在控制了消费水平和市场化程度后发现，转型经济国家的企业扩张主要是为了迎合政府对于公共设施建设和城市发展等政治目标的需要（Acemoglu et al.，2008)。杨记军等（2010）的研究也发现，政府对关系政治目标的大型国有企业股权的掌握主要是出于政治考虑。

2. 官员实现个人利益的需要

政府官员是政府行为的主要执行者。林毅夫（1989）认为，应该将政府决策过程视为政府官员的行为过程。政府行为是政府承担的各种公共治理目标相互博弈的结果，而又经常表现为官员的个人目标（谭劲松、郑国坚，2004)。Shleifer 和 Vishny（1999）的研究指出，无论政府体制如何，政府官员作为一个理性经济人，其主要目标是追求实现自身利益最大化，而非社会福利最大化。政府官员为维护和实现自身的政治利益，往往会利用其所掌握的公共权力将资源配置给相关利益者，实现利益输送。中国特殊的政治制度使得中国的地方官员对经济活动的政治影响力较高，以财政收入和 GDP 为主要政绩考核指标所导致的政府官员“晋升锦标赛”，使得政府官员既有动力也有压力干预辖区内的投资活动（周黎安，2007)，干预辖区内企业的经济活动是官员实现其政治责任的主要途径，也是官员积累政治资本的主要工具之一（徐业坤等，2013)。

王贤彬等（2010）的经验研究证明，地方官员对于政绩和仕途的追求是影响地区固定资产投资的重要政治因素。钟海燕等（2010)、唐雪松等（2010）的研究均表明，政府官员的政绩追求和晋升压力是有动力要求辖区内企业参与相关政治性投资活动，进而影响企业投资行为。综合上述经验证据，可以发现，政府官员会出于私人利益的考虑，利用手中所掌握的政治权力来影响企业的投资行为，进而对企业和地区经济发展带来影响。

综上所述，政府干预企业投资的动因如表 2 -2 所示。

表 2 -2 政府干预企业投资的动因

动因	研究观点或发现	参考文献
政府公共治理的需要	政府会出于其政治发展目标的考虑而干预企业活动，使其投资于特定的行业或市场	林毅夫等，2004
	积极介入和干预微观经济组织活动成为地方政府缓解其经济目标压力的现实选择	郑国坚、魏明海，2007
	转型经济国家的企业扩张主要是为了迎合政府对于公共设施建设和城市发展等政治目标的需要	Acemoglu et al.，2008
	公共治理目标的实现，在很大程度上依赖于政府对微观经济活动的干预	谭劲松等，2009
	政治动机是政府干预国有企业固定资产投资的主要原因之一，政府的政治目标在一定程度上影响了企业的资本投向和结构效率	郝颖、刘星，2011

续表

动因	研究观点或发现	参考文献
官员实现个人利益的需要	政府官员为维护和实现自身的政治利益，往往会利用其所掌握的公共权力将资源配置给相关利益者，实现利益输送	Shleifer, Vishny, 1999
	以财政收入和 GDP 为主要政绩考核指标所导致的政府官员“晋升锦标赛”，使得政府官员有动力干预辖区内的投资活动	周黎安，2007
	干预辖区内企业的微观经济活动是政府官员实现其政治责任的主要途径，也是政府官员积累政治资本的主要工具之一	徐业坤等，2013
	地方官员对于政绩和仕途的追求是影响地区固定资产投资的重要政治因素	王贤彬等，2010
	政府官员的政绩追求和晋升压力是有动力要求辖区内企业参与相关政治性投资活动，进而影响企业投资行为	钟海燕等，2010；唐雪松等，2010

（二）政府干预与企业投资：路径

根据现有研究文献，在市场化进程较慢的转型经济国家，正式的法律制度在经济发展中的作用远低于政府行为的影响。政治环境和政府行为成为影响企业发展和经济增长的重要因素，政府通过多种路径对企业投资行为施加影响。

1. 产权机制

政府对微观经济活动的干预有多重形式，产权干预是政府影响微观经济活动最强大的经济制度，在具体方式上主要有产权控制、股权投资和产权保护三种。其中，最直接的方式是创办国有企业。通过对国有企业产权的直接控制和行使，政府部门可以更加直接地影响企业的投资决策（郝颖、刘星，2011）。

谭劲松等（2009）的研究认为，地方政府的财政收入和支出、地方经济发展和稳定、地方官员的个人晋升等与地方国有企业紧密相关。出于增加财政收入、促进经济增长和实现个人政治利益的目的，创办和控制地方国有企业就成为地方政府直接干预微观经济活动的重要途径（谭劲松等，2009）。逯东等（2011）研究证实，当地方政府面临财政压力、就业压力和经济增长压力时，政府往往会加大对国有企业的控制力度，国有企业成为地方政府实现经济目标和政治目标的直接工具。

程承坪和程鹏（2013）的研究也发现，政府对国有企业的影响力与政府投资占比呈正相关，即政府投资占企业总资本的比例越高，政府行政权力对企业的控制力就越强，反之则越弱。

作为连接产权的纽带，股权投资有利于投资者进行资源整合和扩大企业规模。因此，政府会通过股权投资的方式来实现产业资源的优化组合，增强其所控制企业在行业中的地位和影响力，进而实现促进经济增长、增加就业和维护区域稳定等多项任务目标（Mitchell，Mulherin，1996）。Hee - jink（2007）的研究证明，政府部门会利用股权投资的方式来实现其经济社会目标。此外，政府官员为了向其政治支持者输送利益，获得选票支持，经常会采用国有企业股权投资的方式来实现其政治目的，这一现象在转型经济国家中更常见。

Dollar（2005）的研究通过对中国、印度、巴基斯坦和孟加拉国四个发展中国家的相关数据进行检验发现，政府治理影响企业投资效率的逻辑在于，政府治理的改善有助于构建良好的商业环境，从而有助于增加企业的投资信心和投资回报。Fan 等（2011）的研究指出，政府治理的关键在于，政府能否从公共利益角度获得社会成员的认可和支持。良好的政府治理能够为企业发展提供更好的法律保障，降低企业产权利益受到外部侵害的概率，从而有利于刺激企业投资和促进地区经济发展。

2. 行业管制

市场失灵的存在使得政府需要对经济领域中的重点行业进行管制，而行业管制由于能够产生规模经济效应，从而可以避免过度竞争带来的效率损失和生产力下降。管制行业与政府之间存在密切的利益联盟关系，政府为实现经济发展目标以及政府官员为实现自身政治利益，会通过价格管制、特许经营权等管制方式来实现其目的（Shleifer，Vishny，1994），进而影响企业的投资行为。国内外许多学者对政府管制与微观经济活动之间的关系进行了研究，并取得了一系列的研究成果。

Kwoka（2005）通过对企业产权与经济周期之间关系的检验研究发现，在市场化程度较低的国家，国有企业在管制性行业中的比例比较高。在市场化程度较高的国家，经济动荡时期，政府会采取特许经营权等方式进行行业管制。政府部门可以通过特许经营权等行业管制方式，使其所控制的国有企业获取稀缺的经济资源，并通过占有垄断性经营权的方式影响社会公共福利的分配（Kwoka，2005）。吴昊和曹澍（2009）利用对电力等自然垄断行业的相关数据，对中国政府管制与垄断行业企业投资行为关系进行研究发现，政府管制导致了垄断性行业的过度投资行为，其中，内部自由现金流的不规范使用行为比较突出，尤其在电力和运输型行业中表现明显。其他自然垄断行业企业的投资行为则表现为对政府管制的俘获，当收益率上升时反而控制投资增长。

张西征等（2012）利用世界银行对中国投资环境的调研数据，检验政府管制负担与企业增长之间的关系。经验证据显示，政府管制负担与企业融资约束程度显著正相关，并且政府管制负担显著降低了企业投资规模，进而对企业的增长速度产生了抑制效应。

李延喜等（2013）基于管制俘虏理论，利用 2001 ~ 2010 年沪深两市非金融类上市公司相关数据，对企业外部治理环境和行业管制企业投资行为的影响进行研究。经验证据显示，降低政府干预程度，能够显著抑制管制行业企业的过度投资行为，而对非管制行业企业的过度投资影响则与之相反。管制行业上市公司的过度投资呈现区域集聚现象，在管制行业中，法治水平和金融发展水平与企业过度投资行为显著负相关。

从上述经验研究证据来看，行业管制是政府干预微观经济活动的主要途径之一，不同城市的政府管制负担对企业投资活动都会产生一定的影响。政府管制在弥补市场自身调控能力不足的同时，也在一定程度上带来了一些负面效应，如增加企业约束程度、导致企业过度投资行为等。Viscusi（2000）的研究明确指出，政府通过行业管制方式造就了国有企业的自然垄断地位，而后者则可以利用其强大的垄断力量和寻租投资来影响政府，使得管制政策产生的公共利益不被私人利益所破坏。Liu 等（2007）通过对东南亚国家的调查研究发现，在政府实施行业管制的能源开采和烟草等行业中，政治势力所掌控的家族企业进入程度比较高，但这些家族企业的投资效率并不高。

3. 资本市场干预

相对于一般性的行业管制而言，资本市场的行业管制效应主要表现为政府对银行贷款以及对企业 IPO 的行政干预。无论是发达经济国家还是转型经济国家，银行作为资本市场最重要的行为主体，都会在一定程度上受到政府部门的管制。已有研究显示，截至 20 世纪 90 年代末，发达经济国家大约有 1/4 的银行资产依然掌控在政府手里，发展中国家大约有 1/2 的银行资产被政府掌控（Yeyati，2007）。因此，干预银行经营活动就成为政府部门影响企业投资的主要途径之一。

Rajan 和 Zingales（1998）认为，国家通过对信贷资本的控制使政治关系发挥作用。当政府官员与银行之间存在政治关系时，与政府官员有关联的企业更容易得到银行的支持，这种影响在该国的资本流动体系相对封闭独立时更明显。Charumilind 等（2006）的研究指出，当政府对银行有着直接掌控或干预能力的时候，银行在进行资金发放时所考虑的公司特征就会被淡化，银行的信贷行为，会更加迎合某种特定目的的需要。银行体系的非充分竞争环境、政府及其官员的影响干预，会导致银行信贷行为出现偏差。

就中国的现实环境来讲，银行的国有垄断性质，以及政府对国有企业发展的依赖性，使得银行贷款行为会受到政府干预和所有权性质的影响。陆正飞等（2009）的研究分析了信贷企业和金融资源配置效率的关系，研究发现，相对于国有企业，民营企业的银行贷款增长率较缓慢，同时，民营企业承担的债务融资成本相对较高。民营企业在获得银行贷款时，更容易遭受信贷歧视。

企业获取资金的方式除了银行贷款以外，上市融资也是企业获取资金的重要渠道，而证券市场同样是政府对企业进行干预的重要途径之一。Leuz 和 Gee（2006）通过对印度尼西亚公司的研究发现，政府会干预企业在国内资本市场的融资行为，拥有政治关联的企业在国内证券市场更容易获取资金。Hung 等（2008）的研究证实，中国企业的融资战略在自身经济利益考虑之外，通常还兼顾政府的政治目标或官员自身的政治利益。

刘煜辉和熊鹏（2005）通过对股权分置、政府管制与中国企业 IPO 抑价之间的关系研究发现，中国证券市场的政府管制制度是导致企业 IPO 抑价的根本原因，政府管制制度所产生的“寻租”行为会影响一级市场投资者的成本，因而会产生较高的 IPO 抑价。如果不解决政府过度管制问题，任何技术的 IPO 政策变革都难以产生实质性影响。

4. 财税政策

财税政策优惠是政府直接或间接向微观经济活动主体进行的转移支付行为。地方政府为了促进地方经济发展或实现其他目的，会通过税收优惠或补贴政策来改变某些产业或企业的收益状况。财税优惠政策成为政府部门对企业进行利益诱导的主要方式之一，进而会影响企业的投资决策行为。

Faccio 等（2006）通过实证研究发现，与政府部门存在政治关联的企业更容易获得政府经济援助，进而扩大企业投资。唐清泉和罗党论（2007）的研究检验了政府补贴的动机与效果，研究发现，政府补贴是政府干预微观经济活动的一种直接手段。政府补贴对于国有企业实现社会稳定的目标有着较为显著的作用，政府补贴对上市公司经济绩效没有显著影响，但却有助于上市公司社会效益的发挥。

邵敏和包群（2012）的研究指出，在中国财政分权体制下，地方政府官员为了促进地方经济发展，进而实现政治晋升，会通过政府补贴的方式影响企业的生产经营行为。为了实现稳定就业的目标，地方官员可能会给予生产效率比较低的企业更高的政府补贴。

汪秋明等（2014）研究发现，政府为了推动战略性新兴产业的发展，吸引企业对新兴产业进行投资，会采取相应的政府补贴措施，但这一措施并没有促进企业的创新投入增加。

在政府补贴之外，税收优惠也是政府干预企业的主要方式之一。Desai（2007）的研究指出，税收政策使得政府机会成为所有企业最大的小股东，税收优惠政策对企业生产经营行为有着重大影响。吴文峰等（2008）的研究发现，税收优惠是政府干预企业生产经营行为的有效工具。与政府存在政治关联的企业更容易获得税收优惠政策，政治关联能够帮助企业降低税收负担。

李维安和徐业坤（2013）的经验证据显示，当地方政府在面临较大的财政压力时，地方政府会加强税收征管力度，而企业的政治身份则有利于企业获得避税效应。

综上所述，政府干预企业投资的路径如表2－3所示。

表2－3 政府干预企业投资的路径

路径方式	研究观点或发现	参考文献
产权机制	出于增加财政收入、促进经济增长和实现个人政治利益的目的，创办和控制地方国有企业，就成为地方政府直接干预微观经济活动的重要途径	谭劲松等，2009
	政府投资占企业总资本的比例越高，政府行政权力对企业的控制力就越强，反之则越弱	程承坪、程鹏，2013
	政府部门会利用股权投资的方式来实现其经济社会目标	Hee－jink，2007
	政府官员为了实现其政治利益而频繁地进行股权投资交易	Faccin，2006
	地方政府通常会采用多元化产权投资的介入，提高国有股权的市场化效率	Fan et al.，2007
	只有在产权获得有效保护的情况下，企业才有信心和动力进行投资活动	Acemoglu，2005
行业管制	政府部门可以通过特许经营权等行业管制方式，使其所控制的国有企业获取稀缺的经济资源，并通过占有垄断性经营权的方式影响社会公共福利的分配	Kwoka，2005
	政府管制负担与企业融资约束程度显著正相关，并且政府管制负担显著降低了企业投资规模，进而对企业的增长速度产生了抑制效应	张西征等，2012
	管制行业上市公司的过度投资呈现区域集聚现象，在管制行业中，法治水平和金融发展水平与企业过度投资行为显著负相关	李延喜等，2013
资本市场干预	政府部门会通过对银行经营活动的干预，为国有企业的投资活动提供支持，而这种支持则进一步刺激了这些企业过度举债的动机	Cull，Xu，2003
	政府会干预企业在国内资本市场的融资行为，拥有政治关联的企业在国内证券市场更容易获取资金	Leuz，Gee，2006
	中国证券市场的政府管制制度是导致企业IPO抑价的根本原因，政府管制制度所产生的寻租行为会影响一级市场投资者的成本，因而会产生较高的IPO抑价	刘煜辉、熊鹏，2005
	国有股权比例与企业IPO抑价显著正相关，政府价格管制程度负向调节两者之间的关系	于富生、王成方，2012

续表

路径方式	研究观点或发现	参考文献
财税政策	政府为了推动战略性新兴产业的发展，吸引企业对新兴产业进行投资，会采取相应的政府补贴措施	汪秋明等，2014
	与政府部门存在政治关联的企业更容易获得政府经济援助，进而扩大企业投资	Faccio et al.，2006
	政府补贴是政府干预微观经济活动的一种直接手段	唐清泉、罗党论，2007
	企业的税收负担是影响地方国有企业运营效率的重要途径，但地方国有企业承担的税收负担也显著降低了企业的市场价值	刘行、李小荣，2012

（三）政府干预与企业投资：结果

政府对企业投资绩效的影响主要表现为两种效应，分别是“扶持效应”和“掠夺效应”。前者表现为政府通过实施促进企业成长的措施支持企业发展。后者表现为政府为实现财政收入以及其他社会或政治目标，侵占企业财富或干预企业投资，使其偏离效率目标。

（1）扶持效应的观点认为，政府干预对企业投资有积极影响，并得到了大量经验证据的支持。

钟海燕等（2010）的研究以 2005～2008 年中国国有上市公司为样本，检验政府干预对公司投资的影响，经验证据显示，无论是从股东性质还是从企业金字塔层级角度出发，相对于受内部人控制的公司，受政府干预较强的国有公司的投资效率更高。该研究认为，在市场机制未能有效解决代理问题的情况下，行政干预可以在一定程度上弥补市场机制的缺失（钟海燕等，2010）。赵静和郝颖（2014）的研究证实，政府具有推动投资扩张的积极性，在此情况下政府干预能够缓解国有企业的投资不足，在政府干预程度较高的地区，地方国有企业的过度投资有助于其市场价值的改善（赵静、郝颖，2014）。

（2）掠夺效应的观点也得到了大量经验证据的支持。Lin 等（2005）的研究指出，国有企业投资效率低下的主要原因是政府给国有企业施加了过多的政策性负担，而预算软约束又加剧了经理人的道德风险，两者之间的交互作用给企业发展带来了负面影响。程仲鸣等（2008）的研究发现，地方政府及政府官员出于经济发展与政治晋升目的，会对辖区内国有上市公司的投资行为进行干预，而政府干预行为会导致地方国有上市公司出现过度投资现象。

唐雪松等（2010）的研究检验了政府干预对地方国有企业过度投资的影响。经验证据显示，为了促进地方 GDP 实现快速增长，地方政府会干预辖区内国有企业的投资行为，特别是当地方 GDP 增长相对业绩较差的时候，政府干预动机越强烈，这一行为越会导致地方国有企业出现过度投资。白俊和连立帅（2014）的研究发现，政府干预行为所造成的政策性负担是企业过度投资的主要原因。

章卫东和赵琪（2014）的研究检验了地方政府干预下的国有企业投资问题，实证研究发现，地方政府在区域经济增长和财政赤字规模的压力下会加大对地方国有企业的投资干预，而这种干预行为会对辖区内国有企业的过度投资产生显著影响，且这种现象在地区城镇化率比较低的地区更显著。

（3）也有学者认为政府干预行为的“扶持效应”和“掠夺效应”可能同时存在，即认为政府干预行为对企业的影响既有积极效应也有消极效应。

李增泉等（2005）的研究通过对中国资本市场 1998 ~2001 年上市公司并购事件的研究发现，地方政府的支持动机对上市公司的长期绩效能够产生积极影响，而政府的掏空动机尽管对企业会计绩效没有显著影响，但会损害企业的市场价值。

胡永平和张宗益（2009）的研究以中国电力生产上市公司为样本，检验了企业高管与政府之间的政治联系对企业绩效的影响。研究发现，董事长的政治关联能够对企业绩效产生积极影响，而总经理的政治关联则会对企业绩效产生负面影响，这一影响关系在国有企业中更为显著。

陈德球和李思飞（2012）研究认为，政府对企业投资的影响效应主要取决于政府治理水平。实证检验结果表明，地方政府治理水平越高，越有助于企业获得更多的投资机会和融资渠道，从而有利于企业扩大投资规模和提高投资效率，政府行为对企业投资的影响表现为扶持效应，反之，则表现为掠夺效应。

综上所述，政府干预企业投资的结果如表 2 -4 所示。

表 2 -4　政府干预企业投资的结果

影响效应	研究发现	参考文献
扶持效应	相对于受内部人控制的公司，受政府干预较强的国有公司的投资效率更高。该研究认为，在市场机制未能有效解决代理问题的情况下，行政干预可以在一定程度上弥补市场机制的缺失	钟海燕等，2010
	有政治关联的企业更容易得到政府的帮扶，从而企业与政府之间的政治联系有助于企业生产效率的提升	李维安、徐业坤，2012
	政府推动投资扩张的动机使得政府干预能够缓解国有企业的投资不足，在政府干预程度较高的地区，地方国有企业的过度投资有助于其市场价值的改善	赵静、郝颖，2014

续表

影响效应	研究发现	参考文献
掠夺效应	国有企业投资效率低下的主要原因是，政府给国有企业施加了过多的政策性负担	Lin et al.，2005；白俊、连立帅，2014
	政府干预行为会导致地方国有上市公司出现过度投资现象	程仲鸣等，2008；张洪辉、王宗军，2010；唐雪松等，2010
两种效应并存	地方政府的支持动机对上市公司的长期绩效能够产生积极影响，而政府的掏空动机尽管对企业会计绩效没有显著影响，但会损害企业的市场价值	李增泉等，2005
	政府对企业的管控行为同时存在扶持效应和掠夺效应	田立辉，2005
	董事长的政治关联能够对企业绩效产生积极影响，而总经理的政治关联则会对企业绩效产生负面影响，这一影响关系在国有企业中更为显著	胡永平、张宗益，2009
	地方政府治理水平越高，越有助于企业获得更多的投资机会和融资渠道，从而有利于企业扩大投资规模和提高投资效率，政府行为对企业投资的影响表现为扶持效应，反之，则表现为掠夺效应	陈德球、李思飞，2012

第二节　董事会资本相关研究

一、董事会资本的理论基础

董事会资本概念由 Hillman 和 Dalziel 于 2003 年提出，主要用于衡量董事会为公司提供资源和支持的能力，包括人力资本和社会资本。其中，董事会人力资本是指董事会成员所拥有的经验、知识和技能的组合。董事会社会资本是指董事会成员在企业内部、外部所拥有的人际关系及其所带来的潜在资源（Hillman，Dalziel，2003）。在此基础上，Haynes 和 Hillman（2010）对董事会人力资本和社会资本的构成要素进行整合，提出了一个新的董事会资本模型。他们认为董事会资本有广度和深度两个维度，“董事会资本广度是指董事在教育水平、职业经历、任职背景及其社会关系等方面的异质性；而董事会资本深度是指董事会通过其成员的职业经验和连锁董事身份等嵌入公司所在行业的程度”。董事会资本决定了在公司治理实践中，董事会是否能够有效地对公司管理层进行监督、为企业战略决策提供咨询和资源性支持，即董事会资本是董事会职能有效发挥的基础，直接关系董事会治理的有效性。

根据以往研究文献，学术界主要从资源依赖理论和资源基础观出发对董事会资本问题进行解释。

（一）资源依赖理论

早期的组织理论主要研究组织内部的管理问题，较少考虑外部因素的影响效应。20 世纪 70 年代，组织分析的重点转向组织间的分析层次。Pfeffer 和 Salancik（1978）在以往研究的基础上，对组织方面的资源依赖理论研究进行了有力推进，他们提出了四个假设：组织的首要问题是生存；为了生存，组织需要资源；组织自己并不能生产所需的全部资源；组织必须与所依赖的环境因素互动。随着公司治理研究的兴起，资源依赖理论也逐渐被引入董事会治理的研究中。

Pfeffer 和 Salancik（1978）的研究指出，当一个组织任命一位董事会成员时，该组织希望这位成员能够支持组织的发展，关心组织的问题，能够将组织遇到的问题与相关者进行较好的沟通，并且尽力解决该问题。因此，他们认为董事会应当为组织提供四种资源性支持：咨询和建议、合法性、沟通交流途径以及外部资源的获取与利益相关者的支持。董事会能够为企业提供上述资源性支持的前提是董事会资本。

但是，应用资源依赖理论对董事会进行研究的学者，在早先的研究中并没有使用董事会资本概念。当时的研究者主要关注和分析了董事会成员的专业性、经验、知识、声誉和技能等方面的问题，在上述相关研究的基础上，Becker（1964）和 Coleman（1988）提出了“人力资本”的概念。与此同时，遵循 White（1961，1963）和 Jacobs（1965）对于社会联系中的关系资本概念的研究，部分学者也研究了董事会成员与外部组织的联系对企业的影响。关系资本也称为社会资本，主要是指“通过关系网络能够提供的实际的或潜在的资源”（Nahapiet，Ghoshal，1998）。Hillman 和 Dalziel（2003）在关于董事会人力资本和社会资本研究的基础上，结合董事会的监督职能、咨询职能以及资源提供职能，提出了董事会资本的概念。董事会资本与 Pfeffer 和 Salancik（1978）所提出的董事会应当提供的四种资源性支持密切相关。

首先，董事会资本直接关系董事会咨询建议的提出。Westphal（1999）的研究指出，董事会通常由律师、财务专家、市场专家、前政府官员以及其他公司的高管组成，这些成员的专业特长、职业经验和工作技能有助于董事会为企业发展提供好的资源建议（Westphal，1999）。而 Carpenter 和 Westphal（2001）的研究发现，董事会成员的关系资本同样有助于董事会为企业发展提供更好的咨询建议，并最终有利于企业绩效的改善。

其次，董事会资本也有利于董事会为企业提供合法性和声誉支持。Certo 等（2001）的研究证实，当企业拥有更多享有盛名的董事时，有助于提升企业的信用和经济绩效。Pfeffer 和 Salancik（1978）也曾经指出："声誉或拥有合法性的个人或组织有助于董事会向其他组织证明企业的价值。"

再次，董事会资本为企业与外部组织之间的沟通交流提供了渠道。Hillman 等（1999）的研究发现，当公司董事与政府之间存在关联时，有助于加强政府与企业之间的沟通交流，缓解双方的信息不对称，降低企业发展面临的政策不确定性风险。相关研究也发现，连锁董事在企业组织之间的信息沟通方面扮演着重要角色，有助于减少企业之间的沟通协调成本，同时也有助于帮助企业获得战略信息和市场机会（Haunschild，Beckman，1998）。

最后，董事会资本有助于帮助企业获得重要的外部资源。Boeker 和 Goodstein（1991）的研究均发现，企业董事会成员与相关组织的关系，有助于减少企业所面临的资源约束，尤其是财务资源方面的约束。

（二）资源基础理论

少数学者（Offstein et al.，2005；Lin，Wei，2006）从资源基础理论的角度分析了董事会资本问题。资源基础理论有两个假设作为研究分析的前提：一是企业拥有异质性资源，二是异质性资源在企业之间是不完全流动的。该理论的核心观点是企业竞争优势来自于企业所拥有的具有稀缺性、难以模仿和替代的异质性资源，企业可以通过提高资源拥有量和资源使用效率来获取竞争优势（Peteraf，1993）。因此，拥有稀有、独特和难以模仿的资源及能力的企业能够获得超额利润和竞争优势。

部分研究者认为人是企业最重要的资源，组织成员所掌握的专业知识和职业经验，本身就是一种难以模仿的、有价值的异质性资源，对于企业建立和维持组织的竞争优势有着极其重要的意义（Barney，1991）。此外，组织成员的社会关系有利于知识的流动，以及其他有利于组织战略决策的资源的产生和利用（Leana，Buren，1999）。组织成员自身的社会关系具有价值性、复杂性和难以模仿性，因而也是有价值的资源。如前文所述，董事会成员通常由律师、财务专家、市场专家、前政府官员以及其他公司的高管组成。这些董事会成员的专业知识、职业经验和专业技能以及其所拥有的社会关系，都可以视为企业所拥有的有价值的、稀缺的和难以模仿的异质性资源，即董事会的人力资本和社会资本可以视为企业的重要资源，对于企业获取和维持组织竞争优势至关重要。

需要指出的是，上述两种理论在研究董事会资本与企业价值关系方面并不冲突。资源依赖理论着重关注董事会与环境证件的交互关系，强调了企业依赖于董事会从外部环境中获取资源控制权的能力。资源基础理论更关注创造与维持资源优势的能力，强调了董事会资本在提高企业资源拥有量和利用率方面的作用，使得企业积累的资源优势难以被竞争对手获取，从而最终形成企业的持续竞争优势。但两种理论视角出发的研究均强调了董事会资本在企业发展中的重要性。

二、董事会资本与企业投资：经验证据

当前，将董事会资本与企业投资效率直接联系起来进行的经验研究尚不多见，更多的是集中于探究董事会资本的不同维度与企业的不同投资活动之间的关系。已有研究大多遵从 Hillman 和 Dalziel（2003）对董事会资本概念的理解。从董事会人力资本和社会资本两个维度出发进行研究，具体情况概述如下。

（一）董事会人力资本视角的经验研究

Jensen 和 Zajac（2004）以美国《财富》500 强企业为研究样本，检验了 CEO 和外部董事等企业精英的个人特征对企业投资战略的影响。研究认为，具有财务专业背景的执行董事会将企业视为各种资源的组合体，因为不需要与单独的业务线相联系，企业可以分割为多个业务单元进行投资组合。经验证据显示，企业中具有财务背景的执行董事的比例越高，企业多元化投资水平越高；同样，具有财务背景的执行董事比例与企业并购投资行为显著正相关。总体上，外部董事的专业背景能够显著影响企业的投资战略行为。

陈传明和孙俊华（2008）的研究发现，董事长和董事等企业家的学历水平与企业多元化投资显著正相关。技术类专业背景与企业多元化投资显著正相关，但财务专业背景则与企业多元化投资显著负相关。进一步研究发现，企业家的任职经历也能够显著影响企业的多元化投资行为，即企业家任职的企业数目与企业多元化投资显著正相关。

周建等（2013）的研究显示，董事会人力资本深度的提高有助于增强董事会的信息处理能力，改善企业对创新投入不确定性风险的开放态度，从而最终有助于企业增加创新投入。研究还发现，董事会人力资本广度对企业创新投入并没有显著影响。同时，董事会人力资本深度对企业创新投入的影响会受到 CEO 权力的制约（周建等，2013）。

Hsiang - Lan Chen（2014）的研究以中国台湾电力行业上市公司为研究样本，探究董事会资本与企业研发投资之间的关系。经验证据显示，董事会成员的受教育水平、行业经验以及连锁董事的社会关系都能够促进企业加大研发投资力度。但董事会资本与企业研发投资之间的关系会受到 CEO 权力强度的影响。具体来讲，当 CEO 权力强度较高时，拥有一定人力资本和社会资本的董事会会更加积极地为企业战略决策提供建议和资源帮助，并且会提升对企业研发投资的支

持力度。研究认为，董事会资本与 CEO 权力之间的交互作用，是影响中国台湾电力行业上市公司研发投入的主要因素。

（二）董事会社会资本视角的研究

罗党论和黄琼宇（2008）的研究发现，中国民营企业通过董事会的政治关联与政府部门建立起的良好关系，不仅能够保护企业免受管理机构或政府官员的侵害，而且能够为企业发展提供有限的获得政府补贴、优惠贷款以及税收减免的途径。因此，董事会政治关联能够为企业发展提供政治资源支持，从而最终有助于提高企业经营业绩。

Stuart 和 Yim（2010）研究发现，连锁董事会因为同时在多家企业任职而形成关系网络，且连锁董事可为企业提供替代性经验，帮助企业获取声誉、资金和知识等关键资源。因此，与发生过私人股权投资的企业存在关联的董事，有助于增强企业获取私人股权投资的可能性。

陈运森和谢德仁（2011）的研究采用社会网络分析法，对独立董事的社会网络位置与企业投资效率之间的关系进行了研究。研究发现，独立董事的社会关系网络能够对企业投资行为产生影响，独立董事的网络中心度越高，越能发挥独立董事的治理作用，促进企业投资效率改善。同时，研究还发现，在政府干预程度较高的地区，独立董事网络位置对企业投资效率的影响在非国有企业中更显著。

Gentry 等（2013）研究发现，企业的研发投资包括固定部分和弹性部分，弹性部分主要受外部环境变化的影响。由于受到企业外部特别是政府短期业绩预期的影响，在风险厌恶和追求个人利益动机的驱使下，政治关联的董事会在面临外部分析预期时会倾向于减少企业的研发投入。

上述经验证据表明，董事会的人力资本和社会资本无论是对企业的具体投资行为（如研发投资、多元化投资）还是投资行为的经济后果（如投资效率）均有重要影响。投资决策是董事会直接影响企业经营活动的主要途径，而董事会资本是企业投资决策制定和实施的重要决定因素。因而，从董事资本视角出发，对董事会治理与企业投资效率问题进行分析，具有重要的学术价值。

综上所述，董事会资本与企业投资关系的经验证据如表 2 – 5 所示。

表 2 – 5 董事会资本与企业投资的经验证据

研究视角	研究发现	参考文献
董事会人力资本视角	企业中具有财务背景的执行董事的比例越高，企业多元化投资水平越高；同样，具有财务背景的执行董事比例与企业并购投资行为显著正相关	Jensen，Zajac，2004

续表

研究视角	研究发现	参考文献
董事会人力资本视角	董事长和董事等企业家的学历水平与企业多元化投资显著正相关。技术类专业背景与企业多元化投资显著正相关，但财务专业背景则与企业多元化投资显著负相关	陈传明、孙俊华，2008
	董事长的学历越高，企业投资行为越谨慎，企业过度投资行为发生的可能性越低。当企业的董事长具有金融或经济管理类的专业背景时，企业发生过度投资的可能性较高。但是董事长在金融或经济管理类的工作经历则有助于降低企业的过度投资行为	姜付秀等，2009
	董事会成员的学历程度与企业研发投入之间存在显著的正相关关系	何强、陈松，2011
	董事会人力资本深度的提高有助于企业增加创新投入。董事会人力资本深度对企业创新投入的影响会受到 CEO 权力的制约	周建等，2013
	董事会成员的受教育水平、行业经验及连锁董事的社会关系都能够促进企业加大研发投资力度。但这种关系会受到 CEO 权力强度的影响	Hsiang - Lan Chen，2014
董事会社会资本视角	企业董事会的政治关联能够为企业发展提供政治资源支持，从而最终有助于企业加大投资，提高企业的生产能力和经营业绩	罗党论、黄琼宇，2008
	与发生过私人股权投资的企业存在关联的董事，有助于增强企业获取私人股权投资的可能性，提高的比例在 42% 左右。但董事会结构会调节董事网络与企业投资行为之间的关系	Stuart，Yim，2010
	独立董事的社会网络关系能够对企业投资行为产生影响，独立董事的网络中心度越高，越能发挥独立董事的治理作用，从而有利于企业投资效率的改善	陈运森、谢德仁，2011
	企业政治关联中所蕴含的社会资本会强化企业进行多元化投资的倾向。经验证据显示，具有政治关联的企业更有可能实施多元化投资，尤其是非相关多元化	邓新明，2011
	政治关联的董事会在面临外部分析预期时会倾向于减少企业的研发投入	Gentry et al.，2013
	董事会社会资本有助于提高企业研发投入，而董事会领导权两职合一则能起到积极的调节作用	严子淳、薛有志，2015

第三节 投资效率相关研究

投资问题是经济学重点关注的基本问题之一。早期，在新古典经济学理论的影响下，学术界将企业投资问题视为最优资本存量的调整问题，并提出了投资加速器理论、现代厂商投资理论和 Q 理论等。上述理论的发展构成了新古典框架下，对企业投资分析的技术型路线。其共同的研究特点是：将企业投资问题看作技术问题，企业投资偏好主要与技术偏好、资本成本、产出需求等相关。其研究的共同缺陷表现在：忽视了企业内部治理结构等因素和外部市场因素，企业经营被视为标准生产函数，将其投资决策过程当作“黑箱”处理。

根据新古典投资理论，当企业投资的边际成本等于边际价值时，企业投资效率最优。因此，企业应当投资净现值为正的项目，直至边际成本等于边际价值。然而，现实经济生活中的企业投资行为与上述理论内容偏离较大。特别是关于企业的非效率投资现象，新古典投资理论的解释有效性不足。

自 20 世纪 70 年代起，随着信息经济学的发展，研究者们认识到新古典经济学框架下的完美市场假设忽视了信息不对称和信息不完全的客观存在，同时，也忽视了由于信息不对称和不完全所导致的企业委托—代理问题的客观存在，从而难以解释企业投资实践中的非效率投资问题。基于此，学术界开始将各种不完美的市场因素引入企业投资问题的研究中，并形成了基于信息不对称和委托—代理的投资理论。

从总体上来看，在关于企业投资研究的发展过程中，先后出现了投资加速器理论、现代厂商投资理论、Q 理论、MM 理论、权衡理论，以及从信息不对称视角、委托—代理视角、行为金融学视角和政府干预视角进行的分析和解释。考虑篇幅问题以及与本研究主题关联的紧密性，本书对投资加速器理论、现代厂商投资理论、Q 理论、MM 理论、权衡理论等相关内容不做详细阐述，只在最后的总结表中进行阐述和比较。下文主要对从信息不对称视角、委托—代理视角、行为金融学视角和政府干预视角进行的研究做详细评述。

一、信息不对称视角下的企业投资研究

根据信息不对称理论，企业如果存在信息对称的条件，那么企业可依据净现值法则进行投资决策，而无须考虑融资成本问题。在现实经济环境中，信息不对称的情况会对企业的融资成本产生影响。进而，企业的投资决策会受到不同融资

方式融资成本的影响而发生变化。尤其当需要通过外部融资方式筹集资金时，外部投资者处于信息劣势地位，难以获取对企业投资项目的完全信息，会导致企业融资决策面临逆向选择的困境。即企业好的投资项目难以募集到足够的资金，或不得不支付高于其风险的资本成本进行外部融资，最终表现为企业的投资决策及其经济后果受制于企业的融资约束。

依据信息不对称理论，Myers（1977）的研究表明，企业内部决策者和外部投资者之间，存在严重的信息不对称，因而，外部投资者难以对企业所发行的融资债券进行准确的价值判断。在逆向选择的情况下，只要企业需要通过发行融资债券来进行资金募集，就会出现投资不足的问题。Myers 和 Majluf（1984）的研究发现，当企业拥有净现值为正的投资项目时，在内部管理者拥有相对信息优势的情况下，外部投资者对于企业发行的融资债券只会给出市场均价。在此情况下，企业的融资债券的实际价值就会被低估，导致好的项目因无法筹集到必需的资金而被迫放弃，从而导致企业出现投资不足问题。

Fazzari 等（1988）的研究显示，企业股利收入与投资—现金流敏感性负相关。因此，研究认为，企业的投资行为会受到融资约束的影响，而这将导致企业更加依赖内部现金流，从而导致投资—现金流敏感性的提高。但也有研究认为企业的鼓励政策会受到多种因素的影响，以鼓励政策作为融资约束的测量指标会存在较大的测量偏差（Fazzari et al.，1988）。

Hoshi 等（1991）研究发现，当企业与主银行存在密切关系时（121 家），银行贷款成为企业的主要融资方式，企业投资所受的融资约束较低。当企业与主银行关系比较疏远时（24 家），企业面临的融资约束较高，企业投资规模的波动性明显提高。

但是，也有学者对 Fazzari 等（1988）和 Hoshi 等（1991）的研究提出了质疑。Kaplan 和 Zingales（1997）通过对 Fazzari 等（1988）的论文中 1970 ~ 1984 年美国制造业 421 家公司中受融资约束程度较高的企业为研究样本进行研究发现，融资约束与企业的投资—现金流敏感性负相关。以其他指标测量融资约束进行稳定性检验，结论依然没有实质性改变。

与西方学者的研究相似，一部分中国学者也从信息不对称视角对企业投资行为进行了研究。沈红波等（2010）检验了金融发展与企业融资约束及投资问题的关系。经验证据显示，企业融资约束会提升企业投资—现金流敏感性。金融发展有助于改善企业的融资约束。但相对于国有上市公司，金融发展对企业融资约束的缓解效应在民营企业中更显著。

程新生等（2012）研究了非财务信息与企业投资效率之间的关系。经验证据显示，当企业所处地区的市场化程度较低时，低质量的非财务信息能够帮助企业获得外部融资，缓解企业投资不足。但是，也会刺激企业出现过度投资。在市场化程度较高时，高质量的非财务信息有助于其获得外部资金支持，既可以化解投资不足，也能够避免过度投资。

赵驰等（2012）研究发现，信用缺失会进一步加重企业与外部投资者之间的信息不对称情况，会加大企业融资困难程度，对企业投资扩张形成了约束。而完善金融机构竞合制度，有助于缓解银企之间的信息不对称，扩大企业融资渠道，缓解企业外源融资困境。

二、委托—代理视角下的企业投资研究

相对于从事前信息不对称视角对企业投资效率问题进行分析，委托—代理理论主要是从事后的道德风险视角进行研究。委托—代理理论关于企业投资的基本内容是：即使不考虑事前信息不对称状态，企业能够获得所需的投资资金，但由于投资者与管理者之间的利益不一致所导致的代理冲突问题，管理则可能将有限的资金用于能够提高私人收益的项目上，而导致企业非效率投资的发生。正如 Jensen 和 Meckling（1976）在其论文中所述："企业内部代理冲突的客观存在会形成代理成本，而代理成本会导致企业选择偏离最有效率的项目。"因此，企业代理问题的存在会影响企业的投资效率。

Shleifer 和 Vishny（1989）较早地基于委托—代理理论研究了企业的投资行为。研究发现，管理者偏好于投资其所熟悉的领域，即专用性投资。专用性投资能够降低管理者被替换的风险，且有助于管理者薪酬的增加，即专有投资会导致"堑壕效应"的产生。这种专有性投资并不一定具有效率。Devereux 和 Schiantarelli（1990）以英国 720 家上市公司 1969～1984 年的相关数据样本进行研究发现，规模较大公司的股权结构比较分散，其委托—代理问题会更加突出，由此导致了企业规模与融资约束显著正相关。

Richardson 和 Sloan（2003）研究发现，代理问题是造成管理者进行过度投资的主要原因之一。在控制企业成长机会和信息不对称因素的情况下，会出现企业管理层利用现金流进行非效率投资行为，而有效的公司治理机制能够抑制这种行为。Miguel 等（2004）通过对西班牙公司的样本数据进行研究发现，经理人具有防御动机和侵占效应。在委托—代理问题的影响下，大股东和管理层利益一致性与投资—现金流敏感性负相关。股权集中度在一定程度上能够缓解企业的过度投资行为。但是，当企业的股权集中度超过一定程度后，企业中会出现委托人之间的利益冲突，导致第二类代理成本提高。控股股东为了私利会利用自由现金流进行非效率投资行为。Richardson（2006）创造性地从会计角度，将企业新增投资分为正常增加的投资和 NPV 为负的投资。以 1988～2002 年 58053 家美国企业为

样本进行检验发现，大约有20%的自由现金流被用于过度投资，另外41%的自由现金流被管理者留用，进一步检验发现，大部分公司治理变量难以有效抑制企业的过度投资行为。

中国学者依据委托—代理理论，结合中国国情，在关注股东与经理人之间的代理问题的同时，也重点研究了股东之间的代理问题，从而使得中国关于代理问题与企业投资效率的研究与国外研究相比有所差异。

刘星等（2014）的研究以中国710家上市公司2000～2009年的相关数据为样本，研究了企业融资约束、代理冲突与企业投资效率之间的关系。研究发现，企业控制权的私有收益会导致企业出现融资约束和代理冲突，这两种情况的相互作用会导致企业出现融资约束。上述影响关系会受到股权性质和公司规模的影响。具体来看，由控制权私人收益所导致的企业投资行为扭曲在国有企业中表现为过度投资，在非国有企业中则表现为投资不足。规模较大的公司会出现过度投资的行为，规模较小的公司会呈现出投资不足的现象。

王茂林等（2014）检验了管理层权力与企业投资效率的关系。研究发现，由于代理问题的存在，管理层权力强度会影响企业现金股利支付率，而现金股利支付率则直接关系企业投资效率的高低。经验证据显示，在内部现金流较好的企业，现金股利的发放能够缓解企业的过度投资；在内部现金流紧缺的企业，现金股利的发放会导致企业出现投资不足行为。管理层权力会弱化现金股利政策对企业非效率投资的影响关系。

詹雷和王瑶瑶（2013）研究发现，当企业管理层激励水平较低时，管理层为自己增加未来货币薪酬的动机会导致企业出现过度投资行为。因此，管理层未来货币薪酬与企业过度投资显著正相关，这一关系会受到管理层持股水平和企业产权性质的影响，具体来说，上述关系在管理层持股水平较低的企业以及非国有企业中更显著。

三、行为金融学视角的企业投资研究

上述信息不对称视角和委托—代理视角的企业投资研究，共同遵循的研究假设是：管理者是遵循利己主义的理性决策者。但是，自西蒙开始，这一研究假设日益受到许多学者的质疑。自20世纪70年代起，部分学者将心理学、行为学和社会学理论纳入企业财务研究，取得了一系列的研究成果。根据行为金融学理论，在企业实践中，投资者与企业决策者都会出现认知偏差和情绪波动的情况，从而使投资决策偏离最优决策。现有研究主要集中于探究投资者非理性行为和管理者非理性行为的影响。

（一）管理者非理性行为方面的研究

在管理者非理性行为方面，主要集中于探究管理者过度自信和从众行为对企

业投资的影响。Heaton（2002）的研究认为，即使不存在信息不对称和委托—代理问题，企业决策者的心理乐观状况也会对企业投资行为产生影响。过度自信的管理者不愿意对外筹资，企业内部融资成为主要的筹资手段，当企业面临较好的投资机会时，可能会因内部现金流紧缺而导致投资不足。同时，过度自信的管理者可能会高估项目盈利前景，从而引发过度投资。

Heaton（2002）的研究得到了诸多经验证据的支持。Malmendier 和 Tate（2005）以《福布斯》500 强企业经理人为样本，检验 CEO 过度自信与企业投资的关系。研究显示，过度自信的 CEO 往往对企业投资项目的质量存在高估倾向，并倾向于选择留存收益作为项目资金的首要来源。企业留存收益越高，投资项目越多。Glaser 等（2007）的研究以德国上市公司高管群体为对象进行研究发现：企业管理者的过度自信程度高于普通人，而管理者的过度自信程度与企业投资水平显著正相关。同时，管理者的过度自信会提高企业的投资—现金流敏感性，而这种情况在融资约束程度较高的企业中更为显著。

Scharfstein 和 Stein（1990）的研究发现，在连续投资决策过程中，精明的管理者会接收到关于项目营利性方面的高质量信息，而平庸的管理者只会接收到低质量信息。后者为了掩饰自身能力的不足，便跟随前者的行动。Prendergast 和 Stole（1996）的研究指出，年轻的管理者急于展示自我，在投资决策中更容易过度自信。相反，年龄较大的管理者考虑自身的声誉和名望，会倾向于根据历史经验或行业趋势进行投资。

（二）投资者非理性行为方面的研究

在投资者非理性行为方面，研究者主要集中于探析投资者情绪对企业投资行为的影响。Baker 等（2003）的研究以托宾 Q 比率代表投资者情绪，以 KZ 指数来衡量企业外部股权融资依赖程度。研究发现，当投资者情绪悲观时，投资水平受股价变化的影响情况会更大。以融资约束程度对样本进行分组检验，在控制其他变量的影响后发现，在企业融资约束程度较高的情况下，企业投资与股价波动性之间存在正向关系。

Gilchrist 等（2005）的研究发现，非理性投资者的过度乐观会导致股票市场泡沫的出现。公司管理者会利用市场的虚假繁荣来进行股权融资，从而有助于降低股权融资成本，进而有助于企业实施真正的投资行为。Polk 和 Sapienza（2009）以企业股权定价代表投资者情绪进行研究发现，企业投资对股权错误定价的敏感性较高。潜在投资者会通过观察企业投资行为对企业价值进行评估，当投资者对企业前景过于乐观时，管理者会迫于投资者情绪而产生过度投资行为。

（三）中国学者的研究

与西方成熟的市场经济国家相比，中国资本市场的发展时间较短，制度的不完善和投资者能力的有限性，使得非理性投资程度更高，部分学者也对其进行了深入研究。

一是在管理者非理性行为方面，郝颖等（2005）研究发现，在上市股权激励计划的企业中，25%的高管人员具有过度自信倾向。高管人员的过度自信更容易导致企业过度投资行为（郝颖等，2005）。李云鹤和李湛（2011）的研究发现，代理成本和管理者过度自信都会导致企业过度投资行为的发生，即委托—代理假说和管理者过度自信假说都会导致企业出现非效率投资行为。陈夙和吴俊杰（2014）研究发现，在控制情境因素后，管理者过度自信与企业投融资风险显著正相关，而公司董事会规模和董事会独立性，能够负向调节管理者过度自信与融资风险之间的关系。但是，对管理者过度自信与投资风险的调节效应却不显著。

二是在投资者非理性行为方面，花贵如等（2010）的研究以中国A股上市公司2000~2008年相关数据为样本，检验了投资者情绪与企业投资行为的关系。经验证据显示，在中国资本市场，投资者情绪会导致企业资源配置效率降低。具体来看，投资者情绪会导致企业出现过度投资状况，同时也会对企业投资不足情况起到抑制效果。刘志远和靳光辉（2013）以中国2004~2009年沪深A股上市公司为样本，探究投资者情绪与企业投资效率的关系。研究发现，投资者情绪会对企业非效率投资行为产生“恶化”和“校正”两种不同影响。在公司股权较分散以及公司董事长和领导权两职合一的情况下，投资者情绪会进一步恶化企业的过度投资情况；在股东持股较为集中的情况下，投资者情绪能够对企业投资不足问题起到校正作用。

罗琦和张标（2013）研究发现，一方面投资者情绪的高涨与低迷，与企业的过度投资呈同方向变化；另一方面投资者情绪与企业投资不足呈反方向变化。进一步研究发现，投资者情绪与投资效率之间的关系，会受到企业控股股东持股比例以及股权性质的调节影响。张庆和朱迪星（2014）检验了投资者情绪与企业实际投资的关系，经验证据显示，企业投资行为对投资者情绪具有迎合倾向，管理者持股水平有助于降低企业的迎合倾向。具体来看，董事会成员和高管的持股水平都可以在企业价值被市场低估时抑制企业的迎合性投资行为，但监事会成员持股比例不会对此关系产生显著影响。

四、政府干预视角的企业投资研究

在中国渐进式改革过程中，政府发挥了至关重要的作用，而政绩考核和官员晋升竞赛又强化了地方政府介入微观经济活动的动力，从而使得中国企业的投资行为受到政府干预的影响。相关学者结合具体的中国国情，从政府干预角度对中国企业的投资行为进行了研究，并取得了一系列有价值的研究成果。

杨华军和胡奕明（2007）以中国非金融类上市公司2000~2004年数据为样本，研究制度环境与企业过度投资的关系。研究发现，政府控制和政府干预会导致企业过度投资的现象比较严重，而地区金融发展的熊彼特效应可以显著抑制由自由现金流导致的过度投资行为。张洪辉和王宗军（2010）的研究检验了中国特有的制度背景对企业投资决策的影响。研究发现，国有企业过度投资问题的动因未必是代理问题，而政府干预和政府目标则可能是导致企业过度投资行为的主要因素。经验证据显示，政府将公共目标内化为企业目标的行为是导致过度投资的主要因素。

陆正飞等（2009）的研究分析了信贷企业和金融资源配置效率的关系，研究发现，相对于国有企业，民营企业的银行贷款增长率较慢，且民营企业承担的债务融资成本相对较高。民营企业在获得银行贷款时更容易遭受信贷歧视。谭劲松等（2012）研究认为，财政分权和政治晋升激励成为刺激政府干预银行贷款行为的主要动因。政府对银行贷款的干预行为会受到地区市场化进程和企业产权性质的影响。相对于民营企业，国有企业的不良贷款率更高，而法制环境能够对不良贷款起到抑制效果。

郝颖和刘星（2011）从政府干预视角研究企业资本投向和结构效率问题。研究发现，地方政府的干预会导致辖区内的国有企业扩大固定资产投资和股权并购活动，但会抑制企业的创新投资；在政府干预较大的地区，国资委直属企业在固定资产投资方面增长最快。相对于民营企业，中央所属的国有企业的资本投向更容易突破垄断管制；政府干预在投资结构和规模两方面损害了企业的投资效率。

陈德球和李思飞（2012）研究发现，地方政府治理水平与企业投资规模显著正相关，民营企业的投资机会对政府治理水平更敏感，良好的政府治理水平有助于降低企业所面临的融资约束。章卫东和赵琪（2014）从公共治理的目标出发，检验政府干预与国有企业过度投资的关系。研究发现，地方政府追求经济增长的目标，会导致地方国有企业出现过度投资行为。在地方财政赤字规模越大、地区城镇化率越低的情况下，地区国有企业的过度投资越严重。

综上所述，本书重点对当前占据学术主流位置的信息不对称视角、委托—代理视角、行为金融学视角以及政府干预视角下的企业投资效率研究进行了详述。在此基础上，我们对已有投资理论的研究概况进行梳理，具体如表2-6所示。

表2-6 企业投资效率研究

理论	观点	局限性	主要文献
现代厂商投资理论	企业投资规模取决于资金成本和投资机会；企业的最佳投资水平取决于资本的边际收益与边际成本的均衡	忽视了企业外部融资成本的差异性，以及资本存量的调整成本	Jorgensen，1963，1966，1968，1971

续表

理论	观点	局限性	主要文献
Q 理论	企业投资需要考虑预期因素的影响，主要取决于 Q 值，当且仅当投资项目能够增加公司股票价值时，才适合投资	资本市场的有效性前提在现实中难以满足，Q 模型的估算结果与现实存在偏差	Keyens，1936；Brainard，1968；Tobin，1969，1978
该阶段的研究特点是将企业投资问题看作技术问题，企业的投资偏好主要与技术偏好、资本成本、产出需求等相关。忽视了企业内部治理结构等因素和外部金融市场因素，将企业投资决策过程视为“黑箱”处理			
MM 理论	资本市场完全竞争前提下，企业投资决策与融资方式无关，只取决于投资项目未来现金流的净现值	其基本假设条件如不存在所得税、无破产风险和资本市场完美等与现实相悖	Modigliani，Miller，1958，1963；Miller，1977
自由现金流假说（委托—代理视角的研究）	委托—代理问题的存在以及公司利益分配的非对称性，会使得企业产生因自由现金流所导致的非效率投资行为，这一行为需要依靠外部市场解决	没有考虑融资成本，假设管理者理性	Jensen，Meckllng，1976；Jensen，1986，1993
融资约束假说（信息不对称视角的研究）	信息不对称情况下，股东和外部投资者的逆向选择所导致的融资约束会产生非效率投资行为	没有考虑管理者的自利性，假设管理者理性	Myers Majluf，1984；Fazzari et al.，1988
该阶段不再将企业投融资问题视为单纯的技术问题，开始探讨融资结构与最优投资行为之间的内在联系及作用机制，关注企业内部治理结构和外部金融市场因素的影响作用。研究假设主要建立在决策者理性的前提下，忽视了决策者非理性行为的影响，同时在范式上存在“零嵌入式”现象，即不考虑社会结构、法律机制、历史文化等外在制度因素的影响			
行为金融学视角的观点	投资者和管理者的非理性行为会导致投资行为偏离最优状态，从而最终影响投资效率	过于重视个体心理分析而忽视了市场的客观条件	Sherfrin，1999；Barberi，Huang，2001
政府干预视角的观点	政府对企业经营活动的干预行为会对其融资能力及融资成本形成约束，进而影响企业的投资决策行为及后果	在对中国企业的研究过程中，对文化观念、社会历史等深层次因素的重视不足。同时，过于推崇英美法	陆正飞等，2009；郝颖等，2011；谭劲松等，2012；陈德球等，2012
该阶段进一步打开传统研究所忽视的决策“黑箱”，注重分析决策过程中的决策者状态；考虑政府干预等外在制度环境因素的影响，关注外部制度环境与公司投融资行为的关系。但目前尚未形成统一的研究范式和系统的理论体系，研究成果散见于各个学科			

第四节　研究述评

本书以企业投资效率为核心，从董事会资本和政府治理两个角度出发，对相关理论和经验证据进行了梳理和归纳。根据文献回顾，对以往相关研究的认识和理解概述如下：

关于企业投资理论的研究，根据综述情况，我们可以得出以下几点结论：一是超越新古典投资理论框架，在信息经济学基础上发展起来的信息不对称投资理论，以及委托—代理理论将传统企业投资理论研究范畴大大拓展。二是心理学与现代公司理论的契合产生了行为金融理论，使企业投资研究突破了传统的理论研究假设的框架，是当前对企业投资效率进行研究的一个新的发展方向。三是在财政联邦主义和官员晋升锦标赛的激励下，地方政府具有干预企业投资活动的动机和能力。在转型经济国家中进行企业投资方面的研究，必须考虑政府干预对企业投资的影响。

从整体上来看，在投资尤其是企业投资领域，西方学者已经取得了许多十分重要的研究成果，一些文献和理论已经成为学术史上的经典。但是，西方学者对于企业投资理论的研究，主要集中于探究成熟市场经济条件下的企业投资行为。主流研究方式继承了新古典经济学的研究传统，以财富最大化为目标，以经济人理性选择为假设前提，侧重于投资决策技术和定量分析。对于这种研究传统，部分学者认为，如果从整体上来思考该领域的研究发展时，就会发现，“该领域的研究依然处于贫困化状态，主要表现为学术研究的断裂性、环境滞后性和现实偏离性”（李心合，2006）。反观国内研究，相当多的文献是承袭西方的投资理论和研究方法，来解释中国的投融资现象。但东西方发展历史和社会制度环境的异质性，使其在解释中国投资现象时存在适应性问题。

从当前来看，结合中国转型经济制度的特征，已有研究发现，在企业投资方面，虽然大量的经验证据验证了信息不对称和委托—代理理论，但是信息不对称和委托—代理理论在学理层面上尚未达成一致性意见。对中国企业投资效率问题的解释并不充分。其主要原因在于忽视了企业所处的制度环境。

对于处于转型经济的中国企业来讲，一方面，传统的思维和做法以及企业内部的治理机制差异，仍然对企业投资行为影响很深。另一方面，外部制度环境处于不断变化之中，如政府职能的转变、政府与企业之间行动规则和关系的问题等，都要求企业去适应。这也就意味着企业投资行为、内部治理机制（本书主要指董事会治理）和外部治理机制（本书主要指政府治理）相互之间的关系带有很大的复杂性，需要我们从整体上进行系统的思考和探索。但现有研究文献主要是沿着董事会治理与政府治理两条路径，分别独立展开研究与分析。

（1）从政府治理视角进行的研究来看，学术界从多个方面对政府治理的基本内容、经济影响等进行了深入探讨，并取得了一系列的研究成果。但是关于政府治理与企业投资的研究还主要集中于经验数据的检验。尽管政府与企业关系的经济学分析取得了较多的理论成果，但企业投资在理论层面上的探讨，由于各国制度环境的异质性而长期存在分歧，逻辑演绎政府治理与企业投资效率内在理论根源的研究也较为缺乏。政府治理水平差异究竟如何影响企业投资效率？具体的作用机制是什么？这一效应是否会因为财政分权体制的存在而得到强化？何种特质的企业的投资效率，更容易受到政府治理水平的影响？这些问题都尚未得到系统的解答。

同时，与西方成熟的市场经济国家不同，在中国的渐进式改革过程中，政府发挥了至关重要的作用，政府对企业投资性行为的影响更大。部分学者重点关注了中国经济发展中，政府治理因素对微观企业部门投资活动的影响，并形成了该领域研究的中国逻辑。一系列的研究成果为解释中国特有的经济现象和企业问题做出了贡献，并呈现出较强的“政府—政策—企业”范式。但是，中国学者在实证研究方面呈现出片段化、碎片化的特征。大多数研究局限于从政府治理的某一个方面对应企业的某一类投资活动进行分析，从而使我们难以从整体上把握政府治理与企业投资效率的关系。

另外，在研究方式和概念测度方面也存在一定的缺陷性。从现有文献来看，既有研究主要从两个角度对该问题进行探讨。一是通过跨国比较的方式，研究不同国家的政府治理差异对其国内企业投资行为的影响；二是考察一国内部不同地区地方政府治理差异对辖区内企业投资行为的影响。根据以往研究，在跨国比较研究文献中，主要是从法制环境、金融发展、政府腐败等方面构建政府治理水平的综合测量指标，并以此对应一个国家的整体政府质量，并不考虑一国内部的制度差异。在现实中，各个国家的历史文化、经济发展和国家政策存在多元化特征。因此，不同制度环境下的政府跨国比较的有效性难以控制。同时，跨国比较所构建的政府质量的综合测量指标，也难以应用于考察一国内部的制度环境差异。

国内研究主要集中于不同地区地方政府治理差异对辖区内企业投资行为影响的研究。其对政府治理水平进行测度的指标主要是采用腐败、产权保护指数以及市场化程度指数，其中应用最多的是樊纲等（2010）编著的《中国市场化指数》。虽然这些指数可以测量政府的地区差异，但是，腐败、产权保护指数等只能反映政府治理的单方面特征，难以映射政府治理的整体概况。市场化指数自2009年以后已不做数据上的更新，难以满足当前学术研究的时效性要求。

（2）从董事会治理视角进行的研究来看，自 Jensen 和 Mecling（1976）提出代理问题以来，董事会作为缓解代理问题的一种重要制度设计，被纳入企业投资研究领域中。短短几十年时间，围绕董事会治理与企业投资的理论研究和经验证据有了空前发展。但令人遗憾的是，如前文所述，无论是在欧美等成熟市场国家，还是在中国等新兴经济国家，经验证据的混合甚至相互冲突，使得一些看似简单的问题，如什么样的人担任董事，治理效果更明显，企业的投资效率更高？并没有得到有效解答，学术界也没有达成一致的意见。

经过几十年的探索，西方学术界在该领域的研究正在实现从结构特征视角到行为认知视角的转变，并提出了董事会资本的概念。这一方面反映出金融危机后管理学界对于董事会治理功能的关注，另一方面也指出了董事会治理与企业投资研究的未来发展方向。中国国内的研究基本上是国外研究的翻版，无论是理论还是方法在创新性方面都还有待加强。同时，从上市公司治理实践来看，董事会治理效果也并不显著。而且，国内学者更偏重于将董事会结构特征变量引入研究中，相关经验证据也大多集中于这一方面。近年来，基于行为认知视角的研究虽然逐年增多，但多数研究限于主题而未能深入。此外，国内关于董事会与企业投资的研究，更多地集中于董事会独立性方面，对董事会其他方面的关注相对较少。

从已有研究来看，现有研究大多是从委托—代理视角出发，探究董事会在企业投资决策中的治理作用，研究视角上有一定的局限性。事实上，董事会在履行监督控制职能、降低企业代理成本的同时，董事会还负有资源供给职能。董事会资本是决定董事会职能是否能够有效发挥的关键。从董事会资本为企业发展所提供的资源性支持（咨询和建议、合法性、沟通交流途径以及外部资源的获取与利益相关者的支持）来看，本身就蕴含着能够缓解企业与外部投资者之间信息不对称状态的因素。董事会资本能够为企业与外部投资者之间的信息沟通充当信号机制，有助于缓解信息不对称对企业投资效率的负面影响。从而有助于我们在该领域突破研究视角上的局限性。

但当前关于董事会资本的研究相对较少。理论上，董事会作为公司治理的核心机制，在企业中承担监督控制和资源供给双重职责，关系到企业投资的战略决策及其经济后果，而董事会资本则直接关系到董事会职能的有效发挥。那么，对于董事会资本的研究理应不胜枚举。然而，事实却并非如此。

已有研究主要集中于董事会和管理层相结合的高管团队资本的研究，且大多数研究偏向于分析高管团队资本与企业绩效的关系，部分学者研究了其对战略决策、竞争行为和创新投入的影响。关于董事会与企业投资决策的研究文献相对较少，即使有所涉及，也限于主题而未能深入。这使得一些关键问题，如董事会资本是如何影响企业投资效率的，其具体的微观作用机理是什么，尚未得到有效解答。因此，研究董事会资本与企业投资效率的关系，可以进一步丰富董事会治理理论和企业投资理论的研究。同时，对该问题的检验也能够为优化企业董事会建设，提高企业投资决策质量提供有力的经验证据。

综合上述分析，总体上，由于信息不对称、代理冲突、非理性行为和政府干预等因素的存在，企业并不会完全按照经典投资理论的净现值法则进行投资，而是经常出现过度投资或投资不足行为，这在理论和经验证据上已经被证实。而在当前企业内外部治理机制之下，这些影响因素尚未消除。从国内研究来看，在内部治理机制方面，董事会作为公司治理的核心机制，成为众多学者研究企业投资效率问题时重点考虑的因素；在外部治理机制方面，作为社会制度环境的主要塑造者的政府，成为研究的重点。但是，正如上文所述，现有研究文献主要是沿着董事会治理与政府治理两条路径，分别独立展开研究与分析的。

事实上，如前文所述，在公司治理领域中，并不存在适用于一切情况（One Size to All）的最佳董事会治理模式，企业应当根据其所根植的治理环境选择有效的治理机制。因此，将政府与董事会两大治理主体纳入同一框架展开研究，对于拓展和整合该领域的研究路径，具有一定的学术价值和取得突破的可能性。

基于此，本书根据最新进展，探究中国政府治理情境下，董事会资本与企业投资效率的关系及其微观作用机制。对以往研究遗留的关键问题，如政府治理如何影响企业投资效率，以及具体的作用机理是什么；董事会资本如何影响企业投资效率，以及具体的影响路径是什么；政府治理情境如何与企业董事会资本交互作用影响企业投资效率进行分析和检验。从而为理解转型经济条件下，如何提高中国企业投资效率提供理论支持和经验证据，也为关于此类问题的学术研究贡献新的知识。

第三章　理论分析与研究模型

本章主要是围绕本书的科学问题，在前文对政府治理、董事会资本和企业投资效率相关文献进行梳理和评析的基础上，对研究中所涉及的核心概念进行界定。并依据相关理论，构建本书的理论模型，以期为后续的实证研究奠定理论基础。

第一节　核心概念的界定与测量

围绕本书的科学问题以及后续所涉及的研究内容，本书对所涉及的政府治理、董事会资本、企业投资效率等核心概念进行界定，并就其测量方法进行论证。

一、政府治理的概念理解与测量

（一）政府治理概念的基本认识

在全球化经济时代，人类政治生活发生的最引人注目的变化之一，就是人类政治过程的重心正在从统治（Government）转向治理（Governance）。与此相应，在国家公共事务管理和政治发展研究中，“治理”一词逐渐获得了重要的话语权。在很多地方取代了“政府管理”和“政府统治”，而逐步以“公共治理”“国家治理”“政府治理”等词汇纵横于公共管理的理论与实践研究中。“治理”一词的原意为引导、控制和管理方法等。长期以来，它与“统治”一词交叉使用。但实际上，两者之间是存在差异的。在政治学领域，“统治”更多的是指依靠权力的强制性，以层级式的组织对资源进行分配。“治理”强调政府与社会合作，以合作管理的方式对社会资源进行配置。

自世界银行 1989 年在其报告《撒哈拉以南非洲：从危机到可持续增长》中

提出“治理危机”概念后，政府治理问题引起了各国政府和学术界的大量关注(俞可平，2005)。在长期的研究发展过程中，一些国际机构和学者对“政府治理”进行了大量的研究。在已有相关文献中，关于政府治理的概念有数十种，其中，具有代表性的概念界定主要有以下几种。

世界银行在1991年发布的《治理与发展》报告中将“政府治理”定义为：政治机构发展和运用政府权威，通过对公共资源的调配对社会事务进行管理的制度和行为总和。

全球治理委员会在1995年发布的《我们的全球伙伴关系》报告中，对“政府治理”做出了如下界定：政府治理是政治机构管理其社会事务的诸多方式的综合，它使得不同的社会利益得以调和并且采取联合行动的持续过程。

以Kaufmann等为代表的研究者，将“政府治理”概念的界定与公共部门改革相联系。其中Kaufmann（2004）将“政府治理”概念界定为：“在一个特定的国家中，政府如何决定其行使权力的机构及其行使方式。政府治理主要通过宏微观经济治理（政策稳定性、通货膨胀、汇率、税收及其相关规章制度）、基础设施、法律和秩序（腐败、犯罪、司法部门职能）等方面来体现”。

国际货币基金组织（IMF）（2001）对政府治理的界定与世界银行类似，认为国家政府的治理水平主要体现在政府机构的工作效率、政府官员对待工作的责任感、政府所构建的法律机制体系及其对整个社会的法治影响、政府对官员腐败行为的治理和解决等。因此，政府治理是“政府效率与责任感、政府法制与解决腐败的制度总和”。

La Porta等（1999）的研究认为，政府对经济活动的干预程度会影响企业的治理行为，而公共服务的制度供给和工作效率、政府规模和政治自由程度，会影响微观经济组织的治理结构和决策行为。因此，政府治理主要体现在政府干预、公共服务和产品供给、政府规模和政治自由等方面。

Fan等（2011）认为，政府治理主要是指为政府决策被合法地接受并执行，得到社会大多数成员支持，并使得服务对象获益的程度。

国内学者俞可平（1999）则更多的是从政府善治的角度进行研究，认为政府善治主要包括合法性、法治、透明性、责任性、回应、有效性、参与稳定性、廉洁、公正等十个要素。毛寿龙（2001）则将“治理”（Governance）一词翻译为“治道”，认为治道是关于政府如何在市场经济条件下，界定自己的角色和管理公共事务的道理。

从上述研究可以看出，研究者们关于政府治理概念的认识并不一致（见表3-1)。导致这一现象的原因，除了研究者的视角和立场差异外，更在于政府治理既是一种现象，也是一种理论和分析框架。但从上述代表性的概念界定中可以看出，在本质上，研究者都把政府治理视为政府在与社会和市场的互动中增加公共利益的活动。综合上述内容，结合本书研究对象，本书认为政府治理主要体现在社会公共制度供给方面，因此，我们将政府治理定义为，政府部门为了实现对社会资源的有效配置而制定的制度和行为的总和。

在对政府治理概念进行理解的时候，应当注意“政府治理”概念与“政府善治”概念的区别与联系。善治主要表现为政治、国家权力与公民社会之间的和谐关系。1999 年马尼拉治理宣言把“善治”定义为，一种公平、公正、民主、透明、负责，并能够及时回应社会需求的管理体制。中国学者俞可平（1999）认为，政府善治主要体现在合法性、法治、透明性、责任性、回应和有效性等方面。“善治”要求政府转变治理观念、提升服务质量，同时也倡导社会公众积极、理性地介入公共事务管理。治理需要调动以政府为核心的各利益相关者，并最终表现为社会公共服务质量。两者都是政府公共部门处理和协调其与社会其他组织互动关系的一种联系方式。因此，治理和善治是既相互区别又相互联系的不同理念。

表 3－1 政府治理概念界定

提出者	主要观点	参考文献
世界银行（1991）	政治机构发展和运用政府权威，通过对公共资源的调配对社会事务进行管理的制度和行为总和	《治理与发展》
全球治理委员会（1995）	政府治理是政治机构管理其社会事务的诸多方式的综合，它是使得不同的社会利益得以调和并且采取联合行动的持续过程	《我们的全球伙伴关系》
Kaufmann（2004）	在一个特定的国家中，政府如何决定其行使权力的机构及其行使方式	*Governance Redux: The Empirircal Challenge*
La Porta 等（1999）	政府治理主要体现在政府干预、公共服务效率和产品供给、政府规模和政治自由等方面	*The Quality of Government*
Fan 等（2007）	政府治理主要是指政府决策被合法地接受并执行，得到社会大多数成员支持，并使得服务对象获益的程度	*Does "Good Government" Draw Foreign Capital*
俞可平（1999）	政府善治主要体现在政府治理行为的合法性、责任性、透明性、法治、回应和有效性等方面	《治理与善治引论》
毛寿龙（2001）	治理即治道，治道是关于政府如何在市场经济条件下，界定自己角色和管理公共事务的道理	《现代治道与治道变革》

（二）政府治理概念的测量

关于政府治理的测量，在当前研究中大多用一个或几个指标度量治理的效率，且经常由政策结果进行间接测量，而并不用制度安排本身对经济结果进行解释（Banks，Sundaram，1998）。

Kaufmann 等（1999）的研究指出，可以采用六个指标对政府治理进行测度：①言论与问责，即公民的言论自由程度和在政府选举中的参与情况。②政治稳定性，即当权政府被颠覆的可能性。③管制质量，即政府对市场采取不良干预政策的发生概率。④政府效率，主要是指政府机构、政府官员和政府服务等方面的质量。⑤腐败控制，对腐败行为的感知和反腐行为。⑥法治，主要指社会的法律环境、物权保护程度等。

La Porta 等（1999）在其经典论文 *The Quality of Government* 中主要从三个方面对政府质量进行了测度。第一个方面是关注政府干预程度，作者认为，措施得当的政府干预是合理有效的，但政府部门如果赋予官员较多的管制权力，则会带来拖延和腐败行为，而不适当的干预会造成政府工作的低效率。第二个方面是关注公共服务质量，作者认为，运作良好的政府会提供高质量的社会公共服务。第三个方面是关注社会民主和人权保障，认为政治自由是好政府的一个重要指标。尽管在该研究中并没有使用政府治理的词汇，但研究者对政府质量的度量可以作为对政府治理进行测度的借鉴。

上述方法主要用于跨国界的研究，具体到对中国政府治理状况的度量主要有以下几种情况：

一是世界银行 2007 年发布的研究报告 *Aggregating Governance Indicators* 对中国 1996 ~2006 年的政府治理状况进行了测度。由于该项工作主要由上文提到的 Kaufmann 主持，因此，该报告对中国政府治理状况的度量主要是从言论与问责、政治稳定性、管制质量、法治、政府效率以及腐败控制六个方面进行。

二是世界银行 2006 年发布的《政府治理、投资环境及和谐社会——中国 120 个城市竞争力调查报告》。该报告针对中国 120 个城市的投资环境、政府有效性以及社会和谐等方面进行了调查。国内部分学者如陈德球等（2011，2012）、林洲钰和林汉川（2013）主要从该调研数据中选取相关测量指标进行测度。其中，陈德球等（2011，2012）的具体做法是：首先，从该调研数据中选取产权保护水平、当地企业对法庭的信心、企业娱乐开支以及与政府打交道的时间四个指标。其次，在此基础上，将各指标由低到高进行排序，形成十分位数。最后，计算四个变量的平均数构成政府治理综合指数（陈德球等，2012）。林洲钰和林汉川（2013）的具体做法是：首先，从该调研数据中选取当地企业对法庭的信心、产权保护水平、高等教育居民的比重以及税费四个指标。其次，在此基础上，计算四个变量的平均值，以此构成政府治理水平的综合测量指标。

三是世界银行从2002年起对世界主要国家进行营商环境调查，并且每年发布《营商环境报告》，其中，2008年的报告详细提供了中国30个省会城市的相关调研数据，其相关指标包括产权登记、投资者保护、合同纠纷解决、相关许可证获取等方面的情况，较好地反映了不同地区的政府治理状况，如创办企业的程序和成本可以反映政府的工作效率，合同纠纷解决和产权登记等可以反映地区法治环境。国内学者董志强等（2012）主要采用该数据进行相关研究。

四是中国社科院自2003年起发布《中国城市竞争力报告》，每年公布一次。从不同的测量维度对地区竞争力情况进行评价。其中，城市制度竞争力指数包括产权保护、市场发育程度、政府审批与管制、法制健全程度、个体经济自由度五个维度，这在一定程度上能够反映地区政府治理水平。国内学者周建和许为宾（2016）主要采用该数据进行相关研究。

此外，国内的相关研究大多从腐败和政府干预两个方面对政府治理状况进行测度。其中，腐败程度的测量数据主要来源于各年度的《中国检查年鉴》。政府干预状况的测量主要来源于樊纲等（2010）编著的《中国市场化指数》。虽然腐败和政府干预状况可以在一定程度上反映不同地区间的政府治理情况，也许可以指出改善政府治理状况的方向，但是腐败和政府干预只能反映政府在某一方面的治理情况，难免有失偏颇。

综上所述，已有相关研究关于政府治理测量的情况如表3-2所示。

表3-2 相关研究对政府治理概念的测量

提出者	测量方式	文献来源
Kaufmann等（1999）	从言论与问责、政治稳定性、管制质量、政府效率、腐败控制、法治六个方面进行测度	*Aggregating Governance Indicators*
LaPorta等（1999）	从政府干预程度、公共服务质量、政治自由三方面进行测度	*The Quality of Government*
世界银行（2007）	从言论与问责、政治稳定性、管制质量、法治、政府效率以及腐败控制六个方面进行测量	*Aggregating Governance Indicators*
陈德球等（2011，2012）	首先，选取产权保护水平、当地企业对法庭的信心、企业娱乐开支以及与政府打交道的时间四个指标。其次，将各指标由低到高进行排序，形成十分位数。最后计算四个变量的平均数构成政府治理综合指数	《政府质量、终极产权与公司现金持有》《政府治理、产权偏好与资本投资》

续表

提出者	测量方式	文献来源
林洲钰、林汉川（2013）	选取当地企业对法庭的信心、产权保护水平、高等教育居民的比重以及税费四个指标。在此基础上，计算四个变量的平均值，以此构成对政府治理水平的综合测量指标	《政府质量与企业研发投资》
董志强等（2012）	从《营商环境报告》中选取产权登记、投资者保护、合同纠纷解决、相关许可证获取四个指标，采用百分位相对排序法构建综合指数	《制度软环境与经济发展》
周建、许为宾（2016）	从《中国城市竞争力报告》中选取制度竞争力指标作为测量数据	《政府治理影响民营企业生产率的机制》

注：国内相关研究大多是从腐败和政府干预两个方面对政府治理状况进行测度。测量数据主要来源于《中国检查年鉴》以及《中国市场化指数》。文献较多，不一一列举。

资料来源：本研究整理。

从总体上来看，Kaufmann（1999）、La Porta 等（1999）等研究的测度方法主要用于跨国比较的研究文献。在现实中，各个国家的历史文化、经济发展和国家政策存在多元化特征。因此，治理差异的跨国比较的有效性难以控制。同时，跨国比较所构建的综合测量指标，也难以应用于考察一国内部的治理差异（Bank，2004）。世界银行针对中国治理状况的调查报告主要集中于 2006 ~ 2008 年，相对于当前研究来讲，存在数据滞后性问题。当前国内已有文献对政府治理情况进行测量时，主要是从《中国监察年检》和《中国市场化指数》报告中选取相关指标进行测度。其中应用最多的是腐败指标以及产权保护指数。但是单一的应用腐败指标或产权保护指数，难以从整体上全面反映政府治理水平，且《中国市场化指数》的数据只更新到 2009 年，数据的时效性存在问题。

为了克服测量困境，通过对国内外研究的认真比较，我们采用《中国分省经营环境指数 2013 年报告》相关数据进行测量。该报告由中国经济改革研究基金会国民经济研究所和中国企业家调查系统，在对全国各省份 4000 多家企业主要负责人进行调研的基础上完成，该报告系列曾荣获孙冶方经济科学奖。该报告自 2006 年起，每两年公布一次。该报告提供了 30 个省份（港澳台及西藏除外）的政府行政管理、企业经营的法制环境、企业税费负担、企业经营的社会环境等方面的细节数据，数据具有代表性且相对完整。

正如前文所述，政府治理是指政府部门为了实现对社会资源的有效配置而制定的制度和行为的总和。好的政府主要体现为产权保护良好、公共服务廉洁高效、税负较低、对企业干预较少（La Porta et al.，1999；周建、许为宾，2016）。根据上述认知，同时借鉴已有对于政府治理的研究（如 La Porta et al.，1999；

Kaufmann，1999；陈德球等，2011），我们从调研数据中选取了政府行政管理、企业经营的法制环境和企业税费负担三个方面的指标，构建综合测量指标来测度地方政府治理水平。具体如表 3 -3 所示。

表 3 -3 本书对政府治理的测度指标

一级指标	二级指标	测量维度	与已有研究的对应指标
政府治理水平	政府行政管理水平	政府廉洁	Kaufmann 等（1999）的“腐败控制”指标；La Porta 等（1999）的“腐败指数”指标；陈德球等（2011）的“企业在旅游和娱乐上的花费”指标
		政府效率	Kaufmann 等（1999）的“政府效率”；La Porta 等（1999）的“官僚延误”指标；陈德球等（2011）研究的“每年企业和政府互动的平均天数”指标
		减少不必要的干预	Kaufmann 等（1999）中的“管制质量”指标；La Porta 等（1999）中的“政府干预程度”指标
		公开、公平、公正	La Porta 等（1999）中的“公共服务质量”指标
	企业经营的法制环境	司法公正与效率	Kaufmann 等（1999）中的“法治”指标；陈德球等（2011，2012）中的“对法院的信心”指标
		经营者合法权益保障	陈德球等（2011，2012）研究中的“产权保护水平”
	企业税费负担	企业税收负担	林洲钰和林汉川（2013）研究中的“税费”指标
		集资和摊派情况	

1. 政府行政管理指标

第一个指标是政府行政管理指标，该指标包括政府廉洁，政府效率，减少不必要的干预和公开、公平、公正四个分指标。

其中，政府廉洁指标和 Kaufmann 等（1999）研究中的“腐败控制”指标、La Porta 等（1999）研究中的“腐败指数”以及陈德球等（2011）研究中的“企业在旅游和娱乐上的花费”指标一样，可以视为政府腐败程度的一个测量指标。腐败的政府会对企业产生更大的侵害，破坏企业价值（Caprio et al.，2010），政府廉洁程度越高，代表政府治理水平越好。

政府效率指标和 Kaufmann 等（1999）研究中的“政府效率”一样，同时也与 La Porta 等（1999）研究中的“官僚延误”以及陈德球等（2011）研究中的“每年企业和政府互动的平均天数”相似，主要是指政府机构、政府官员和政府服务等方面的质量。政府效率越高，代表政府治理水平越高。

减少不必要的干预指标和 Kaufmann 等（1999）研究中的“管制质量”以及 La Porta 等（1999）研究中的“政府干预程度”相似，主要用于衡量政府对企业的干预程度。

公开、公平、公正指标则主要反映了政府行政透明度和公正性，该指标数值越大，代表政府治理水平越高。

2. 企业经营的法治环境指标

第二个指标是企业经营的法制环境指标，该指数包括司法公正与效率和经营者合法权益的保障两个分指标。该指标与 Kaufmann 等（1999）研究中的“法治”指标相似，主要指社会的法律环境、物权保护程度等。

其中，司法公正与效率指标与陈德球等（2011，2012）研究中的“对法院的信心”，以及 La Porta 等（1999）研究中的“公共服务质量”指标相类似，主要用于测量法律体系的质量和有效性，该指标数值越大，代表政府治理水平越高，地方企业对法律保障更有信心。

经营者合法权益的保障指标与陈德球等（2011，2012）研究中的“产权保护水平”相类似。地方政府对企业合法权益的保障程度越高，可以有效增强企业之间的信任和契约执行。同时，良好的法律保障也可以有效约束政府对企业的侵害行为。因此，该指标数值越高，反映出政府治理水平越高。

3. 企业税费负担指标

第三个指标是企业税费负担指标，该指数包括企业税收负担和集资与摊派情况两个维度。从已有研究来看，地方政府有可能通过征税、摊派和集资等方式侵占企业资源，破坏企业价值，在政府治理水平较差的情况下，政府可以通过上述方式从企业中攫取更多的资源。该指标与林洲钰和林汉川（2013）研究中的“税费”指标具有本质上的相似性。

因而，我们可以从企业税收负担以及政府的集资摊派情况两方面，衡量政府的财税政策，以及政府通过其他征费方式对企业的侵害行为，从而在一定程度上可以反映政府的治理水平。由于在具体的指数计算过程中，研究者已经对该指数进行了反向测算，因而，该指标数值越高，反映政府治理状况越好。

4. 综合指标的构建

为便于研究，我们需要一个体现政府治理水平的综合性指标，借鉴 Francis 等（2004）、陈德球等（2011，2012）、董志强等（2012）的研究方法，我们在上述各分指标的基础上，建立综合性的政府治理测量指标。具体方法是：对各个地区的政府行政管理、企业经营的法制环境和企业税费负担三方面的指标进行百分位排序，得到各地区在每个指标中的相对百分位。然后求得各个地区在各指标中的相对百分位值进行平均，就得到该地区政府治理水平的综合测量值，这个综合测量值的范围为 0 ~ 1，该数值越小，表示政府治理越好。为了保持该测量指标与企业投资效率经济意义的同向性，我们用 1 减去上述所求得的测量数值，再乘以 10，这样我们便为每个地区赋予一个 0 ~ 10 的政府治理数值，这个数值越大代表政府治理水平越好。

需要特别说明的是，由于该报告为每两年公布一次，2013 年《报告》中的数据只包含 2006 年、2008 年、2010 年和 2012 年数据，部分年度如 2009 年和 2011 年的数据存在缺失情况。事实上，与此相似的情况在以往的相关研究中也出现过。关于数据缺失问题的解决方案，从已有研究来看主要有三种：一是采用往年数据的均值进行替代（余明桂、潘红波，2008；刘志远、花贵如，2009）的研究；二是考虑制度环境的相对稳定性，以最新年份的数据进行替代（孙铮等，2005）的研究；三是基于制度环境的持续发展性，采用数据年均增长率的预测值来进行替代（徐光伟、刘星，2010）的研究。结合本书的具体情况，笔者借鉴第一种方法，采用 2010 年和 2012 年的数据均值来替代 2011 年的数据。

二、董事会资本的概念理解与测量

（一）董事会资本概念的基本认识

在董事会治理研究领域，Hillman 和 Dalziel（2003）较早地基于代理理论和资源依赖理论提出了董事会资本的概念，并将董事会资本界定为董事会人力资本与社会资本之和。主要用于衡量董事会履行其治理职能的能力。其中，董事会人力资本主要是指全体董事会成员的知识、技能、经验等因素的组合；董事会社会资本主要是指嵌入在董事会成员中的内外部社会关系以及这些关系所带来的潜在资源。

在此之后，不同的学者根据其研究内容需要，对董事会资本概念给出了不同的界定。Kor 和 Sundaramurthy（2009）的研究检验了企业外部董事人力资本与社会资本对企业发展的影响。在其研究中将外部董事人力资本界定为所有外部董事的专业技能和经验的集合；将外部董事社会资本界定为外部董事通过其内外部关系网络所能够获取的资源与信息之和。Wincen 等（2010）的研究检验了中小企业董事会与企业创新绩效的关系。其研究认为，不同的董事会成员能够为企业带来异质性的经验、技能和社会关系等资源，而董事会资本包括人力资本和关系资本。其中，人力资本主要是指董事的专业知识和教育水平；关系资本主要包括董事会成员中连锁董事数量以及董事与其他组织的联系。Tian 等（2011）的研究沿用了 Hillman 和 Dalziel（2003）对董事会资本概念的界定，认为董事会资本是导致董事会能力差异的根源，董事会资本包括董事会人力资本和董事会社会资本。

尽管上述概念界定方式容易被理解，但是，也有学者认为董事会人力资本与社会资本存在相互依赖的关系，很难将两者进行有效的隔离。Haynes 和 Hillman（2010）对董事会人力资本和社会资本的构成要素进行整合，将董事会资本视为一个高阶构念。该研究认为，董事会资本有广度和深度两个维度：董事会资本广度是指董事受教育水平、职业经历、任职背景及其所建立的行业关系等方面的异质性，董事会资本深度是指董事会通过其成员的职业经历和关联董事身份等嵌入公司所在行业的程度（Haynes，Hillman，2010）。

综合已有研究文献来看，尽管有学者提出了董事会资本的高阶构念，但从总体上来看，Hillman 和 Dalziel（2003）提出的董事会资本概念及其结构划分，在学术研究领域中的认可度更高。同时，在现有学术研究当中，董事会人力资本和社会资本的概念应用更为广泛。基于此，本书沿用 Hillman 和 Dalziel（2003）对董事会资本概念的界定，将其视为董事会人力资本与董事会社会资本的综合，主要用于衡量董事会履行其治理职能的能力。

（二）董事会资本概念的测量

董事会资本是一个较新的研究概念，关于董事会资本测量的研究并不多，尚处于探索阶段。从现有文献来看，关于董事会资本的测量方法主要有如下几种情况：

Reeb 和 Zhao（2009）的研究检验了董事会资本与企业信息披露之间的关系。在该研究中，作者对董事会资本概念的界定沿用了 Hillman 和 Dalziel（2003）的研究定义。其中，董事会人力资本主要采用董事会成员的教育水平和职业经验进行测量，董事会社会资本采用董事会成员与企业外部不同类型组织之间的关系网络进行衡量（Reeb，Zhao，2009）。

Louise 等（2009）的研究分析了董事会资本与企业战略变革之间的关系。在其案例研究中主要采用董事会成员的技能、职业经验、专业知识和声誉四个指标对董事会资本进行测度。其中，技能指标采用董事会成员的受教育水平进行衡量，职业经验指标采用董事会成员的职业经历进行衡量，专业知识采用董事会成员在相关贸易委员会中的地位进行测量，声誉主要采用董事会成员的冗余数量进行衡量。

Wincen 等（2010）的研究中对董事会人力资本的测量主要包括董事会成员的专业知识多样性与受教育水平。专业知识多样性采用董事会成员的专业特长进行衡量，受教育水平采用董事会成员中本科以上学历的人数进行衡量。对董事会关系资本采用董事会中连锁董事的数量以及董事会成员与其他组织之间的关系进行测量。其中，连锁董事数量由董事会成员在其他企业中担任职位的总数进行测度；董事会成员与其他组织之间的关系，由董事会成员与其他组织、政府或企业之间的联系总数进行衡量。

Haynes 和 Hillman（2010）的研究主要是从董事会资本深度和广度进行测量。董事会资本广度是指董事受教育水平、职业经历、任职背景及其所建立的行业关系等方面的异质性，董事会资本深度是指董事会通过其成员的职业经验和连锁董事身份等嵌入公司所在行业的程度。其中，董事会资本深度采用董事会成员职业嵌入度和行业嵌入度进行测度，董事会资本广度采用董事会成员的任职背景、职业背景和行业关系等方面的异质性程度进行测度。

Dalziel 等（2011）的研究检验了美国生物医药行业企业董事资本与研发支出的关系。该研究主要用董事会成员的金融经验、技术经验、教育水平、名校经历以及连锁董事身份进行测量。Maere 等（2014）的研究检验了董事会资本与企业破产风险之间的关系。作者在该研究中主要用董事长与 CEO 两职性、董事任期、董事职业经验以及董事会规模四个指标对董事会资本进行测度。Chen（2014）的研究检验了董事会资本对企业 R&D 投入的影响。在该研究中董事会人力资本主要采用董事会成员的教育水平和职业经验进行测量；董事会社会资本采用连锁董事数量进行衡量。

国内学者周建等（2010）的研究分析了中国企业董事会资本对企业 R&D 投入的影响。作者在其研究中依据资源依赖理论，从董事会人力资本与社会资本两方面展开研究。在董事会人力资本方面主要采用董事会成员的受教育程度、职业背景以及团队异质性等指标测量；主要采用董事会之间的联系以及董事会的政治资源，对董事会社会资本进行测量。

国内其他学者虽然没有直接对董事会资本进行研究，但从已有文献来看，部分研究也存在相关性。不同学者分别探究了董事会成员的专业技能、受教育水平、职业背景和经验等方面对企业发展的影响。上述这些因素可以被统称为人力资本（Coleman，1988）。此外，也有学者对连锁董事以及董事会的政治关联进行了研究，研究表明，连锁董事和政治关联作为企业重要的社会关系，能够形成董事会的社会资本，最终有利于企业的发展。

综上所述，国内外学者从不同角度直接或间接对董事会资本的不同方面进行了研究，这也为本书的研究奠定了基础。在参考上述研究文献的基础上，根据本书对董事会资本概念的界定，我们主要从董事会人力资本和董事会社会资本两个方面对董事会资本进行测度，具体如下。

1. 董事会人力资本的测量

董事会人力资本是指全体董事会成员的知识、技能、经验和声誉等因素的组合（Hillman，Dalziel，2003）。董事会成员的知识、技能和经验主要来自于董事会成员所接受的教育、培训以及职业经历。因而在董事会人力资本测度方面，本书基于以往研究成果，结合本书的主题，选取年龄异质性、受教育程度、职业背景、行业经验和团队异质性五个方面的指标进行综合评价。

（1）年龄异质性。从已有研究文献来看，年龄在一定程度上能够反映个体的经验和风险态度。Golden 和 Zajzc（2001）的研究证实，董事会成员的平均年龄越高，董事会的决策经验越丰富。Platt 和 Platt（2012）的研究发现，平均年龄较高的董事会能够以其丰富的决策经验，降低企业的破产风险。在风险态度方面，Ahn 和 Walker（2007）、Bohren 和 Strom（2010）的研究证实，相对于年龄较高的董事，年龄较低的董事承担投资决策风险的意愿更高。吴斌等（2011）的研究发现，年轻的董事往往具有更高的风险承担意识，有利于企业抓住投资机会。李焰等（2011）的研究发现，随着年龄的提高，董事可以凭借自身的经验来确保投资项目的收益，但董事在决策过程中的风险规避倾向会强化，从而会降低企业的投资规模。

以往研究主要用平均年龄来测度董事会的年龄因素。但近年来部分研究认为，很难单纯地认定董事会成员的年龄较高或较低对企业发展有积极影响，采用平均年龄并不能系统地反映董事会年龄因素对决策的影响，从而将研究的重点转移到年龄的异质性方面。Kim 和 Lim（2010）、Li 等（2011）、Kunze 等（2013）、Johnson 等（2013）的研究均发现，董事会年龄异质性的提高有助于提升企业价值。杨林（2014）的研究发现，董事会成员的年龄差异越大，企业的投资导向越激进。何威风和刘启亮（2010）的研究证实董事会成员的年龄异质性会影响企业会计政策的选择。

综合上述分析，大量研究表明，董事会成员的年龄及其异质性，会影响企业投资决策过程中的经验判断和风险偏好，进而影响企业投资的经济后果。因此，本书选取年龄异质性对董事会人力资本中的年龄因素进行测度。由于年龄可以近似地看作连续变量，因此董事会年龄异质性的计算方法是利用董事会成员年龄之间的标准差系数进行计算，标准差系数值越大，其离散程度越高（张兆国等，2011）。其具体计算方法是：董事会成员年龄的标准差/年龄均值。

（2）受教育程度。受教育程度在很大程度上能够反映个体的认知能力和专业技能，与个体的洞察力和信息处理能力有一定的正向关系（Wiersema，Bantel，1992）。董事会成员的平均受教育水平越高，说明董事会的认知基础和洞察力越好，进而会影响投资决策的正确性。同时，董事会成员的受教育水平越高，往往拥有较高的决策判断和处理复杂事物的能力。其面对复杂投资决策环境时的洞察力越强，越能够敏锐地识别出环境中存在的机会和威胁，越能应付复杂的投资决策（Crabtree，1995）。Wincent 等（2009）的研究发现，受教育程度越高的董事会，越能够更好地利用外部信息、关系网络和外部咨询师，越能够更好地监控企业的财务系统，越能够容忍不确定性和创造性地解决问题。

根据上述研究文献，本书选择平均教育程度来测度董事会人力资本中的受教育程度因素。具体测度如下：根据现有国家学历标准，将受教育程度分为五类，即中专及以下赋值为1、大专赋值为2、本科赋值为3、硕士赋值为4、博士赋值为5，然后根据董事会成员的学历程度计算均值，最终以董事会成员学历的算术平均值代表董事会人力资本中的受教育程度。

（3）专业背景。董事的专业背景能够反映出董事的专业技能，并影响其在投资决策过程中的关注重点及决策表现。事实上，在投资决策的制定和实施过程中，董事会成员常常发挥专家的作用，降低投资决策所面临任务环境的不确定性，提高投资决策的科学性（鲁倩、贾良定，2009）。例如，具有会计专业背景的董事能够以其专业性的知识技能和对财务数据的敏感性，在企业进行投资决策、发现潜在的财务问题、监督管理者和限制不合理交易等方面发挥着重要的作用。具有法律专业背景的董事能够以其独有的专业知识和对法律问题的敏感性，及时识别出企业投资决策中存在的法律问题并予以处理。当投资项目遭遇不公正待遇时，能够帮助企业进行有效的法律抗辩，减少因为法律风险带来的投资损失，从而提高企业的投资效率。

基于已有研究文献，并结合相关政策对上市公司董事会建设的相关规定，本书对董事会人力资本中的专业背景因素的测度，主要采用董事会中具有法律背景、会计背景或其他专业类型高级职称的董事占全体董事会成员的比例进行测量。

（4）行业经验。行业经验会影响董事处理投资决策相关信息的方式及效果，进而影响企业的经济结果。个体先前的行业经历会影响其认知模式、知识结构和价值取向，在一定程度上决定了个体识别、分析和解决问题的方式。企业在制定和实施投资决策的过程中，往往面临着不确定性和复杂性较高的任务环境。拥有与任务环境相关的行业经验的董事，能够理解并帮助企业解决所面临的复杂问题（Bunderson，2003）。

基于上述分析，参考相关研究文献，根据董事会人力资本的具体特点，考虑数据的可获得性，在董事会人力资本的行业经验因素的测度方面，本书采用董事会成员中曾经或现在担任同行业董事或高管的董事占全体董事会成员的比例进行测量。

（5）团队异质性。团队成员的异质性能够带来差异性的知识和不同的分析视角，通过激发成员之间的认知冲突，进行有效的辩论来克服个体认知偏差，提高整体决策质量（Hambrick，Msaon，1984）。Priem（1999）认为，复杂的决策工作需要认知上存在异质性的高管团队介入。Amason（1996）的研究发现，在面临复杂决策任务时，异质性的决策团队能够通过认知冲突和有效争辩产生更高质量的决策。Tuggle 等（2010）的研究表明，团队成员的异质性能够促使决策团队围绕企业投资决策问题进行有效的争辩，提高决策质量。具体到董事会来讲，董事会成员的异质性意味着决策思维和分析视角的多元化，有助于董事会发现新的投资机会，搜寻和设计更多的投资方案，并对其做出有效的评价。事实上，企业在投资决策过程中，所面临的决策任务环境的不确定性和复杂性较高，董事会成员的异质性有利于拓展董事会的视野，识别出更有利的投资机会（周建等，2013）。同时，董事会成员的异质性使得董事会能够从不同的角度，对复杂的投资决策进行审视和分析，降低同质化思维的影响，提高投资决策质量、降低投资风险，提高投资效率。

综合上述分析，可以发现，董事会团队异质性会对企业投资决策产生影响，进而影响企业投资效率。关于董事会人力资本中团队异质性的测度，部分研究采用 Herfindahl 指数测度董事类型或任职背景异质性的方法进行测量。但该方法存在的一个主要问题是：已有研究将董事类型分为管理型、专家型和社会型三类，但在具体的操作过程中，董事会成员的角色存在重复性，可能既是具有专业技术知识的专家，同时也具有丰富的管理经验，因此，很难将董事会成员准确地归入某一类。同样，以董事会成员的任职经历进行分类面临相似的问题。董事会成员的任职经历通常比较丰富，因此，同样很难准确地将董事会成员归入某一类职业背景中去。因此，本书采用董事会成员专业背景的异质性程度对董事会人力资本的团队异质性进行测度。

本书对董事会人力资本中团队异质性的测度采用 Herfindahl 指数进行测量，计算公式如式（3－1）所示：

$$H = 1 - \sum_{i \in E} P_i^2 \qquad (3-1)$$

式中，E 是指董事会成员的专业背景种类（根据本书对专业背景的分类，分为法律方面、财会方面和其他方面三类），P_i 是指具有第 i 种专业背景的董事占全体董事会成员的比例，H 代表专业背景的异质性程度，H 值介于 0～1。H 值越大，代表董事会团队异质性程度越高。

（6）董事会人力资本综合指标的测量。在多指标的测量体系当中，由于不同测量指标之间的属性存在差异，因而不同指标之间通常具有不同的数量级和量纲。尤其是当不同指标间的测量数据差异较大时，如果直接利用原始测量数据进行数据检验，会导致较高数值的指标对综合指标的影响增大。因此，为了保证检验结果的可靠性，本书对上述董事会人力资本不同属性指标的原始数据进行了标准化处理，构建无量纲化的纯数值，从而有利于不同量级或数量单位的指标进行比较。本书通过将董事会人力资本中年龄异质性、受教育程度、专业背景、行业经验和团队异质性五个指标进行标准化后计算算数平均值，得到董事会人力资本综合指标的数值。

综上所述，董事会人力资本测度指标体系如表3－4所示。

表3－4 董事会人力资本测度指标

指标类型	指标名称	测量方式
董事会人力资本	年龄异质性	利用董事会成员年龄之间的标准差系数进行计算：董事会成员年龄的标准差/年龄均值
	受教育程度	以董事会成员学历的算术平均值代表董事会人力资本中的受教育程度
	职业背景	采用董事会中具有法律背景、会计背景或其他专业类型高级职称的董事占全体董事会成员的比例进行测量
	行业经验	采用董事会成员中曾经或现在担任同行业董事或高管的董事占全体董事会成员的比例进行测量
	团队异质性	采用董事会成员专业背景的异质性程度对董事会人力资本的团队异质性进行测度

2. 董事会社会资本的测量

董事会社会资本主要是指嵌入在董事会成员中的内外部社会关系，以及这些关系所带来的潜在资源。目前关于企业高管社会资本（社会关系）的测量都是基于Peng和Luo（2000）的研究，从企业高管的商业关系和政治关系两个维度进行测量。也有部分学者在研究中增加了如与科研院所等机构的联系，但这实质上还是商业联系的一种特殊表现形式。国内研究文献如石军伟和付海艳（2010）将企业的社会资本划分为等级制社会资本和市场社会资本，陈倩倩和尹以华（2014）将企业的社会资本划分为权力性社会资本和市场性社会资本。根据已有研究文献，本书在董事会社会资本的测度方面，结合中国上市公司发展实际状况，选择市场性社会资本和政治性社会资本两个方面的指标进行综合评价。

（1）市场性社会资本。市场性社会资本是指企业基于市场分工与合作所形成的，能够给企业带来市场性商业收益的社会关系网络资源。从已有研究来看，Carpenter和Westpahl（2001）的研究认为，董事会成员有价值的商业关系能够为企业决策提供经验支持。Kim等（2008）的研究认为，企业通过连锁董事所构建的社会资本有助于提高董事会效率，进而提升企业价值。Sarkar等（2009）的研究发现，企业可以通过连锁董事的社会关系网络来弥补制度空白和降低企业风险。刘颖等（2015）的研究则证实，企业通过连锁董事所构建的商业关联，会对企业的融资结构产生影响。

综合上述研究文献，董事会通过其成员的社会关系网络所构建的市场性社会资本能够影响企业决策，进而影响企业投资效果。参考相关研究成果，结合本书的研究主题，对董事会市场性社会资本的测度主要采用关联董事数量和行业关联情况进行测量。其中，关联董事数量用董事会成员在外兼职（或担任连锁董事）的公司（包括科研机构和事务所合伙人）数量的平均值进行测量。需要说明的是，董事会之间的联系分为直接连锁和间接连锁，直接连锁是指任意两个公司直接通过连锁董事相关联。间接连锁是指任意两家企业需要通过第三方企业而间接联系在一起（通常表现为两家企业同时任命第三方企业董事担任双方董事）。考虑直接连锁对于信息沟通的便利性，本书的连锁关系主要指直接连锁关系。行业关联情况的测度如下：首先，当董事在行业协会中任正职时赋值为2、其他职位赋值为1。其次，计算董事会成员在行业关联中获得的总分值为董事行业关联的最终得分。

（2）政治性社会资本。政治性社会资本是指企业与行政体制中的行为主体所形成的，能够给企业带来政治利益或市场特权的关系网络资源。经济转型过程中，由于正式制度相对不完善，市场契约机制难以为企业发展提供有效的保障（陈冬华等，2008），地方政府的经济发展职责和官员的政治晋升激励，使得政府干预成为影响企业经营发展的重要因素（潘红波等，2008）。因此，中国企业往往通过与政治的关联形式为企业发展提供政治性保障（王永进、盛丹，2012）。

综合上述分析，企业通过政治性社会资本能够对企业发展产生影响。鉴于此，本书对董事会政治性社会资本的测度主要如下：首先，将董事会成员的政治关联分为两类情况，一类是曾经担任人大代表或政协委员，另一类是曾经担任行政领导。首先，将公司董事现任或曾经担任人大代表或政协委员的得分，分为国家级、省级和其他级别三级，赋值为3、2、1。其次，公司董事现任或曾经担任行政领导的得分，分为省部级以上、省部级和其他级别三级，赋值为3、2、1；然后分别计算公司董事在政治性社会资本项目上所获得的总分值。

（3）董事会社会资本综合指标测量。参考上文关于董事会人力资本综合指标的测量办法，本书对上述董事会社会资本不同属性指标的原始数据进行了标准化处理，构建无量纲化的纯数值，从而有利于不同量级或数量单位的指标进行比较。本书通过将董事会社会资本中市场性社会资本两个指标和政治性社会资本两个指标，分别进行标准化后计算算数平均值，得到董事会社会资本综合指标的数值。

综上所述，董事会资本测度指标体系如表3－5所示。

表3-5 董事会资本测度指标体系

指标类型	指标名称	测量方式
董事会市场性社会资本	连锁董事数量	采用董事会成员在外兼职（或担任连锁董事）的公司（包括科研机构和事务所合伙人）数量的平均值进行测量
	行业关联情况	当董事在行业协会中任正职时赋值为2、其他职位赋值为1时，计算董事会成员在行业关联中获得的总分值为董事行业关联的最终得分
董事会政治性社会资本	政治关联情况	将董事会成员的政治关联分为两类情况：一类是曾经担任人大代表或政协委员，另一类是曾经担任行政领导。分别分为国家级、省级和其他级别三级，赋值分别为3、2、1；然后计算公司董事在此项目上所获得的总分值

注：董事会社会资本综合指标的测量方法为，对上述董事会社会资本不同属性指标的原始数据进行了标准化处理，构建无量纲化的纯数值，从而有利于不同量级或数量单位的指标进行比较。然后分别进行标准化后计算算数平均值，得到董事会社会资本综合指标的数值。

3. 董事会资本的综合测量

本书采用两种方法对董事会资本进行测量。一是采用主成分分析法。参照南开治理指数（$CCGI^{NK}$）的合成方法：首先，将董事会资本中人力资本和社会资本所涉及的测量指标进行Z标准化处理，以消除不同指标量纲问题的影响。其次，利用主成分分析法对相关测度指标进行主成分提取。为了尽最大可能反映原始指标体系的特征，主成分提取标准为累计方差贡献率大于80%。最后，以各主成分的方差贡献率为权重，对董事会资本进行加权求和，得出企业董事会资本评价得分。董事会资本主成分分析结果如表3-6所示。

表3-6 董事会资本主成分分析

主成分	特征根	方差贡献率（%）	累计方差贡献率（%）
主成分1	2.453	30.660	30.660
主成分2	1.591	19.894	50.554
主成分3	1.358	16.976	67.529
主成分4	1.039	13.991	81.520
KMO	0.695		
Bartlett's Test 近似卡方值	5281.025***		

注：+、*、**、***分别表示在10%、5%、1%、1‰的水平上显著。

二是根据已有研究的相关概念界定，董事会资本是董事会人力资本和社会资本的总和。因此，董事会资本综合测量指标为董事会人力资本指标和董事会社会资本指标的算术平均值。

本书采用主成分分析法对所构建的董事会资本合成指标进行假设检验，然后，采用算数平均值计算的指标进行稳健性检验。

三、企业投资效率的概念理解与测量

（一）对企业投资效率的基本认识

在经济学理论中，效率（Efficiency）通常包含两个方面的含义：一是对资源配置和利用的有效性，二是对劳动时间配置和利用的有效性。经济主体如果能够有效配置和充分利用资源，或者如果能够节约劳动时间，则经济主体的行为是有效的。在本书对上市公司投资效率的研究中，主要考虑资源配置和利用的有效性。同时，需要注意的是，在现有研究过程当中经常会遇到与效率概念相近的概念，即效益。关于这两个概念的区别在于：效率的重点在于资源配置，而效益的重点是结果和数量。

投资效率是经济学效率的衍生概念，具有经济学效率的特点。具体而言，企业组织的投资效率有三个方面的含义：一是投入的合理程度，即上市公司实际投资额与预期最优投资额的偏离程度。如果实际投资额超过预期投资额，则表示企业存在过度投资的问题，相反则表示企业存在投资不足的问题，这两种情况都是企业非效率投资的表现。二是投入的收益回报情况，主要是从产出视角出发，考察企业的投入是否获得了良好的回报。三是投入资源配置的效率，主要采用产出与投入的比值对企业投资效率进行测量。

从当前中国企业发展实际来看，中国上市公司普遍存在过度投资和投资不足两种问题，给企业发展带来了严重影响。目前国内研究对于投资效率的界定也主要是从过度投资和投资不足两个角度进行的。基于此，本书对投资效率的界定为企业实际投资偏离最优投资水平的程度。过度投资和投资不足都是企业非效率投资的表现，都偏离了企业最优投资水平，只不过存在方向上的差异。

（二）企业投资效率的测量

关于企业投资效率的测量方法主要分为判别模型和测度模型两种。在判别模型方面，Fazzari 等（1988）构建了 FHP 模型，从投资—现金流敏感性出发，测度企业融资约束对其投资行为的影响。尽管 FHP 模型的测度方法引起了部分学者的质疑，如 Hubbard（1998）的研究以及 Kaplan 和 Zingales（2000）的研究等。但 FHP 模型依然得到了很多研究的认可和使用，如 Moyen（2004）、Gatchev 等（2010）、支晓强和童盼（2008）、张洪辉和王宗军（2010）的研究等。

在测度模型方面，Richardson（2006）将企业每年投资分为维持性投资和新增投资两部分，其中新增投资项目包括预期投资和非预期投资两部分。预期投资会受到企业规模、负债、现金流约束、市场机会以及行业等因素的影响，是企业的最优投资规模，非预期投资则是企业的非效率投资部分。在此基础上，Richardson（2006）构建了企业投资效率模型，利用投资模型残差对企业投资效率进行测度。

Richardson 模型以其能够有效测量企业非效率投资程度的优势，获得了财务研究领域众多学者的关注和支持，如 Ahmed 和 Duellman（2011）、Badertscher 等（2013）、Balakrishnan 等（2014）、姜付秀等（2009）、张会丽和陆正飞等（2012）、王茂林等（2014）等研究均采用了此模型。

综合上述分析，为了便于对企业投资效率情况进行量化测度，本书采用 Richardson（2006）模型对企业投资效率进行测量。具体如式（3-2）所示：

$$Inv_t = b_0 + b_1 Grow_{t-1} + b_2 Lev_{t-1} + b_3 Cash_{t-1} + b_4 AR_{t-1} + b_5 Size_{t-1} + b_6 Inv_{t-1} + b_7 age_{t-1} + b_i Ind + b_j Year + \varepsilon \tag{3-2}$$

在上述模型中，Inv_t 和 Inv_{t-1} 分别代表企业在第 t 年和第 $t-1$ 年的新增投资，参考张洪辉和王宗军（2010）、张会丽和陆正飞（2012）、刘行和叶康涛（2013）、窦欢等（2014）、曲进和高升好（2015）、李延喜等（2013，2015）的研究，其数值等于（构建固定资产、无形资产和其他长期资产所支付的现金－处置固定资产、无形资产和其他长期资产收回的现金净额）/总资产；$Grow_{t-1}$ 代表企业成长性，取值为第 $t-1$ 年的营业收入增长率；Lev_{t-1} 代表企业杠杆水平，数值为第 $t-1$ 年的企业资产负债率，$Cash_{t-1}$ 为第 $t-1$ 年企业现金持有水平，数值为企业货币资金/总资产；AR_{t-1} 为第 $t-1$ 年的股票收益率，取值为企业年度股票累计回报率；$Size_{t-1}$ 为企业第 $t-1$ 年资产规模，取值为总资产的自然对数；age_{t-1} 为上一年企业上市年龄，取值为统计年度与 IPO 年度差；Ind 代表行业虚拟变量，$Year$ 为年度虚拟变量。残差表示企业的非效率投资情况，如果残差大于零，则表示企业存在过度投资情况，反之，则表示企业投资不足。

为了保持该指标测量与其他相关测量指标经济意义上的同向性，参考辛清泉等（2007）、姜付秀等（2009）、李焰等（2011）、詹雷和王瑶瑶（2013）、李延喜等（2015）等的研究，我们取上述模型中的残差绝对值倒数的自然对数表示公司投资效率，该数值越大，表示企业投资效率越高，反之，则表示企业投资效率越低。

第二节 理论模型构建

本节主要根据制度理论、代理理论和资源依赖理论，分析政府治理、董事会资本与企业投资效率之间的作用机制，并在此基础上，构建理论研究模型。

一、政府治理与企业董事会资本配置的关系

新制度主义理论认为，行为主体总是在一定的制度环境约束下，以实现自身利益最大化为动机，做出理性的行为抉择（Lee，Barney，2007）。对于企业组织来讲，如果制度环境的参数（如产权制度、法律制度等）发生了改变，就会影响企业实现自身利益最大化的策略。在此情况下，企业会选择相应的治理结构来应对这种制度环境变化（Williamson，1991）。政府作为整个社会结构中享有公共治理主权的政治组织，具有合法性、权威性和公共性，是正式制度的主要制定者和执行者。政府所提供的正式制度连同文化、习俗等非正式制度一起，构成了社会制度环境的框架体系（高晓红，2007）。正是这种正式制度的政治化基础决定了对制度、组织与治理的研究，需要关注那些决定正式规则的政治体制及相应的政府组织。

就中国经济社会发展实际情况而言，中国经济改革的初始目的是提高产权效率，所采取的主要方式之一是将经济决策权下放到各地方政府和企业（Walder，1995）。经济改革在一定程度上增加了企业的经营管理自主权（Maheshwari，Ahlstrom，2004），但同时也进一步增强了地方政府与辖区企业的经济紧密性。再加上行政与财政分权体制改革以及官员晋升激励等制度设计，大大刺激了地方政府参与市场活动，干预微观企业经营的积极性（Li，2004）。从而使得地方政府干预微观企业活动，成为中国经济发展过程中的一个突出特征（Fan et al.，2011）。政府通过管制政策、财税政策以及产权介入等方式影响企业经营活动。由此，政府治理水平对企业的组织结构、公司治理等方面产生重要影响（Leuz，Gee，2006；Fan et al.，2009），也使得公司治理行为在很大程度上内生于公司所在地区的政府治理水平。

企业董事会作为企业与外部环境的关键“节点”，必须有能力为企业发展获取所需资源。董事会资本作为董事会能力的资源基础，同样会受到政府治理水平的影响。董事会资本配置过程也正是企业应对外部治理情境变化的过程。

从前文论述来看，董事会资本主要包括人力资本和社会资本，董事会社会资本又可以进一步划分为商业性社会资本和政治性社会资本。董事会资本作为一种资源，与其他资源一样，也是需要投入资本来获取和维持的。在不同的政府治理水平下，不同维度的董事会资本的需求以及成本收益会存在差异，企业会据此做出理性选择，进行不同的董事会资本配置。

（1）从交易成本视角来看，在不同的政府治理水平下，企业对不同维度的董事会资本的需求性存在差异。政府是企业“游戏规则”的制定者（North，

1990），约束微观经济组织交易行为的各种正式制度的制定和有效执行，都难以完全脱离政府部门的影响。因此，政府也是企业交易成本中的重要影响因素，这种影响主要包括政企之间以及企业之间的交易成本。

根据一般的理解，现代社会是“契约社会”，政府作为“信托责任主体”，受权利主体人的委托（君主、政党、社会组织、公民）进行社会管理（傅子恒，2011）。政府作为委托—代理关系中的代理人，同样会存在道德风险问题：一是政府会为自己所代表的利益集团谋取私利，二是政府中的某个部门或政府官员会进行“权力寻租”（Shleifer，Vishny，1994）。政府治理水平直接关系到政府道德风险问题的严重程度。

将这种委托—代理关系具体到政企关系来看的话，在政府治理水平较差的情况下，政府的道德风险问题更突出。企业既难以得到有效的产权保护和公正的社会待遇，又会经常遭受来自于官僚部门或政府官员的侵害，从而会导致政企之间的代理成本升高（本书将其视为政企之间的交易成本）。在此情况下，迫使企业通过强化董事会政治性社会资本的方式，来规避来自政府的侵害或不公正待遇，或通过董事会政治性社会资本从政府手中获取稀缺资源及优惠政策。

从企业之间的交易关系来看，企业之间交易契约的顺利签订和执行需要可靠的法律保障。在地方政府治理水平较好的情况下，政府能够为保证企业之间交易契约的签订和履行提供高质量的法律保障，从而有助于降低企业之间的交易成本。在政府治理水平较低的情况下，政府难以为企业之间契约的履行提供公正有效的正式制度约束时，企业会转而通过社会关系网络寻求资源与获得庇护，以弥补正式制度的不足（潘越等，2009）。

在此情况下，企业之间的交易行为并不是市场行为，而是关系行为（Peng，2003）。企业之间的社会资本有助于促进企业间一致性规范、信任行为模式的形成。企业可以通过组织间的信任和承诺机制降低企业交易过程中的不确定性，以及遏制机会主义行为（Granovetter，1985），从而能够降低企业之间的交易成本。因此，在政府治理水平较差的情况下，企业更需要通过强化董事会社会资本建设，尤其是董事会商业性社会资本，来规范企业之间的交易行为，降低交易费用。

（2）从董事会资本配置的成本收益角度来看，在不同的政府治理水平下，企业获取不同维度的董事会资本的成本收益存在差异。已有研究认为，公司治理体系可以视为，一系列单个治理机制组成的治理集合（Yoshikawa et al.，2014；Kim，Salih，2014）。在这一集合中，某一种特殊的治理机制选择的边际成本与边际收益依赖于其他治理机制的效用（Ward et al.，2009）。一种治理机制对另一种治理机制的互补或替代效应，取决于这种机制能否带来额外增加的收益，或者是这种机制是否导致了成本的增加，而并没有带来增加的价值。当一种治理机制就能够实现有效的治理时，同时使用两个机制很难产生额外的收益。或者说另外一种机制，仅仅是一种不必要的成本支出。外部治理机制对内部治理机制的替代或互补作用（Filatotchev，Allcock，2010），导致外部治理机制会影响企业选择和强化某一项具体的内部治理机制的潜在成本与收益（Kim，Salih，2014）。

具体到政府治理与企业董事会资本配置来讲，企业在董事会建设过程中强化董事会人力资本或社会资本（政治性社会资本或商业性社会资本）配置，其主要目的在于增强董事会治理能力，使其能够发挥有效的治理作用。政府所提供的公共治理制度对企业而言主要发挥外部治理机制的作用。当政府所提供的正式制度能够发挥某种治理作用时，企业内部如果再配置发挥相似治理作用的董事会资本，则不一定会增加企业的治理收益，或者仅仅是一种不必要的成本支出。因此，当政府所提供的正式制度，能够从外部对企业发挥某种有效的治理作用时，企业就没有必要在董事会建设过程中，继续强化能够发挥相似治理作用的某一维度的董事会资本配置。或者说，作为一种理性选择，企业应当弱化那种与外部正式制度所提供的治理作用相似的董事会资本配置。在不同的政府治理水平下，政府所提供的公共治理制度质量是存在差异的，从而导致公司的治理成本存在差异，由此将影响企业董事会的资本配置选择。

同时，从更具体的现实情境来看，在政府治理水平较高的情况下，不同维度董事会资本所带来的收益也存在差异。在政府治理较好的情况下，政府治理水平的提高有助于优化市场环境和增加公共资源供给。这在一定程度上能够促进产品市场和要素市场的流动性，提升市场运作机制的公开透明度，能够更有效地发挥市场对资源配置的决定性作用。这意味着企业可以通过市场，以相对经济合理的交易方式和成本获得企业发展所需资源及市场机会，从而在一定程度上能够改善企业在发展过程中所受到的外在制约（陈晓红等，2012）。

也就是说，在此情况下企业能够通过市场机制获取所需的市场信息和资源。同时，政府治理水平的提升，也意味着政府行政行为的规范化和监督性有所提升，这使得通过董事会政治性社会资本为企业谋取资源和市场的做法，将会受到法律法规和认知上的抵触。这也就意味着企业通过董事会社会资本，尤其是董事会政治性社会资本所获取的收益空间在缩小。同时，这也将促使企业在以市场为主导机制的经营环境下，通过市场化的手段促进企业绩效的提升。在此情况下，市场的竞争压力将迫使企业董事会提高其决策质量，提升企业的市场竞争力，这就在客观上要求，企业必须配置高质量的董事会人力资本，提升企业的决策质量。

在政府治理水平较低的情况下，企业难以依靠市场化的制度和政府提供的法律体系，来获取企业发展所需的资源和法律保障。正式制度的不完善使得非正式制度庇护有了存在的空间（Peng，Heath，1996），企业更依赖于通过社会资本寻求资源与庇护。Ang 等（2009）的研究证实，在转型经济背景下，社会资本与法律保障之间存在替代关系，社会资本在政府法律保护薄弱的地区作用更显著（潘越等，2010）。事实上，大量的经验研究也证实，企业的政治关联等社会资本对企业银行贷款、债务期限、研发投资、企业绩效等方面的积极影响，在制度环境较差的地区更显著（余明桂、潘红波，2008；江雅雯等，2012；高冰、王延章，2014）。

这就意味着，相对于政府治理较好的情境，在政府治理水平较低的情况下，企业通过董事会资本，尤其是董事会政治性资本所获得的收益会更高。而 Leibenstein（1966）指出，当企业能够通过非市场化的手段，为企业发展谋取到所需资源，并进而形成企业竞争优势时，企业对于加强内部管理和进行技术创新的积极性就会下降（Su et al.，2009），相应的，企业对人才建设方面的重视程度也会有所降低。在此情境下，企业更倾向于强化董事会社会资本配置，而对于董事会人力资本配置的动力会相对较弱。

综上所述，在经济转型过程中，地方政府治理水平将影响地区制度环境的质量与完善程度，而地区制度环境异质性，将导致企业对不同维度董事会资本的需求性及其成本收益存在差异。企业作为一个理性经济人，将会选择相应的董事会资本配置来应对这种制度环境差异。据此，可以从理论逻辑上得出这样的推论：地方政府治理水平将会影响企业的董事会资本配置。

二、董事会资本与企业投资效率

学者们在研究董事会资本对企业经济绩效的影响时，经常把董事会治理效应作为中介变量，如 Payne 等（2009）的研究。甚至部分学者直接将董事会效能作为公司经济绩效的代理变量，如 Hillman 和 Dalziel（2003）的研究。过往研究也普遍认可了董事会效能与企业经济绩效相关的观点，如 Sundaramurthy 和 Lewis（2003）的研究。其中，董事会效能是指董事会履行其治理职能的能力（周建等，2010），基于此，我们将以往研究思路转化为董事会资本如何影响董事会治理效能，进而影响企业投资效率。

从企业投资效率研究来看，在完美资本市场条件下，企业投资决策仅依赖于投资机会。然而，在现实世界里，多种因素会影响企业投资决策行为，使企业出现非效率投资问题。以往学者的研究为这一问题提供了信息不对称、代理理论、行为金融学等方面的解释。依据代理理论和行为金融学视角的学术观点，造成企业出现非效率投资问题的主要动因是管理者的机会主义行为或非理性决策行为。

因而，解决企业非效率投资问题的关键，在于监控企业内部管理者的投资决策行为。依据信息不对称视角的学术观点，造成企业出现非效率投资问题的主要动因是外部投资者的逆向选择所导致的融资约束。因而，解决企业非效率投资问题的关键在于改善企业内外部之间的关系状态，缓解企业的融资约束。

董事会作为公司治理的核心机制，同时也是企业的重要边界中介者。对企业内部而言，董事会是解决企业所有者和经理人之间代理问题的重要制度设计。董事会作为一种内部监督机制，其主要职能是对经理人的经营决策行为进行监督与控制（Jensen，Meckling，1976）。董事会监督控制职能的有效发挥，是缓解公司内部代理问题的一剂良药，能够对管理者的投资决策行为起到监督和纠正作用（Eisenhardt，1989；Fama，Jensen，1983）。对企业外部而言，董事会是企业的最高管理层和象征，也是企业与外界联系的重要行为主体。依据资源依赖理论，部分学者将董事会视为一种管理外部变量和减少环境不确定性的机制。董事会通过为企业提供咨询和建议、沟通途径、获取资源以及合法性等资源，缓解企业所面对的外部环境不确定性风险（Boyd，1990；Gales，Kesner，1994；Hillman et al.，2000）。因而董事会资源供给职能的有效发挥，能够为企业提供如资源获取、交流途径以及合法性等方面的支持，从而有助于减少市场摩擦、缓解企业与外部投资者之间的信息不对称（Myers，Majluf，1984），以及降低企业所面对的外部制度环境约束。因而，董事会治理职能的有效发挥是提高企业投资效率的关键。

董事会资本是董事会职能有效发挥的资源基础。从董事会监督控制职能来看，董事会资本决定了董事会如何有效地评价和影响管理者行为（Kor，Sundaramurthy，2009）。从已有研究来看，董事会资本的提高有助于提升董事会在面对复杂投资决策时的洞察力和判断力（Wiersema，Bantel，1992），从而能够更好地识别出管理者在投资决策过程中的自利行为，以及非理性行为。同时，董事会资本的提升（如董事会成员的专业能力、社会声誉的提高）也能够增加董事会对管理者的约束能力（Jermias，Johnny，2008）。一个有着较高识别判断能力和约束能力的董事会，能够更有效地影响管理者的投资决策行为（Jianyun Tang et al.，2011）。同时，面对一个强有力的董事会，管理者也将会更加自律，且管理者的非理性决策方案被董事会否决的可能性也会增加（McNulty，Pettigrew，1999）。因而，随着董事会资本的提升，管理者在决策过程中受到了董事会更直接有效的监督，其在决策过程中的机会主义行为以及非理性行为将会受到更大的制约（Rindova，1999），进而由管理者的决策行为所导致的非效率投资问题的严重程度将会被弱化。

从董事会的资源供给职能来看，董事会资本对董事会提供的四种资源（咨询和建议、合法性、交流途径以及获取资源与支持）具有积极影响（Pfeffer，

Salancik，1978）。

首先，董事会成员拥有较高的人力资本和社会资本时，也就意味着其专业知识、经验和技能水平更高，从而能够为管理者提供更好的咨询和建议（Baysiger，Butler，1985；Gales，Kesner，1994），提高企业投资决策的科学性。

其次，拥有较高人力资本与社会资本的董事会成员往往具有较高的社会声誉，而董事的声誉与企业声誉直接相关（周建等，2010）。董事会成员的社会声誉可以发挥信号机制的作用，向外界间接传递出了该企业值得投资和可信赖的信息。从而董事会资本有助于提升企业的合法性与声誉（Daily，Schwenk，1996；Hambrick，Daveni，1992）。这在一定程度上可以间接缓解企业与外部投资者之间的信息不对称状态，提升外部投资者的投资信心，从而缓解企业融资约束。

再次，董事会资本为企业与外部组织之间的沟通与信息交流提供了渠道。拥有较高人力资本和社会资本的董事会，能够更好地向外界传递企业信息，以及获得对企业有价值的信息（Hillman，Dalziel，2003）。已有研究表明，董事会的社会资本如连锁董事关系有助于信息在不同企业之间的传递；董事会与政府之间的政治关联则有助于企业与政府之间的沟通。这在一定程度上能够缓解企业与外部之间的信息不对称状态，从而有助于缓解企业的融资约束。

最后，董事会资本有助于企业从外部环境中获取企业发展所需资源。Boeker和Goodstein（1991）的研究指出，董事会的社会资本有助于企业获取和维持关键性资源。已有研究也证实，董事会成员的商业联系尤其是与银行等金融机构的关联有利于企业获取财务资源；董事会与政府之间的政治关联也有助于企业获得政府财政性资金和政策性特权。

总体上，董事会资本的提升能够提高董事会履行其资源供给职能的能力，这既能直接有助于改善企业投资决策质量，同时对于因企业与外部投资者之间的信息不对称所造成的融资约束也有所缓解，从而最终有助于改善企业的投资效率。

综合上述分析，董事会资本主要通过影响董事会治理效能（监督职能与资源供给职能），进而影响企业的投资效率。

三、政府治理与董事会资本在影响企业投资效率方面的关系

中国的经济转型过程是市场制度逐步建立和完善的过程。市场制度会影响企业的投资行为函数，在决定企业资本投资、配置和使用的微观机制中发挥规范、激励和约束的作用（斯蒂格利茨、曹荣湘，2001）。政府作为社会正式制度的主要供给者，掌握了影响企业市场竞争环境的重要资源。从而，政府治理水平的差异会造成企业所面临的市场制度环境的差异。这一差异将会导致企业对不同董事会资本配置的需求性及其成本收益存在差异。企业作为理性经济人，在不同的政

府治理水平下会选择相应的董事会资本配置来加以应对。

董事会资本作为董事会治理能力的资源基础，直接关系董事会监督控制职能和资源供给职能的有效发挥。董事会治理职能的有效性有助于监控管理者的投资决策行为以及缓解因信息不对称所造成的负面影响，进而最终影响企业的投资效率。那么，不同的董事会资本配置会导致董事会治理能力出现差异，进而会产生企业投资效率方面的差异性。

根据以上论述，我们可以形成这样的逻辑线索：政府治理水平的差异会影响企业的董事会资本配置，而董事会资本配置直接关系董事会治理职能的有效发挥，进而影响企业的投资效率。因此，我们认为，政府治理对于企业投资效率的影响，部分地可视为通过影响企业的董事会资本配置来实现。

同时，政府治理与董事会资本配置在影响企业投资效率方面，也可能存在如下情况：尽管学术界对制度环境与企业董事会治理机制的相互关系，并未形成完全统一的认识，但学者们基本认同董事会治理机制需要与外部制度环境相匹配（Kim，Ozdemir，2014），以此实现公司治理的有效性和企业绩效的改善。具体到本书的研究，则演化为企业董事会资本配置与政府治理情境的匹配问题。事实上，对于企业投资效率问题而言，既要考虑政府治理情境对企业董事会治理的影响，更要考虑企业的董事会资本配置如何与政府治理情境匹配，以及是否能够促进企业投资效率的提升等问题。

具体而言，国家行政体制的效率和质量是影响经济发展的一个基本要素（李稻葵，2002）。如果地方政府的公共资源供给不足，在关键性资源分配、交易合同执行，以及产权保护方面等公共服务质量较差，公务员的贪污腐败，以及对企业的机会主义行为和侵占动机受约束较少，那么，政府的“援助之手”就会变成“攫取之手”。在此情况下，企业的投资行为将更多地依赖于自身的专有信息，以及自身的资源和合法性保障能力。此时，董事会的社会资本在投资信息的提供与判断、资源的供给与合法性保障、降低环境不确定性带来的风险等方面发挥重要作用。

然而，政府治理情境并不是静态不变的，同时，不同地区的政府治理水平也存在差异。在政府治理水平较好的情况下，市场中的资源配置机制和公平竞争机制逐步完善，企业之间的竞争会更加激烈，管理效率在企业经营和成长中变得更加重要，这就要求企业配置更高的人力资本。那么，在政府治理水平较好的情况下，企业加强内部建设，强化董事会人力资本配置会更有利于企业投资效率的改善。

综上所述，企业的董事会资本配置是否适当并有效，可以从该董事会资本配置状况、是否实现了企业与其所面对的组织权变因素之间的良好匹配（Fit or Alignment）来衡量。在本书中则归结为，作为内部治理机制的企业董事会资本配置，与作为外部治理机制的政府治理水平的匹配情况。一个企业如果能够在不同的政府治理情境下，有选择地强化董事会资本的不同配置，实现董事会资本与外部政府治理情境之间的良好匹配，将有利于企业董事会发挥其监督控制和资源供给职能，最终有助于提升企业投资效率。

四、本书的研究模型

综合上述分析，关于政府治理、董事会资本配置与企业投资效率关系方面，我们可以得出这样的理论逻辑：在不同的政府治理水平下，不同维度的董事会资本的需求性及其成本收益会存在差异，将导致企业所面临的政府代理成本和公司治理成本存在差异。在不同的情况下，企业会根据具体情境做出理性选择，进行不同的董事会资本配置。董事会资本配置直接关系董事会治理职能的有效发挥，进而影响企业的投资效率。从这一理论逻辑上可以推理出，政府治理对企业投资效率的影响，可将一部分视为通过影响企业的董事会资本配置来实现。同时，也可能存在另外一种情形，即企业会根据政府治理情境的差异性，有选择地强化董事会资本的不同配置，谋求董事会资本与外部政府治理情境之间实现良好匹配，从而有利于企业董事会发挥其监督控制和资源供给职能，最终有助于提升企业投资效率。

根据以上分析，本书的研究模型如图 3－1 所示。

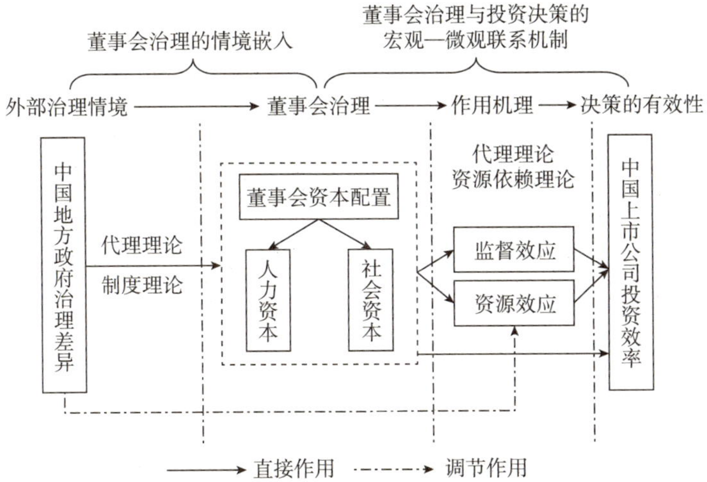

图 3－1 研究概念模型

第四章　政府治理对企业董事会资本配置的影响

本章着力回答有关"中国地方政府治理差异如何改变企业董事会资本配置"的问题。在第三章相关理论分析的基础上，进一步分析政府治理与企业董事会资本配置的关系，并利用中国上市公司的相关数据进行实证检验，从而为后续章节对本书其他子问题的分析和检验提供支持。

第一节　研究假设

从已有研究来看，学术界对董事会治理问题的研究大致有两种倾向：一种是寄希望于通过对正式制度的理性设计，构建董事会治理结构的最佳模式。但此类研究面临的问题是：如果市场存在最佳的董事会治理结构，那么在优胜劣汰的竞争机制下，市场只会剩下一种最优的董事会治理结构模式（周翔翼，2011），但从企业发展实践来看，企业董事会治理结构模式并没有呈现出达尔文主义的单向性演进。在此背景下，部分研究者将目光转到关注董事会治理的动态过程，倾向于寻求董事会与其他治理主体之间实现良性互动的条件和因素（Kim，Ozdemir，2014）。在这一过程中，研究者难以忽视的约束条件是企业的制度环境。

已有研究认为，企业治理合约的选择，是企业在给定约束条件下追求经济利益最大化的结果，这一给定的约束条件就是社会的制度基础（刘冰、高闯，2004）。因而，企业治理合约是社会制度基础的函数，有什么样的社会制度环境，企业就会做出相应的治理合约选择，以实现交易费用最小化（高闯、刘冰，2003）或利益最大化。对于中国上市公司而言，当下在制度环境方面的最重要的因素变量就是国家治理体系构建，因而，对于企业董事会资本配置而言，必须关注政府治理情境的约束性。

那么，具体到企业的董事会资本配置选择与政府治理情境的关系，则表现为企业根据自身实际，选择和构建与外部政府治理情境相适应的董事会资本，发挥董事会治理机制对企业经济绩效的制度性支撑作用，以实现交易成本最小化或经济利益最大化。由此所引发的一个问题是：在不同的政府治理情境下，企业究竟应该如何选择董事会资本配置？本章余下部分的内容则正是关于该问题的讨论与检验。

一、政府治理与企业董事会资本配置

（一）政府治理与企业董事会社会资本

理论上，政府治理职能的有效发挥可以弥补市场机制存在的缺陷与不足，市场机制和政府治理相结合，才能更好地实现社会资源的有效配置。但在现实经济生活中，政府组织并不总是运行良好、富有成效的。根据公共选择理论的观点，政治市场中的政府官员，同经济市场中的个体没有差异，都是具有利己动机的“理性经济人”，而并不是以追求社会福利最大化为目标的“理性公共人”（Mueller，1989）。由追求个人利益最大化的官员组成的政府机构，自然会把个人偏好带入政府决策及政府行为过程中，从而使得政府运行出现低效率和浪费严重的现象。同时政府也并不总是代表公共利益，政府的政策倾向取决于官员之间以及利益集团之间的利益冲突和协调。政府政策可能符合社会公共利益，也可能只代表少数人利益。因此，政府对经济活动的干预并不总是会取得预期效果。

对于企业来讲，当政府治理水平较低时，会引发如下问题。

一是政府治理水平较低，会导致规范市场经济运行的各种正式制度供给不足，并缺乏有效的执行机制。根据已有研究，企业与其他组织之间交易契约的顺利签订和执行，需要清晰可靠的法律保障。市场自身也可以发展一套解决纠纷与惩罚的机制，但这一机制的出现与维持，需要依靠一个社会的政治和司法制度。政府作为最主要的公共制度供给者，需要为此提供稳定的秩序，并在该交易机制被违背时充当最后的执行机构的角色。地方政府治理水平是地方市场生态环境中的一个关键要素，政府行为在很大程度上，影响市场交易机制的正常运行与功能发挥。当地方政府治理水平较低时，难以为市场交易合约的顺利签订与执行提供可靠的保障，从而会增加经济主体之间的交易成本。在此情境下，企业有动机通过董事会社会网络关系来缓解企业交易成本。

二是政府，或者更准确地说，官僚机构及官员对企业利益的侵占，是转型经济国家发展过程中常见的社会现象。由此，便产生了政府利用权力支配企业资源的政府代理问题（Stulz，2005）。由于政府部门及其官员拥有资源分配或自由裁量的权力，这种权力便可能成为政府部门及其官员谋取私利的工具（Shleifer，

Vishny，1993）。在政府治理水平较低的情况下，政府机构及官员为谋取私利，而滥用政府权力的行为出现的可能性更高。政府机构及官员会利用其所掌握的政治权力，通过立法保护、禁止性政策、行业管制、财税政策甚至索取贿赂等方式，来侵占企业利益或特殊照顾“部分”企业。当企业面对政府的侵占或帮扶时，作为一种理性选择，企业会构建社会网络关系来应对政府代理的负面效应（Tonoyan et al.，2010）。

因此，就公司治理而言，政府治理水平低下将导致企业难以依靠公共制度供给，构建起有效的外部治理机制。根据 North（1990）和 Scott（1995）的研究，当正式制度缺乏时，非正式制度将会弥补正式制度的缺失，来约束行为主体的行为。那么，当政府难以提供有效的正式制度供给时，非正式制度将会替代正式制度发挥作用。在此情景下，企业的交易行为更多的是关系行为，而不是市场行为。

Xin 和 Pearce（1996）的研究表明，在正式制度缺失的情况下，企业会通过其社会资本来寻求非正式的制度性支持，以降低企业的经营风险和交易成本。Fukuyama（1999）的研究指出，社会资本的经济功能之一是降低交易成本。中国正处于经济转型的重要时期，传统文化惯性和转型时期的制度环境，都会使中国企业更倾向于通过社会关系网络获取资源和政府支持（Peng，Luo，2000）。Ismail 等（2012）的研究表明，在新兴经济体中，政府所提供的正式制度越不完善，企业越倾向于构建和利用自己的社会资本。董事会作为企业的边界中介者之一，是企业与外界联系的重要行为主体。如前文所述，一方面，对外部社会而言，董事会是企业的最高管理层和象征，是企业与外部社会联系的纽带；另一方面，对企业内部而言，董事会成员的社会资本也能够为企业所用。因此，在政府治理水平较低的情况下，企业会通过强化董事会社会关系网络的形式，与其他商业组织和政府机构及其官员建立关系，以此获得企业发展所需的资源和政治庇护，降低外部环境不确定性给企业发展带来的风险。基于上述分析，我们提出如下假设：

H4－1：政府治理水平越低，企业对董事会社会资本的诉求越强烈。

（二）政府治理与企业董事会人力资本

边燕杰和邱海雄（2000）的研究指出，在经济转型时期，企业需要通过非正式关系渠道，来缓解体制间隙和漏洞所引发的问题，因此，企业社会资本的作用会越发重要；随着市场经济的日渐成熟，企业社会资本的作用会相应减弱。以此类推，在政府治理水平较差的情况下，企业需要通过强化董事会社会资本建设，获得企业发展所需的资源和政治庇护。随着政府治理的改善，政府能够为市场经济的规范运行，提供良好的制度保障；能够为企业与其他组织之间交易契约的顺利签订和执行，提供可靠的政治和司法保障，从而有利于市场交易机制的正常运行。

同时，政府治理水平的改善，也有利于提高政府行政效率，规范政府机构及官员的资源分配和自由裁量权的行使。从而有助于减少政府机构及其官员利用行政权力，对企业进行侵害或提供特殊照顾的行为，降低企业所面临的政府代理成本。在此情况下，企业会相应地减少对社会关系网络的依赖性。在这种情况下，董事会社会资本发挥的作用越来越小，董事会人力资本则将会产生越来越大的影响。事实上，进一步来看，董事会是否强化其人力资本配置，取决于制度环境对企业董事会人力资本配置的约束和激励。

在政府治理水平较低时，企业可以通过强化董事会社会资本建设，来降低交易成本和获取市场收益。在此情况下，即便企业董事会人力资本水平不高，企业仍旧可以通过董事会社会资本获得可观的收益。在政府治理水平较高的情况下，经济发展的规范化程度越来越高，市场逐渐在资源配置中发挥主导作用，企业通过董事会社会资本获取收益的空间变小。

外部市场竞争的压力，要求企业董事会提高其决策质量，提升企业的市场竞争力，这就在客观上要求企业必须配置高质量的董事会人力资本，低质量的董事会人力资本将被市场淘汰。那么在此情况下，外在的压力将会迫使企业强化其董事会人力资本配置。同时，在一个规范运作的市场经济环境中，每个企业都会通过各种方式途径，使自己的董事会人力资本由效率较低的状态，转移到效率较高的状态。然而，假若外在的体制环境状态不理想，如个体流动受限、经理人市场的歧视与分割，那么企业优化董事会人力资本配置的成本就会比较高。

政府治理水平的改善有助于上述体制环境的改善，从而能够缓解企业优化董事会人力资本配置的体制性困难。同时，良好的政府治理，能够为市场经济的规范运作提供如产权保护、法律保障等良好的制度供给，能够确保董事会人力资本的创造性成果收益的未来预期，从而能够保障和提高董事会人力资本配置的边际收益。那么，在此情况下，企业有动力强化董事会人力资本建设。基于上述分析，我们提出如下假设：

H4－2：政府治理水平越高，企业对董事会人力资本的诉求越强烈。

二、产权性质的影响

从中国经济发展实际来看，一个重要的特点是所有权类型的多样性（Peng，Luo，2000；Tan et al.，2007；Li，Peng，2008）。正如 Walsh 等（2008）的研究所指出的："中国的社会政治环境产生了更多样性的所有权形式，而基于此，不考虑所有权形式影响的研究结论是比较简单的。"产权性质不同的企业在发展沿革和公司治理等方面存在明显差异，将两者混为一谈会影响研究结论的可靠性（李维安、李汉军，2006）。基于此，本书进一步分析产权性质对政府治理与董事会资本配置关系的影响。

政府作为国有企业的终极股东，使得国有企业具有天然的政治优势，而这种国有企业与政府之间的天然联系，使国有企业更容易获得资源、信息和合法性支持（王山慧等，2013）。近半个世纪的计划经济所导致的整个社会信赖国家资本的惯性，使得社会在评价企业可靠性时，更容易信任国有企业。同时，国有企业可以依赖其政治背景获得如银行贷款、政府补贴以及市场准入等企业发展所需资源。而且，国有企业对国民经济发展的重要性，使其更容易得到政府政策倾斜和政治特权保护。

对于民营企业来说，尽管中国40年的经济体制改革，使得民营企业的产权地位被逐步确认和合法化，但其发展过程中所面临的法律保护和市场约束等制度性障碍，依然是企业投资决策过程中难以忽视的重要制约因素。从现实情况来看，相对于国有企业，民营企业在融资渠道、市场准入等方面受到了诸多限制（陈德球、李思飞，2012）。

Brandt 和 Li（2002）的研究指出，在中国的制度环境下，私营企业在资本市场中受到许多体制性歧视，在资本市场中处于劣势地位。为了缓解企业发展所面临的制度性约束，民营企业更加重视企业社会资本的构建，以期通过企业的社会资本，规避制度的不确定性和不完善所带来的交易成本和经营风险（Brandt，Li，2002）。Xin 和 Pearce（1996）的研究发现，与国有企业相比，民营企业对社会关系更重视，同时也在构建企业的社会关系上投入更多的资源。民营企业所面临的制度性歧视，使其难以从正式制度中获得有效保护和所需资源，从而使得民营企业比国有企业对一些社会资源的需求更加迫切，这也将导致相对于国有企业，民营企业更注重董事会社会资本配置。

根据前文分析，在政府治理较差的情况下，由于缺乏良好的市场价格机制和完善的法律机制，从市场定价和法律执行的角度来看，将会导致企业交易成本较高（冯天丽、井润田，2009），这将导致企业更倾向于利用社会关系网络来降低交易成本（罗党论、唐清泉，2009）。但国有企业可以利用其天然的政治优势，去弥补价格机制和法律机制的不足，从而对社会关系网络的需求并不高。相对于国有企业，民营企业的天然政治劣势和“非国民待遇”，将会使其更加重视社会资源建设。在此情况下，国有企业和民营企业在董事会社会资本的依赖性方面存在较大差异。

基于上述分析，我们提出如下假设：

H4－3：相对于国有企业，民营企业更重视董事会社会资本配置。

H4 -4：相对于国有企业，政府治理对董事会社会资本配置的影响在民营企业中更显著。

就政府治理对董事会人力资本配置的影响而言，如前文所述，在政府治理较好的情况下，政府治理水平的改善意味着市场环境优化和公共资源供给的增加。这有助于市场运行的规范以及要素和产品的自由流动，从而能够缓解企业配置董事会人力资本的体制性困难，保障和提高董事会人力资本配置的边际收益。同时，外部市场竞争的压力，要求企业董事会提高其决策质量，在客观上将促使企业更加重视董事会人力资本的配置。

更进一步来讲，对于民营企业来说，政府治理的改善意味着民营企业家通过"寻租"活动获取发展收益的难度在增加，再加上激烈的市场竞争压力，使得民营企业有压力和动力强化董事会人力资本建设（周建、许为宾，2016）。对于国有企业来讲，政府治理的改善客观上将会强化主管部门对企业绩效的考核压力以及考核行为的规范化。这将促使企业更多地关注经营效率。

与此同时，要素市场和产品市场的激烈竞争将迫使企业在没有改变产权性质的情况下提高经营效率（Megginson，Netter，2001）。无论对于国有企业还是民营企业来说，董事会人力资本作为一种特殊的资源禀赋，具有资源形态异质性和稀缺性。企业可以通过董事会人力资本自身的基础价值来实现企业价值。因而，国有企业和民营企业都有提升董事会人力资本配置水平的渴求。

基于上述分析，我们提出如下假设：

H4 -5：政府治理对董事会人力资本配置的影响，在国有企业和民营企业之间不存在显著差异。

第二节　数据与模型

一、样本选择与数据来源

本书以 2010 ~2013 年中国上海证券交易所和深圳证券交易所 A 股上市公司为研究样本。其中，自变量政府治理水平的观测期间为 2010 ~2012 年，因变量董事会（社会/人力）资本的观测期间为 2011 ~2013 年。其原因主要是，考虑全球金融危机所引起的市场震荡状态，为了保持市场环境的相对稳定性，我们主要选择全球金融危机基本结束后的时期。同时，第十二届全国人民大表大会第一次会议于 2013 年 3 月 5 日开幕，即自 2013 年起，中国开始了新一届政府的执政时期。为了规避政府换届事件可能对研究的稳定性产生的消极影响，所以，本书将政府治理水平的观测时间截至2012年。考虑到公司治理行为对政治环境变化的反映可能需要一定的时间，因此，本书将因变量指标观测时间滞后一期。

样本经过以下处理程序：①考虑ST企业财务处理的特殊性，对此类样本企业进行了删除。②考虑金融类和公共事业类企业的特殊性，对此类样本企业进行了删除。③对数据严重缺失的样本企业进行了删除。最后，为消除异常值的影响，对研究所涉及的主要连续变量，上下1%的样本进行了Winsorize处理，得到三年共计2679个观测值。

本章数据主要来源于手工整理数据和相关数据库数据。其中，政府治理数据来源于《中国分省经营环境指数报告》（选用依据参见第三章第一节）；董事会（社会/人力）资本、CEO权力数据一部分来自于CSMAR数据库中的“中国上市公司治理结构数据库”，另一部分来自于手工整理的公司年报中所披露的董事简历（该年报来源于巨潮资讯网：www. cninfo. com. cn）。股权特征方面的数据主要来自于RESSET数据库中的“股东与股本”数据库；相关财务数据主要来自于CSMAR数据库中的“中国上市公司财务报表数据库”。工具变量“开埠通商历史”来自于吴慧（2004）的《中国通商史》第五卷。“历史上各省留学人数”来自于陈学恂和田正平（1991）的《中国近代教育史资料汇编：留学教育》。

在数据收集整理过程中，为了保证数据的准确性和一致性，本书对从不同途径所获取的数据进行了对比分析。本章采用的统计方法为多元线性回归和两阶段最小二乘回归（2SLS），统计软件采用Excel 2003、SPSS 20. 0、Stata 11. 0。

二、变量设计

（一）被解释变量

（1）董事会社会资本（BSC），主要用于测度企业董事会社会资本水平。具体测量指标选择与计算过程及方法，请参见本书第三章第一节部分内容，此处不再赘述。

（2）董事会人力资本（BHC），主要用于测度企业董事会人力资本水平。具体测量指标选择与计算过程及方法，请参见本书第三章第一节部分内容，此处不再赘述。

（二）解释变量

政府治理水平（GGL），主要用于测量不同地区的政府治理状况。具体测量指标选择与计算过程及方法，请参见本书第三章第一节部分内容，此处不再赘述。

（三）控制变量

为了控制其他因素可能对本书检验结果造成的影响，在已有研究的基础上，我们主要从公司层面、股东层面和高管层面出发，对影响企业董事会资本配置的相关变量加以控制，具体如表 4－1 所示。

表 4－1　变量设计

变量类型	变量名称	测量方式
被解释变量	董事会社会资本（BSC）	根据董事会社会资本不同属性指标构建综合测量指标进行测量。具体请参见本书第三章第一节
	董事会人力资本（BHC）	根据董事会人力资本不同属性指标构建综合测量指标进行测量。具体请参见本书第三章第一节
解释变量	政府治理水平（GGL）	采用《中国分省经营环境指数 2013 年报告》相关数据构建综合测量指标进行测量。具体请参见本书第三章第一节
控制变量	公司规模（SIZE）	企业总资产的自然对数
	财务杠杆（LEV）	企业资产负债率
	CEO 权力（CEOP）	将 CEO 任期、持股、两职性等标准化处理后计算均值
	高管持股比例（ESH）	高层管理者中持股高管的持股比例之和
	机构持股比例（INST）	机构投资者持股比例之和
	股权集中度（PFIVES）	公司前五位大股东持股比例的平方和
	产权性质（SOE）	公司终极控制人性质为国有时取值为 1，否则为 0
	行业效应（IND）	根据 CSRC 分类，设置行业哑变量
	年度效应（YEAR）	年度哑变量

三、模型构建

根据上文理论分析，构建如下 5 个回归模型对研究假设进行检验：

模型 1，如式（4－1）所示：

$$BSC = a_0 + a_1 GGL + a_2 SIZE + a_3 LEV + a_4 CEOP + a_5 ESH + a_6 INST + a_7 PFIVES + a_8 SOE + CONTROL\_IND + CONTROL\_YEAR + \varepsilon_1 \tag{4-1}$$

模型 2，如式(4－2)所示：

$$BHC = b_0 + b_1 GGL + b_2 SIZE + b_3 LEV + b_4 CEOP + b_5 ESH + b_6 INST + b_7 PFIVES + b_8 SOE + CONTROL\_IND + CONTROL\_YEAR + \varepsilon_2 \tag{4-2}$$

模型 3，如式(4－3)所示：

$$BSC = c_0 + c_1 SOE + c_2 SIZE + c_3 LEV + c_4 CEOP + c_5 ESH + c_6 INST + c_7 PFIVES + CONTROL\_IND + CONTROL\_YEAR + \varepsilon_3 \tag{4-3}$$

模型4，如式(4-4)所示：

$$BSC = d_0 + d_1 SOE + d_2 GGL + d_3 SOE \times GGL + d_4 SIZE + d_5 LEV + d_6 CEOP + d_7 ESH + d_8 INST + d_9 PFIVES + CONTROL\_IND + CONTROL\_YEAR + \varepsilon_4 \quad (4-4)$$

模型5，如式(4-5)所示：

$$BHC = f_0 + f_1 SOE + f_2 GGL + f_3 SOE \times GGL + f_4 SIZE + f_5 LEV + f_6 CEOP + f_7 ESH + f_8 INST + f_9 PFIVES + CONTROL\_IND + CONTROL\_YEAR + \varepsilon_5 \quad (4-5)$$

其中，a_0、b_0、c_0、d_0、f_0、分别为模型（4-1）~（4-5）的截距项，$a_1 \sim a_8$、$b_1 \sim b_8$、$c_1 \sim c_7$、$d_1 \sim d_9$、$f_1 \sim f_9$ 分别为模型（4-1）~（4-5）相应的变量系数，ε_{1-5} 分别为模型（4-1）~（4-5）的残差，*CONTROL_IND* 和 *CONTROL_YEAR* 分别代表行业哑变量和年度哑变量。

第三节　实证检验结果与分析

一、描述性统计与相关分析

样本公司主要变量的描述性统计结果如表4-2所示。从表中可以发现，上市公司所在地区的政府治理水平（GGL）的最小值为0.555、最大值为9.666、均值为5.943、标准差为1.881，表明不同地区的政府治理水平存在较大差异。样本上市公司董事会社会资本（BSC）的最小值为-0.925、最大值为1.963、均值为0.985、标准差为0.563，董事会人力资本（BHC）的最小值为-0.810、最大值为2.493、均值为0.720、标准差为0.689，这表明样本企业的董事会社会资本和董事会人力资本两方面均存在较大差异。

高管持股比例（ESC）的平均值和标准差分别为0.071和0.014，这说明上市公司管理者持股比例比较有限，这与于东智和谷立日（2001）、胡铭（2003）的研究结论一致。股权集中度（PFIVES）均值和标准差分别为0.279和0.122，这表明上市公司的股权集中度普遍比较高，这也与中国上市公司股权特征的普遍状况相符合。其余变量的描述性统计结果如表4-2所示。

表4-2　描述性统计

变量	N值	最小值	最大值	平均值	标准差
GGL	2679	0.555	9.666	5.943	1.881
BSC	2679	-0.925	1.963	0.985	0.563

续表

变量	N 值	最小值	最大值	平均值	标准差
BHC	2679	-0.810	2.493	0.720	0.689
SIZE	2679	19.875	25.521	21.776	1.181
LEV	2679	0.028	0.832	0.400	0.223
CEOP	2679	-2.078	1.872	-0.146	0.065
ESH	2679	0.000	0.630	0.071	0.014
INST	2679	0.000	0.721	0.171	0.170
PFIVES	2679	0.012	0.612	0.279	0.122
SOE	2679	0.000	1.000	0. 400	0.390

表4-3是主要变量的相关系数分析结果，从Pearson相关系数来看，政府治理水平（GGL）与企业董事会社会资本（BSC）的相关系数在1‰的显著性水平上显著负相关。这表明，政府治理水平越差，企业越重视董事会社会资本配置。政府治理水平与企业董事会人力资本（BHC）的相关系数在1‰的显著性水平上显著正相关。这表明，政府治理水平越好，企业越重视董事会人力资本配置。产权性质（SOE）与董事会社会资本（BSC）在1‰的显著性水平上显著负相关，这表明民营企业更加重视董事会社会资本配置。

上述数据结果初步支持了本书的研究假设，我们将在后文的多元统计回归分析中做进一步的严格检验。此外，各变量之间的两两相关系数绝对值均小于0.4（最大值为0.361），表明各变量之间相互影响的重叠程度不高，初步表明不存在多重共线性问题（本书将在后续回归中做进一步检验）。因此，适合进行进一步的多元统计回归分析。

表4-3 主要变量的相关性分析

变量	GGL	BSC	BHC	SIZE	LEV	CEOP	ESH	INST	PFIVES
GGL	1								
BSC	-0.262 ***								
BHC	0.282 ***	0.031							
SIZE	-0.061 **	-0.035 +	0.047 *						
LEV	-0.103 ***	0.063 **	-0.062 **	0.361 ***					
CEOP	0.119 ***	0.054 **	-0.006	-0.253 ***	-0.234 ***				

续表

变量	GGL	BSC	BHC	SIZE	LEV	CEOP	ESH	INST	PFIVES
ESH	0.114***	0.026	-0.007	-0.296***	-0.322***	0.295***			
INST	-0.022	-0.051**	0.030	0.164***	0.044*	-0.080***	-0.156***		
PFIVES	0.060**	0.017	0.086***	0.256***	0.068***	-0.040*	-0.055**	-0.015	
SOE	-0.146***	-0.132***	-0.046**	0.318***	0.342***	-0.127***	-0.268***	0.106***	0.126***

注：+、*、**、***分别表示相应系数的显著性水平为 $p<0.10$、$p<0.05$、$p<0.01$、$p<0.001$（双尾）。

二、回归结果与分析

（一）政府治理水平与企业董事会社会资本关系的检验

本书采用最小二乘法（OLS）检验模型（4－1），以验证政府治理水平（GGL）与企业董事会社会资本（BSC）之间的关系，检验结果如表4－4所示。数据结果显示，自变量和控制变量的方差膨胀因子（VIF）均小于3（最大值为2.502），小于普遍可接受的限值10，这表明数据不存在多重共线性问题。全样本和分组检验回归D.W.值分别为2.063、2.030、1.964，说明模型不存在自相关问题。经过White检验，模型不存在异方差问题，无须修正模型。全样本和分组检验的F值均在1‰的显著性水平上显著，Adj－R^2 分别为0.263、0.261、0.287。

表4－4显示，根据第（1）列的检验结果可知，自变量政府治理水平（GGL）的系数在1‰的显著性水平上显著为负，估值系数为－0.236。这表明政府治理水平与企业董事会社会资本配置存在负向的相关关系。即政府治理水平越差，企业董事会社会资本配置水平越高。这也在一定程度上反映出，随着政府治理水平的降低，企业对董事会社会资本的诉求更加强烈。检验结果支持了本书的研究假设4－1。

为了更清楚地理解政府治理水平对企业董事会社会资本配置的影响，本书进一步进行分样本检验。从已有研究文献来看，面对政府部门及其官员的侵害行为，企业隐匿和转移固定资产比隐匿和转移无形资产更困难。同时，企业固定资产又经常是政府进行课税和摊派的主要标准（聂辉华、张彧、江艇，2014）。这也就意味着，固定资产比例比较高的企业对政府治理状况更敏感。在此情况下，固定资产比例不同的企业对董事会社会资本的渴求程度，可能会存在差异。因此，我们根据样本企业固定资产比例（固定资产净值除以总资产）均值，将样本企业分为固定资产比例较高和较低两个样本组进行检验。

表 4-4 政府治理水平与董事会社会资本关系

<table>
<tr><th rowspan="3">变量</th><th colspan="7">BSC</th></tr>
<tr><th colspan="2">总样本
(1)</th><th colspan="2">固定资产比例
较低样本组（2）</th><th colspan="2">固定资产比例
较高样本组（3）</th><th>分组系数
差异（4）</th></tr>
<tr><th>系数</th><th>VIF</th><th>系数</th><th>VIF</th><th>系数</th><th>VIF</th><th>F 检验</th></tr>
<tr><td>Constant</td><td>7.969***
(5.365)</td><td>—</td><td>5.051**
(3.249)</td><td>—</td><td>7.978***
(4.224)</td><td>—</td><td rowspan="9">2.596*
(p=0.047)</td></tr>
<tr><td>GGL</td><td>-0.236***
(-4.031)</td><td>1.091</td><td>-0.192*
(-2.489)</td><td>1.095</td><td>-0.296***
(-3.514)</td><td>1.134</td></tr>
<tr><td>SIZE</td><td>-0.268*
(-2.137)</td><td>1.979</td><td>-0.122
(-0.717)</td><td>1.966</td><td>-0.422*
(-2.164)</td><td>2.155</td></tr>
<tr><td>LEV</td><td>2.005***
(4.586)</td><td>1.651</td><td>3.932***
(5.104)</td><td>1.801</td><td>3.587***
(4.412)</td><td>1.489</td></tr>
<tr><td>CEOP</td><td>0.404+
(1.769)</td><td>1.993</td><td>0.171
(0.579)</td><td>2.268</td><td>0.760*
(2.070)</td><td>1.588</td></tr>
<tr><td>ESH</td><td>-1.010
(-0.950)</td><td>2.148</td><td>0.151
(0.118)</td><td>2.502</td><td>-3.297*
(-2.030)</td><td>1.600</td></tr>
<tr><td>INST</td><td>2.302***
(3.573)</td><td>1.083</td><td>2.450**
(2.922)</td><td>1.138</td><td>2.160*
(2.103)</td><td>1.082</td></tr>
<tr><td>PFIVES</td><td>1.692+
(1.816)</td><td>1.161</td><td>2.202+
(1.817)</td><td>1.154</td><td>-0.041
(-0.0270)</td><td>1.305</td></tr>
<tr><td>SOE</td><td>-1.871***
(-4.301)</td><td>1.423</td><td>-2.028***
(-5.034)</td><td>1.389</td><td>-1.787***
(-4.368)</td><td>1.463</td></tr>
<tr><td>IND</td><td colspan="2">控制</td><td colspan="2">控制</td><td colspan="2">控制</td><td></td></tr>
<tr><td>YEAR</td><td colspan="2">控制</td><td colspan="2">控制</td><td colspan="2">控制</td><td></td></tr>
<tr><td>F 值</td><td colspan="2">17.045***</td><td colspan="2">14.370***</td><td colspan="2">14.639***</td><td></td></tr>
<tr><td>$Adj-R^2$</td><td colspan="2">0.263</td><td colspan="2">0.261</td><td colspan="2">0.287</td><td></td></tr>
<tr><td>N 值</td><td colspan="2">2679</td><td colspan="2">1566</td><td colspan="2">1113</td><td></td></tr>
<tr><td>D. W. 检验</td><td colspan="2">2.063</td><td colspan="2">2.030</td><td colspan="2">1.964</td><td></td></tr>
</table>

注：+、*、**、*** 分别表示相应系数的显著性水平为 $p<0.10$、$p<0.05$、$p<0.01$、$p<0.001$（双尾），括号中为 t 值。

表 4-4 中第（2）列和第（3）列为分组检验结果。我们发现，在固定资产比例较低的样本组，政府治理水平（GGL）的系数在 5% 的显著性水平上显著为

负，估值系数为 -0.192。在固定资产比例加高的样本组，政府治理水平（GGL）的系数在1‰的显著性水平上显著为负，估值系数为 -0.296。政府治理水平（GGL）的系数在两个子样本之间的差异为0.104，进一步的F检验发现，政府治理水平（GGL）系数的这一差异在5%的显著性水平上显著。上述检验结果表明，相对于固定资产比例较低的企业，政府治理水平变化对企业董事会社会资本配置的影响，在固定资产比例较高的企业中更显著。这也反映出固定资产比例较高的企业对政府治理状况的变化更敏感。

（二）政府治理水平与董事会人力资本关系的检验

表4-5是模型（4-2）的检验结果，以验证政府治理水平（GGL）与企业董事会人力资本（BHC）之间的关系，检验结果如表4-5所示。数据结果显示，自变量和控制变量的方差膨胀因子（VIF）均小于3（最大值为2.502），小于普遍可接受的限值10，这表明数据不存在多重共线性问题。全样本和分组检验回归D.W.值分别为2.017、2.046、1.997，说明模型不存在自相关问题。经过White检验，模型不存在异方差问题，无需修正模型。全样本和分组检验的F值均在1‰的显著性水平上显著，$Adj-R^2$ 分别为0.271、0.261、0.297。

表4-5 政府治理水平与董事会人力资本关系

变量	BHC						
	总样本（5）		固定资产比例较低样本组（6）		固定资产比例较高样本组（7）		分组系数差异（8）
	系数	VIF	系数	VIF	系数	VIF	F检验
Constant	-6.191*** (-3.968)	—	-6.572*** (-4.371)	—	-4.147 (-0.760)	—	
GGL	0.247*** (3.468)	1.091	0.224* (2.215)	1.095	0.290** (2.866)	1.134	
SIZE	0.789*** (5.161)	1.979	1.016*** (4.553)	1.966	0.433* (2.022)	2.155	
LEV	-2.932*** (-3.958)	1.651	-3.139** (-3.105)	1.801	-1.918+ (-1.680)	1.489	0.622 (p=0.512)
CEOP	-0.090 (-0.323)	1.993	-0.008 (-0.021)	2.268	-0.096 (-0.238)	1.588	
ESH	-2.077 (-1.604)	2.148	-2.057 (-1.229)	2.502	-2.148 (-0.924)	1.600	

续表

变量	BHC						
	总样本（5）		固定资产比例较低样本组（6）		固定资产比例较高样本组（7）		分组系数差异（8）
	系数	VIF	系数	VIF	系数	VIF	F 检验
INST	1.283 （1.635）	1.083	1.508 （1.370）	1.138	0.982 （0.870）	1.082	0.622 （p=0.512）
PFIVES	2.858* （2.519）	1.161	1.086 （0.682）	1.154	3.620*** （3.364）	1.305	
SOE	-0.841** （2.694）	1.423	-0.699 （-1.582）	1.389	-1.002 （-2.230）	1.463	
IND	控制		控制		控制		
YEAR	控制		控制		控制		
F 值	17.843***		14.413***		15.098***		
$Adj-R^2$	0.271		0.261		0.297		
N 值	2679		1566		1113		
D.W. 检验	2.017		2.046		1.997		

注：+、*、**、***分别表示相应系数的显著性水平为 $p<0.10$、$p<0.05$、$p<0.01$、$p<0.001$（双尾），括号中为 t 值。

表4-5显示，根据第（5）列的检验结果可知，自变量政府治理水平（GGL）的系数在1‰的显著性水平上显著为正，估值系数为0.247。这表明政府治理水平与企业董事会人力资本配置存在正向的相关关系。即政府治理水平越好，企业董事会社会资本配置水平越高。这也在一定程度上反映出，随着政府治理水平的提高，企业对董事会社会人力的诉求更加强烈。检验结果支持了假设4-2。

同上文一样，根据企业固定资产比例均值，将样本企业分为固定资产比例较高和较低两个样本组进行分组检验。表4-5中第（6）列、第（7）列为分组检验结果。发现在固定资产比例较低的样本组，政府治理水平（GGL）的系数在5%的显著性水平上显著为正，估值系数为-0.224；在固定资产比例较高的样本组，政府治理水平（GGL）的系数在1%的显著性水平上显著为正，估值系数为0.290。政府治理水平（GGL）的系数在两个子样本之间的差异为0.066，进一步的F检验发现，政府治理水平（GGL）系数的这一差异并不具有统计意义上的显著性。

(三) 产权性质影响的检验

1. 单变量分析

表4-6是董事会社会资本单变量分析结果，根据产权性质分组进行对比检验显示，国有企业的董事会社会资本水平均值为0.894，民营企业的董事会社会资本水平均值为1.046。独立样本T检验显示，国有企业和民营企业的董事会社会资本水平均值差异在1‰的水平上显著。从中位数看，民营企业的取值为1.132，国有企业的取值为1.005。Wilcoxon秩和检验显示，两者之间的差异在1‰的水平上显著。

表4-6　董事会社会资本单变量分析

分组	N	均值检验		中位数检验	
		平均值	t值	中位数	z值
国有企业	1077	0.894	-7.077***	1.005	-6.672***
民营企业	1602	1.046		1.132	

注：+、*、**、***分别表示相应系数的显著性水平为 $p<0.10$、$p<0.05$、$p<0.01$、$p<0.001$（双尾）。

表4-7是董事会人力资本单变量的分析结果，数据显示，国有企业的董事会人力资本的平均值为-0.046，民营企业的董事会人力资本水平均值为0.019。独立样本T检验显示，国有企业和民营企业的董事会社会资本水平均值差异在5%的水平上显著。从中位数看，民营企业的取值为-0.166，国有企业的取值为-0.260。Wilcoxon秩和检验显示，两者之间的差异在1‰的水平上显著。

表4-7　董事会人力资本单变量分析

分组	N	均值检验		中位数检验	
		平均值	t值	中位数	z值
国有企业	1077	-0.046	-2.387*	-0.260	-3.664***
民营企业	1602	0.019		-0.166	

注：+、*、**、***分别表示相应系数的显著性水平为 $p<0.10$、$p<0.05$、$p<0.01$、$p<0.001$（双尾）。

资料来源：本研究整理所得。

2. 政府治理与董事会社会资本配置：产权性质的调节效应检验

表4-8为模型（4-3）的检验结果，以验证产权性质与企业董事会社会资本之间的关系。结果显示，自变量和控制变量的方差膨胀因子（VIF）均小于3

（最大值为 2. 493），小于普遍可接受的限值 10，表明数据不存在多重共线性问

表 4-8 产权性质与董事会社会资本关系

变量	BSC						
	总样本（9）		固定资产比例较低样本组（10）		固定资产比例较高样本组（11）		分组系数差异（12）
	系数	VIF	系数	VIF	系数	VIF	F 检验
Constant	6. 964 *** （5. 064）	—	3. 740 ** （2. 981）	—	7. 510 *** （4. 113）	—	1. 701 （p = 0. 235）
SOE	-1. 758 *** （4. 815）	1. 407	-2. 012 *** （-5. 977）	1. 389	-1. 953 *** （-5. 240）	1. 416	
SIZE	-0. 268 * （-2. 217）	1. 979	-0. 099 （-0. 580）	1. 960	-0. 460 * （-2. 355）	2. 146	
LEV	3. 149 *** （3. 815）	1. 645	3. 003 *** （3. 191）	1. 798	3. 863 *** （4. 674）	1. 479	
CEOP	0. 359 （1. 566）	1. 988	0. 171 （0. 579）	2. 268	0. 646 + （1. 759）	1. 573	
ESH	-1. 081 （-1. 014）	2. 148	-0. 038 （-0. 029）	2. 493	-3. 127 + （-1. 942）	1. 599	
INST	2. 272 *** （3. 517）	1. 083	2. 378 ** （2. 833）	1. 137	2. 166 * （2. 100）	1. 082	
PFIVES	1. 430 + （1. 825）	1. 155	1. 795 （1. 492）	1. 133	0. 035 （0. 023）	1. 305	
IND	控制		控制		控制		
YEAR	控制		控制		控制		
F 值	16. 689 ***		14. 293 ***		14. 398 ***		
$Adj-R^2$	0. 258		0. 255		0. 279		
N 值	2679		1566		1113		
D. W. 检验	2. 066		2. 030		1. 965		

注：+、*、**、*** 分别表示相应系数的显著性水平为 $p<0.10$、$p<0.05$、$p<0.01$、$p<0.001$（双尾），括号中为 t 值。

题。全样本和分组检验回归 D. W. 值分别为 2.066、2.030、1.965，说明模型不存在自相关问题。经过 White 检验，模型不存在异方差，无需修正模型。全样本和分组检验的 F 值均在 1‰的显著性水平上显著，Adj - R^2 分别为 0.258、0.255、0.279。

表 4-8 显示，根据第（9）列的检验结果可知，自变量产权性质（SOE）的系数在 1‰的显著性水平上显著为负，估值系数为 -1.758。在统计学意义上，这表明产权性质与企业董事会社会资本配置存在负向的相关关系，即相对于国有企业，民营企业董事会社会资本配置水平更高。这也在一定程度上反映出，民营企业对董事会社会资本的诉求更加强烈。从而检验结果支持了研究假设 4-3。

根据样本企业固定资产比例均值，将样本企业分为固定资产比例较高和较低两个样本组进行分组检验。表 4-8 第（10）列和第（11）列为分组检验结果。我们发现，在固定资产比例较低的样本组，产权性质（SOE）的系数在 1‰的显著性水平上显著为负，估值系数为 -2.012。在固定资产比例较高的样本组，产权性质（SOE）的系数在 1‰的显著性水平上显著为负，估值系数为 -1.953。产权性质（SOE）的系数在两个子样本之间的差异为 0.059，进一步的 F 检验发现，产权性质（SOE）系数的这一差异并不具有统计意义上的显著性。

上节检验表明，企业的产权性质（SOE）会影响其董事会社会资本配置水平。在此基础上，我们进一步分析，政府治理与董事会社会资本之间的关系，是否会受到产权性质调节的影响。表 4-9 为模型（4-4）的检验结果。从数据结果来看，自变量和控制变量的方差膨胀因子（VIF）均小于 3（最大值为 2.280），小于普遍可接受的限值 10，这表明数据不存在多重共线性问题。全样本和分组检验回归 D. W. 值分别为 1.991、2.018、1.923，说明模型不存在自相关问题。经过 White 检验，模型不存在异方差问题，无须修正模型。全样本和分组检验的 F 值均在 1‰的显著性水平上显著，Adj - R^2 分别为 0.263、0.275、0.258。

根据表 4-9 中第（13）列的数据，企业产权性质（SOE）的系数估计值为 -1.352，在 5% 的显著性水平上显著。交互项 SOE × GGL 的系数值为 -0.090，但并不具有统计意义上的显著性。第（14）列和第（15）列是分样本组采用模型（4-3）进行检验的结果。数据结果显示，在国有企业样本组，政府治理水平（GGL）的系数在 1% 的显著性水平上取值为 -0.275；在民营企业样本组，政府治理水平（GGL）的系数在 1% 的显著性水平上取值为 -0.192。政府治理水平（GGL）的系数估计值在两个样本组之间的差异为 0.083，但这一差异并不具有统计意义上的显著性。检验结果没有支持本书的研究假设4-4。

表4-9　产权性质、政府治理与董事会社会资本关系

变量	BSC						
	总样本（13）		国有企业样本组（14）		民营企业样本组（15）		分组系数差异（16）
	系数	VIF	系数	VIF	系数	VIF	F检验
Constant	7.553*** (5.175)	—	1.200** (2.725)	—	1.956*** (5.193)	—	
GGL	-0.194* (-2.441)	2.015	-0.275** (-2.825)	1.168	-0.192** (-2.618)	1.070	
SOE	-1.352* (-1.985)	2.151					
SOE×GGL	-0.090 (-0.775)	2.105					
SIZE	-0.265* (-2.109)	1.981	-0.116 (-0.634)	1.694	-0.438* (-2.427)	1.686	
LEV	3.012*** (3.596)	1.651	3.083*** (3.880)	1.360	3.132*** (4.186)	1.629	
CEOP	0.417+ (1.820)	2.004	0.622 (1.551)	1.093	0.295 (1.461)	2.280	0.872 (p=0.163)
ESH	-1.068 (-1.002)	2.159	0.779 (1.163)	1.117	1.835 (1.647)	2.411	
INST	2.307*** (3.580)	1.083	4.219*** (3.922)	1.102	0.703 (0.882)	1.099	
PFIVES	1.688+ (1.812)	1.161	0.342 (0.212)	1.321	0.232* (2.022)	1.124	
IND/YEAR	控制		控制		控制		
F值	16.836***		14.022***		14.644***		
Adj-R^2	0.263		0.275		0.258		
N值	2679		1077		1602		
D.W.检验	1.991		2.018		1.923		

注：+、*、**、***分别表示相应系数的显著性水平为 $p<0.10$、$p<0.05$、$p<0.01$、$p<0.001$（双尾），括号中为t值。

表4-9的研究结果表明，政府治理状况与企业董事会社会资本配置关系，

并没有依赖于产权性质发生改变。这一发现与本书的研究假设4-4的分析是不一致的。探究其原因，我们推测可能在于：

在当前的中国行政管理体制下，地方官员为了在相应的经济考核指标中胜出，实现政治晋升，很难放弃对企业活动的干预，从而会有强烈的动机干预辖区内企业的经营活动（李文贵、余明桂，2012）。国有企业的性质，在其具有天然政治优势的同时，也有对其不利的地方。如Shleifer和Vishny（1994）的研究指出，由于“寻租”成本较低，国有企业更容易成为政府官员的“寻租”对象。同时，政府还可以直接干预国有企业的经营决策，例如，根据相关规定，国有企业的重大投资决策需经主管部门批准。因此，在政府治理状况较差的情况下，即使是国有企业也会更注重董事会社会资本的配置，以抵御外部环境的不利影响。因而，地方政府治理水平对企业董事会社会资本配置的影响，才会在国有企业和民营企业之间的差异并不显著。

3. 政府治理与董事会人力资本配置：产权性质的调节检验

表4-10为模型（4-5）的检验结果。从数据结果来看，自变量和控制变量的方差膨胀因子（VIF）均小于3（最大值为2.280），小于普遍可接受的限值10，这表明数据不存在多重共线性问题。全样本和分组检验回归D. W. 值分别为2.006、2.048、2.111，说明模型不存在自相关问题。经过White检验，模型不存在异方差问题，无须修正模型。全样本和分组检验的F值均在1‰显著性水平上显著，Adj-R^2分别为0.270、0.263、0.265。

根据表4-10中第（17）列的数据，企业产权性质（SOE）的系数估计值为-0.648，但并不具有统计意义上的显著性。交互项SOE×GGL的系数值为-0.033，但并不具有统计意义上的显著性。第（18）列和第（19）列是分样本组采用模型（4-3）进行检验的结果。数据结果显示，在国有企业样本组，政府治理水平（GGL）的系数在5%的显著性水平上取值为0.255；在民营企业样本组，政府治理水平（GGL）的系数在1%的显著性水平上取值为-0.316。政府治理水平（GGL）的系数估计值在两个样本组之间的差异为0.061，但这一差异并不具有统计意义上的显著性。检验结果支持了本书的研究假设4-5。

三、稳健性检验

为了保证研究结论的稳定性和可靠性，我们在上文的研究中根据不同的标准调整了数据分类，数据检验结果并没有实质性改变。接下来，我们对研究可能存在的内生性问题进行进一步的检验。尽管在上文回归检验中，我们将因变量的观测期进行了滞后处理，在一定程度上尽可能地避免了内生性影响，但我们依然无法完全排除可能存在的内生性问题。为此，本书使用工具变量法进行两阶段最小二乘回归处理。

表 4－10　产权性质、政府治理与董事会人力资本关系

变量	BHC						
	总样本（17）		国有企业样本组（18）		民营企业样本组（19）		分组系数差异（20）
	系数	VIF	系数	VIF	系数	VIF	F 检验
Constant	-1.635*** (-3.955)	—	-1.173* (-2.431)	—	-2.671*** (-5.274)	—	1.535 (p=0.106)
GGL	0.262** (2.711)	2.015	0.255* (2.019)	1.168	0.316** (3.195)	1.070	
SOE	-0.648 (-0.741)	2.151					
SOE×GGL	-0.033 (-0.236)	2.105					
SIZE	0.790*** (5.166)	1.981	0.560** (2.794)	1.694	1.156*** (4.756)	1.686	
LEV	-2.930*** (-3.953)	1.651	-3.993*** (-3.523)	1.360	-2.009* (-1.997)	1.629	
CEOP	-0.085 (-0.305)	2.004	-0.089 (-0.204)	1.093	-0.069 (-0.188)	2.280	
ESH	-2.098 (-1.617)	2.159	2.331 (0.725)	1.117	-1.940 (-1.294)	2.411	
INST	1.285*** (1.637)	1.083	0.540 (0.456)	1.102	1.875+ (1.750)	1.099	
PFIVES	2.857* (2.517)	1.161	2.675** (2.636)	1.321	0.773 (0.501)	1.124	
IND/YEAR	控制		控制		控制		
F 值	17.589***		14.905		15.734		
$Adj-R^2$	0.270		0.263		0.265		
N 值	2679		1077		1602		
D.W. 检验	2.006		2.048		2.111		

注：+、*、**、***分别表示相应系数的显著性水平为 $p<0.10$、$p<0.05$、$p<0.01$、$p<0.001$（双尾），括号中为 t 值。

为检验政府治理状况对企业董事会社会（人力）资本配置的影响关系，本书必须寻找到影响当前政府治理状况的外生变量作为工具变量。在已有文献中，国外学者曾使用人口种族的多样性（Mauro，1995）、距离赤道的距离（Hall，Jones，1998）、殖民者死亡率（Acemoglu et al.，2001）等作为工具变量。国内学者曾经适用“三大改造”前私营工业发展状况（徐现祥、李郇，2005）、历史上各省留学人数（Dong，Liu，2010）、历史上基督教会小学生注册数（方颖、赵扬，2011）各地区开埠通商历史（董志强等，2012）等作为制度环境的变量。考虑政府治理行为及其发展演化具有路径依赖的性质，我们主要从历史中寻找相关的制度变量。参考已有研究以及数据的可获得性，我们选择历史上各省留学人数和各地区开埠通商历史，作为政府治理状况的工具变量。具体数据如表4－11和表4－12所示。

表4－11　1914～1915年中国留学官费生籍贯来源统计　　单位：人

来源	湖南	广东	四川	浙江	江西	陕西	江苏
人数	147	151	112	112	101	92	76
来源	云南	山东	湖北	福建	山西	吉林	奉天
人数	75	69	66	58	51	45	38
来源	直隶	安徽	河南	广西	贵州	甘肃	黑龙江
人数	36	33	29	18	18	8	1

注：奉天指代今天的辽宁省。直隶主要指代今天的河北和天津，在本书中将两地区留学人数取平均值计算。

资料来源：陈学恂，田正平．中国近代教育史资料汇编：留学教育［M］．上海：上海教育出版社，1991.

表4－12　各地区开埠通商历史（截至2010年）

地区	北京	吉林	湖南	四川	重庆	福建
开埠历史（年）	151.5	103.0	105.5	108.1	118.7	166.0
地区	广东	贵州	海南	浙江	黑龙江	安徽
开埠历史（年）	167.0	101.6	130.7	113.2	103.0	132.7
地区	内蒙古	山东	云南	甘肃	江西	江苏
开埠历史（年）	96.0	104.0	111.6	100.6	147.9	110.7

续表

地区	广西	上海	辽宁	河北	山西	天津
开埠历史（年）	103.0	166.1	111.8	102.3	111.6	148.9
地区	新疆	湖北	陕西	青海	宁夏	河南
开埠历史（年）	128.7	147.9	130.2	64.3	79.7	104.7

注：各地开埠历史，为该地省会城市开埠通商至2010年1月1日的历史时长（以年计）。

资料来源：吴慧．中国商业通史（第五卷）［M］．北京：中国财政经济出版社，2004.

尽管上述两个工具变量的可用性已经在各自研究中得到了检验，但考虑本书的具体情形，我们依然对其作为工具变量所要求的外生性和排他性进行了检验。

首先，将各地区开埠通商历史（取对数值）与政府治理水平进行回归，回归系数以及t值分别为3.692和5.115，Adj－R^2为0.142；将历史上各省留学人数（取对数值）与政府治理水平进行回归，回归系数以及t值分别为1.587和4.705，Adj－R^2为0.194。表明两个工具变量与政府治理水平有显著的相关关系。

其次，从外生性和排他性来看，可以确定当前的政府治理状况和企业董事会资本配置，不可能影响开埠通商历史和历史上各省留学人数。但回归发现，两个工具变量与当前企业董事会社会（人力）资本之间存在显著的相关关系。我们将两个工具变量分别和政府治理水平同时作为解释变量，与当前企业董事会社会（人力）资本进行回归发现，开埠通商历史和历史上留学人数的回归系数不显著（p值分别为0.241和0.132），政府治理水平的系数显著（$p=0.000$），加入其他多个控制变量后，依然是政府治理水平的系数显著而工具变量的系数不显著。这意味着开埠通商历史和历史上留学人数是通过政府治理水平，间接影响当前的企业董事会社会（人力）资本配置的。上述一系列检验工作使我们确认了工具变量的可用性。

在此基础上，我们进行了两阶段的最小二乘回归，第二阶段的检验结果如表4－13所示。数据回归结果显示，虽然各变量系数发生了改变，但各变量系数的方向及其显著性，与前文的回归结果相比，并没有本质意义上的改变，这也表明前文的回归检验结果具有稳定性，潜在的内生性问题并不足以影响本书的研究结论。

表 4－13 稳健性检验

变量	董事会社会资本（BSC）		董事会人力资本（BHC）	
	系数	T 值	系数	T 值
Constant	7.920***	5.281	−6.093***	−4.541
GGL	−0.224**	−2.760	0.927***	5.340
SIZE	−0.268*	−2.137	0.790***	5.080
LEV	3.012***	3.544	−2.516**	−3.312
CEOP	0.402+	1.749	−0222	−0.779
ESH	−1.014	−0.953	−2.282+	−1.731
INST	2.300***	3.570	1.198	1.500
PFIVES	1.679+	1.782	2.103+	1.802
SOE	−1.865***	−4.083	−0.517*	2.028
IND	控制		控制	
YEAR	控制		控制	
F 值	16.589		18.144	
Adj − R^2	0.259		0.274	

注：+、*、**、***分别表示相应系数的显著性水平为 $p<0.10$、$p<0.05$、$p<0.01$、$p<0.001$（双尾）。

第五章　董事会资本影响企业投资效率的机制

本章分析和解答关于“董事会资本如何影响企业的投资效率，以及具体的作用机制是什么”的问题。本章在以往研究的基础上，基于本书的理论模型，从董事会治理效应出发，探讨董事会资本影响企业投资效率的微观机制，并利用中国上市公司相关数据进行了实证检验。

第一节　理论分析与研究假设

在以往关于董事会治理与企业经济绩效（包括企业投资效率）的研究中，一个基本的研究逻辑是：企业董事会成员配置会影响董事会治理职能的有效发挥（Sur et al.，2013），进而影响企业的经济绩效。但在实际检验过程当中，许多研究是在董事会结构特征与绩效特征之间构建直接逻辑关系，而忽略了董事会的具体治理效应，从而使得现有研究存在较大的“推论跳跃”。

从董事会资本的研究文献来看，也存在同样的问题。Hillman 和 Dalziel（2003）提出董事会资本概念时，主要是从董事会的资源供给职能和监督职能出发，构建了董事会资本影响企业绩效的概念模型，但并没有进行实证检验。其他学者们在研究董事会资本与企业经济绩效的关系时，经常把董事会治理效应作为中介机制，如 Payne 等（2009）的研究。甚至部分学者直接将董事会治理效应作为公司经济绩效的代理变量（周建等，2010），过往研究也普遍认可了董事会治理效应与企业经济绩效正相关的观点（Sundaramurthy，Lewis，2003）。

不过遗憾的是，上述研究都没有提供直接的经验证据，也没有实证检验董事会资本影响企业经济绩效（包括投资效率）的具体作用机制。只有厘清了机制，才能更深刻地认识和理解董事会资本，才能有针对性地破解董事会治理的有效性问题，这就是本书的核心所在。基于此，我们将以往研究思路转化为董事会资本如何影响董事会治理职能，进而影响企业投资效率的，并利用中国上市公司相关数据，检验董事会资本的治理效应是否存在。如果存在，何种治理效应更重要？又究竟是如何影响企业投资效率的？

一、董事会治理职能的理解

董事会职能是指董事会承担的责任和义务。当前学术界的争议之处在于，对董事会职能范围的界定方面存在差异。Zahra 和 Pearce（1989）认为，董事会主要承担控制职能、战略职能和服务职能。Johnson 和 Colleagues（1996）则认为，董事会职能分为控制职能、资源依赖职能和服务职能三类。其中，控制职能主要是指董事会作为股东代表，对企业经理人进行监督，以确保经理人不会因为其自利行为而损害股东利益（Zahra，Pearce，1989）。其他三种职能内涵，我们在下文中有详细解释。国内学者对董事会职能范围的认定大多参考了国外的研究成果，如于东智（2004）、谢永珍（2006）、杨青等（2011）等认为，董事会职能应当包括监督职能和战略决策职能两类。刘玉敏（2006）认为，董事会应当承担监控管理层、为经理层提供支持以及为企业发展供给资源三种职能。

而事实上，Hillman 和 Dalziel（2003）在提出董事会资本概念时，专门就董事会职能范围认定情况进行了分析，指出，尽管不同学者在董事会职能范围方面的认识不同，但回归到理论基础来看，Zahra 和 Pearce（1989）提出的董事会战略职能和服务职能，以及 Johnson 和 Colleagues（1996）提出的董事会资源依赖职能和服务职能，其理论基础都来自于 Pfeffer 和 Salancik（1978）的董事会资源基础理论。

Zahra 和 Pearce（1989）的研究认为，董事会的服务职能是指董事应当“提升公司声誉，与外部环境之间保持联系以及向经理层提供咨询建议”；董事会的战略职能是指董事会应当“在战略决策过程中，通过咨询建议的方式向 CEO 等高级管理者提供自己的分析或替代方案，参与到企业战略决策活动中”（Zahra，Pearce，1989）。董事会的这两种职能都可以纳入 Pfeffer 和 Salancik（1978）研究中所指的董事会向组织提供的资源范畴中（Hillman，Dalziel，2003）。与之相似，Johnson 和 Colleagues（1996）将董事会服务职能界定为“董事会成员向 CEO 和其他高级管理者提供管理建议，并积极参与到战略决策制定中”，董事会资源依赖职能则是指“为企业发展获取关键性资源提供便利和支持”。上述关于董事会两种职能的认定同样可以归纳到 Pfeffer 和 Salancik（1978）研究中所提出的董事会资源供给功能范畴（Hillman，Dalziel，2003）。

因此，Hillman 和 Dalziel（2003）认为，将董事会职能归结为监督职能和资源供给职能，是对董事会职能更为准确的理解。本书核心概念——董事会资本主要来自于 Hillman 和 Dalziel（2003）的研究。为了保持研究概念理解的一致性，本书关于董事会职能范围的认定同样分为监督职能和资源供给职能两类。

二、董事会资本影响企业投资效率的监督效应

从已有研究来看，代理理论认为，两权分离所导致的代理问题的存在，会使得管理者为了建造“企业帝国”而出现过度投资现象。从行为金融学角度的相关文献来看，管理者存在过度自信等非理性特征。管理者的非理性行为会导致企业出现非效率投资现象。两者的研究角度虽然存在差异，但其解决企业投资效率问题的共同点在于，监督和改善管理者的投资决策行为。董事会资本能够直接影响董事会对企业管理者进行正确评价和有效监督的能力。加强董事会资本建设，有利于促进董事会监督控制职能的有效发挥，使董事会能够对管理者的代理行为以及非理性投资决策进行有效的监控，从而最终有助于企业投资效率的改善，这就是董事会资本的监督效应。

众所周知的是，在所有权和经营权分离的情况下，由于投资者与管理者之间的利益不一致所导致的代理问题，管理者可能将有限的资金用于能够提高私人收益的项目上，从而会导致企业投资效率发生偏离。正如 Jensen 和 Meckling（1976）的研究认为，“企业内部代理冲突的客观存在会形成代理成本，而代理成本会导致企业选择偏离最有效率的项目”（Jensen，Meckling，1976）。因此，企业代理问题的存在会影响企业的投资效率。

就中国企业而言，尽管中国上市公司的股权集中度比较高，但投资者与经理人之间的代理问题依然存在。尤其是在国有企业中，在所有者缺位的情况下，经理人的代理行为会更加突出。从行为金融学的视角来看，代理理论的研究是基于管理者遵循利己主义的理性决策者这一假设进行的，事实上，即使不存在代理问题，管理者也会存在一定程度的认知偏差和情绪波动，管理者的非理性行为会使投资决策偏离最优决策。因此，从代理理论和行为金融学视角出发，解决企业投资效率问题的关键，在于对企业管理者的代理行为和非理性投资决策行为进行有效的监控。

董事会资本能够体现董事会监督控制能力的异质性。如前文所述，当一个公司的董事会成员均来自全球知名的大企业，另一公司的董事会主要来自于区域性的小公司时，即便是两家公司的董事会结构相似、程序相同，但前者的经验、专业知识和社会声誉会使其在履行监督控制职能方面比后者更有效，从而导致两家企业的董事会治理效果存在差异（Hillman，Dalziel，2003）。从董事会资本所涉及的因素来看，董事会人力资本（年龄、教育程度、专业背景、职业经验）在

很大程度上能够反映个体的认知能力和专业技能，与个体的洞察力和信息处理能力有一定的正向关系（Wiersema，Bantel，1992）。董事会成员的人力资本水平越高，面对复杂投资决策环境时的洞察力越强，越能够敏锐地识别出经理人决策行为的自利性。董事会的社会资本能够提高董事会对经理人的约束能力，如社会声誉较高的董事显然对经理人具有更高的威慑力。因而，董事会资本的提高能够改善董事会的监督能力。

Kor 和 Sundaramurthy（2009）的研究认为，董事会资本决定了董事会如何有效地评价和影响管理者行为，如何保证企业战略决策的有效实施。Wincent 等（2009）的研究发现，受教育程度越高的董事会，越能够更好地监控企业的财务系统。Carpenter 和 Westphal（2001）的研究表明，董事会成员的专业技能和知识经验等人力资本，会影响其监督经理人和评价企业决策效果的效能。Jermias 和 Johnny（2008）的研究表明，专业能力和社会声誉高的董事能够更好地对管理者进行监控。

根据已有文献，假若董事会能够有效监督经理人，保证其以股东价值最大化为经营目标，这将有助于公司绩效的改善（Jense，Meckling，1976）。同理，董事会资本能够提升董事会对经理人的监督控制能力，董事会监督控制职能的有效发挥，能够缓解经理人在投资决策过程中的代理问题。同时，也有助于董事会对经理人的非理性投资决策行为进行有效的监控，从而有利于改善企业投资效率。

三、董事会资本影响企业投资效率的资源效应

信息不对称视角的研究认为，企业内部管理者和外部投资者之间的信息不对称，导致企业面临融资约束，从而出现投资不足现象。因而，解决企业非效率投资问题的关键，在于改善企业内外部之间的关系状态，缓解企业的融资约束。已有研究发现，董事会资本与董事会提供的四种资源（咨询和建议、合法性、交流途径以及获取资源与支持）正相关。拥有丰富人力资本和社会资本的董事会，一方面能够为企业管理者制定投资决策提供高质量的咨询建议，另一方面也能够为公司和外部组织的交流沟通，提供更有效的途径，缓解企业与外部投资者之间的信息不对称程度。同时，能够使企业通过非市场化的方式，获取企业的发展资源和合法性支持。从而董事会资本能够引导众多资源的流动与流向，使其成为了一种具有资源配置功能的基础性资源，使得董事会能够帮助企业缓解融资约束，并获取投资决策所需的政策、资金和信息，从而最终改善企业投资效率。这就是董事会资本的资源效应，具体如下：

首先，企业在制定和实施投资决策过程中，往往面临着不确定性和复杂性较高的任务环境。企业的投资效率取决于公司的专有信息，以及对任务环境的正确

理解。拥有与任务环境相关的专业知识和职业经验的董事，能够理解并帮助企业解决所面临的复杂问题（Bunderson，2003）。董事会人力资本越丰富，面对复杂投资决策环境时的洞察力越强，越能够敏锐地识别出环境中存在的机会和威胁，越能应付复杂的投资决策（Crabtree，Gomolka，1996），从而有助于提供更高质量的投资建议。同时，董事会的社会资本也有助于董事会提供咨询建议，Carpenter 和 Westphal（2001）的研究发现，企业董事会成员与其他组成所构建的社会关联，有助于董事会为企业发展提供更好的决策咨询，从而最终有利于改善企业绩效。总体上，资本较丰富的董事会，其专有信息、洞察力、信息处理能力、技能和知识水平较高，能更加清醒地识别和规避投资风险，创造性地解决投资决策过程中所面临的复杂问题（Finkelstein，1992），从而能够为管理者提供更好的咨询和建议。

其次，董事会资本直接关系公司的合法性与声誉（Daily，Schwenk，1996；Hambrick，Daveni，1992）。当企业董事会成员的声誉较高时，等于是向外界传递了一种信息，即该企业是有价值且值得投资的（Pfeffer，Salancik，1978）。董事会资本的获取机制决定了，董事会资本丰厚的企业更有可能是经营管理较好的优质企业。董事会人力资本的构建需要考虑董事会成员的教育程度、专业背景和职业经验等因素，董事会社会资本的构建主要是考虑董事会成员的商业联系和政治关联等因素。无论何种情况，优秀企业都有更大的可能性建立更深厚的董事会资本：经营管理好的企业更有可能获得董事市场的青睐；出于自身利益的考虑，声誉较高和具有商业资源或政治关联的董事更愿意选择到经营较好和未来盈利能力较强的企业任职。正因为经营管理和业绩较好的优秀企业更容易构建深厚的董事会资本，从而董事会资本在一定程度上可以视为，反映企业未来经营表现的一种声誉机制。董事会资本越丰厚，对于提升企业的合法性和声誉的促进作用越强。因此，具有深厚董事会资本的优秀企业，更有可能获得资金供给方的认可，最终有助于缓解企业融资约束。

再次，董事会资本提供了公司与外部组织进行沟通交流的渠道。在企业构建董事会资本的过程中，具有相关商业联系或政治关联的董事，本身就提供了信息沟通渠道。许为宾和周建（2014）的研究认为，董事会成员的社会关系网络有助于获取高质量的战略信息，增加企业对外部环境的认知。Hillman 等（1999）的研究发现，董事会成员的政治关联有助于促进政府与企业之间的沟通和信息交流。国内学者的研究也表明，董事会资本有助于企业与外部的信息交流。已有研究发现，具有银行背景的董事会更有助于提高银行对企业的了解程度，从而有助于企业获得银行贷款（刘浩等，2012）。具有政治关联的董事有助于企业与政府之间的沟通交流，从而有助于企业获得政府的资金支持（谢家智等）。总体上，董事会资本有助于降低企业与投资者之间的信息不对称程度，缓解企业融资约束造成的投资不足问题。同时，董事会资本也能够为企业与其他企业，以及政府相关部门之间建立起沟通渠道，帮助企业及时了解和获取市场信息以及政府的政策动态，从而有助于企业防范市场风险和政策风险，保障企业投资收益。

最后，董事会资本有助于企业从外界获取企业发展所需的其他重要资源。Boeker 和 Goodstein（1991）的研究指出，董事会的外部关系有助于企业获取如财务资金等关键资源。从国内学者的研究来看，董事会资本有助于企业获取政策性资源。在转型经济过程中，中国尚未形成完全以市场为主导的资源分配体系，行业管制情况也普遍存在，政府依然控制着市场资源的微观配置权（赵静、郝颖，2014），董事会资本不仅可以避免企业被侵害的可能性，同时也有助于企业优先获得政府补贴、融资贷款和税收优惠等政策性资源。Faccio 等（2006）的研究表明，企业的政治性社会资本有助于企业获得国有贷款。

综上所述，董事会资本可以通过上述两种治理效应影响企业投资效率。这两种治理效应的关键区别是：监督效应在于董事会资本的提高有助于董事会监督职能的有效发挥，使董事会能够对管理者的代理行为以及非理性决策行为进行有效监督，从而有利于企业投资效率的改善。资源效应在于董事会资本能够引导众多资源的流动与流向，使其成为了一种具有资源配置功能的基础性资源，使得董事会能够帮助企业并获取投资决策所需的政策、资金和信息，降低外部环境不确定性的影响，缓解企业融资约束，最终有利于提升企业投资效率。

综合上述分析，我们提出如下假设：

H5 -1：董事会资本通过监督效应影响企业投资效率。

H5 -2：董事会资本通过资源效应影响企业投资效率。

H5 -3a：董事会资本影响企业投资效率的关键在于监督效应。

H5 -3b：董事会资本影响企业投资效率的关键在于资源效应。

在本书中，我们以中国上市公司为样本，实证检验董事会资本影响企业投资效率的具体机制：董事会资本的监督效应与资源效应是否存在？如果存在，何种效应占主导地位，或者两种效应同等重要？

第二节 数据与模型

一、样本选择与数据来源

本书以 2011 ~2013 年中国上海证券交易所和深圳证券交易所 A 股上市公司

为研究样本。样本经过以下处理程序：①考虑 ST 企业财务处理的特殊性，对此类样本企业进行了删除。②考虑金融类和公共事业类企业的特殊性，对此类样本企业进行了删除。③对数据严重缺失的样本企业进行了删除。最后，为消除异常值的影响，对研究所涉及的主要连续变量，上下 1% 的样本进行了 Winsorize 处理，最后得到三年共计 2421 个观测值。

本章数据主要来源于手工整理数据和相关数据库数据。其中，董事会资本、CEO 权力数据一部分来自于 CSMAR 数据库中的“中国上市公司治理结构数据库”，另一部分来自于手工整理的公司年报中所披露的董事简历（该年报来源于巨潮资讯网：www. cninfo. com. cn）。股权特征方面的数据主要来自于 RESSET 数据库中的“股东与股本”数据库；投资效率测算所涉及的相关财务数据，以及其他财务数据主要来自于 CSMAR 数据库中的“中国上市公司财务报表数据库”。宏观经济数据来自于历年各省《国民经济和社会发展统计公报》。

在数据收集整理过程中，为了保证数据的准确性和一致性，本书对从不同途径所获取的数据进行了对比分析。本章采用的统计方法为多元线性回归和三阶段最小二乘回归（3SLS），统计软件采用 Excel 2003、SPSS 20.0、Stata 11.0。

二、变量设计

（一）被解释变量

企业投资效率（INV）。本章对企业投资效率的测量以 Richardson（2006）投资水平测度模型为基础，参考 McNichols 和 Stubben（2008）、Ahmed 和 Duellman（2011）、Badertscher 等（2013）、Balakrishnan 等（2014）、姜付秀等（2009）、张会丽和陆正飞等（2012）、王茂林等（2014）等的研究，采用企业实际投资水平与最优投资水平的偏离程度，对企业投资效率进行测量。具体计算过程请参见本书第三章第一节部分内容。

（二）解释变量

董事会资本（BC）。基于董事会资本的概念内涵，结合董事会资本在公司治理中的作用，借鉴 Hillman 和 Dalziel（2003）、周建等（2010、2013）、Haynes 和 Hillman（2010）等的研究，从董事会社会资本和董事会人力资本两个方面对董事会资本进行考量。在借鉴已有相关研究文献的基础上，选取了相应的测量指标，然后，采用两种方法对董事会资本进行测度：

一是采用主成分分析法构建董事会资本合成指标。二是将所有选取的董事会人力资本和社会资本的测量指标进行标准化处理后，计算其算数平均值。本章将选用第一种测量方法进行数据检验，第二种测量方法用于稳定性检验。具体指标选取及计算过程请参见本书第三章第一节部分内容。

监督效应（SCE）。考虑监督效应难以直接测量，我们采用间接方法进行测度。从已有研究文献以及本书第三章的分析来看，董事会监督职能的有效发挥，能够有效缓解企业内部代理问题，降低代理成本，即代理成本越低，企业董事会的监督效果越好。因此，我们用代理成本来反映企业董事会的监督效应。

代理成本具有较强的隐秘性，已有研究文献主要用间接方法进行测量（张兆国等，2008）。主要用到的替代性指标有闲置现金流、权益性市账比率（Raian，Zingales，1995）、管理费用率、资产周转率（James et al.，2000；吕长江、张艳秋，2002；邓莉等，2007；李寿喜，2007；罗明琦，2014）、资产利用率（王明琳等，2014）。从整体上来看，管理费用率和资产周转率为使用较多的测量代理成本的替代性指标。

具体到本书的研究，我们采用资产周转率进行代理成本的测量，其原因是：一是管理费用率主要用于反映经理人的过度在职消费所引起的浪费，主要适用于测量经理人的代理成本（李寿喜，2007；杨德明等，2009）。资产周转率主要用于反映由于经理人"偷懒"而导致的企业资产低效率使用，或由于经理人的机会主义行为以及错误决策（如投资了净现值为负的项目）等引起的代理成本（李寿喜，2007；王明琳等，2014）。本书主要研究对象为企业的投资决策及其效率问题，因而使用资产周转率指标更恰当。

二是根据中国现行会计准则，管理费用既包括一般的管理活动支出，也包括坏账损失、无形资产减值、固定资产减值以及存货损失等，使得管理费用指标包含的"噪声"较多。与之相比，资产周转率可能是更可靠的替代变量（罗明琦，2014）。

综合上述分析，本章选用资产周转率作为代理成本的替代指标，企业资产周转率越高，则代表企业代理成本越低，反映出企业董事会的监督效应越好。综上所述，该测量指标数值越高，企业董事会监督效应越好。

（三）控制变量

为了控制其他因素可能对本书检验结果造成的影响，在已有研究基础上，我们主要从公司层面、股东层面和董事会高管层面出发，对可能影响企业董事会资本配置的因素加以控制，具体如表5-1所示。

表5-1 变量设计

变量名称	符号	测量方式
企业投资效率	INV	参见第三章第一节内容
董事会资本	BC	参见第三章第一节内容
监督效应	SCE	采用企业资产周转率进行测量

续表

变量名称	符号	测量方式
公司规模	SIZE	企业总资产的自然对数
财务杠杆	LEV	企业资产负债率
上期经营绩效	ROA_{t-1}	上一期企业资产收益率
企业上市年龄	IPOAGE	观测期与企业 IPO 年度之间的年限
CEO 权力	CEOP	将 CEO 任期、持股、两职性等标准化处理后计算均值
高管持股比例	ESH	高层管理者中持股高管的持股比例之和
高管薪酬	COMP	前三名高管薪酬总额的自然对数
董事会独立性	INDIR	董事会中独立董事所占比例
大股东占款	OATC	其他应收款与总资产的比值
机构持股比例	INST	机构投资者持股比例之和
股权集中度	PFIVES	公司前五位大股东持股比例的平方和
产权性质	SOE	公司终极控制人性质为国有时取值为 1，否则为 0
地区经济发展状况	GDP	地区 GDP 年度总值的自然对数
行业效应	IND	根据 CSRC 分类，设置行业哑变量
年度效应	YEAR	年度哑变量

资料来源：本研究整理所得。

三、模型构建

根据上文理论分析，构建如下 3 个回归模型进行实证检验。

模型 1，如式（5－1）所示：

$$ACOST = a_0 + \mu BC + a_1 SIZE + a_2 LEV + a_3 ROA_{t-1} + a_4 IPOAGE + a_5 CEOP + a_6 ESH + a_7 COMP + a_8 INDIR + a_9 OATC + a_{10} INST + a_{11} PFIVES + a_{12} SOE + a_{13} GDP + CONTROL\_IND + CONTROL\_YEAR + \varepsilon_1 \quad (5-1)$$

模型 2，如式（5－2）所示：

$$INV = b_0 + \lambda_0 BC + b_1 SIZE + b_2 LEV + b_3 ROA_{t-1} + b_4 IPOAGE + b_5 CEOP + b_6 ESH + b_7 COMP + b_8 INDIR + b_9 OATC + b_{10} INST + b_{11} PFIVES + b_{12} SOE + b_{13} GDP + CONTROL\_IND + CONTROL\_YEAR + \varepsilon_2 \quad (5-2)$$

模型 3，如式（5－3）所示：

$$INV = c_0 + \lambda BC + \nu ACOST + c_1 SIZE + c_2 LEV + c_3 ROA_{t-1} + c_4 IPOAGE + c_5 CEOP + c_6 ESH + c_7 COMP + c_8 INDIR + c_9 OATC + c_{10} INST + c_{11} PFIVES + c_{12} SOE + c_{13} GDP + CONTROL\_IND + CONTROL\_YEAR + \varepsilon_3 \quad (5-3)$$

其中，a_0、b_0、c_0 分别为模型(5－1)～(5－3)的截距项，μ、ν、λ、λ_0、$a_1 \sim a_{13}$、$b_1 \sim b_{13}$、$c_1 \sim c_{13}$分别为模型(5－1)～(5－3)相应的变量系数，ε_{1-3}分别为模型(5－1)～(5－3)的残差，*CONTROL_IND* 和 *CONTROL_YEAR* 分别代表行业哑变量和年度哑变量。

第三节 实证检验结果与分析

一、描述性统计与相关分析

表5－2给出了样本公司在2011～2013年主要变量的描述性统计结果。企业投资效率（INV）的最小值为1.270、最大值为6.905、平均值为3.651、标准差为1.148，这说明不同企业的投资效率存在一定的差异。董事会资本（BC）的最小值为－1.034、最大值为1.005、平均值为0.005，标准差为0.004，董事会资本的均值与标准差相近，反映出样本企业在董事会资本方面的变异性比较大。高管持股（ESH）的平均值和标准差分别为0.055和0.126，表明上市公司管理者持股比例比较有限，这与于东智和谷立日（2001）、胡铭（2003）的研究结论一致。董事会独立性（INDIR）的最小值为0.300、最大值为0.800、平均值和标准差分别为0.418和0.104，这与相关制度所规定的，上市公司董事会成员中独立董事比例不小于1/3的要求基本一致。其余变量的描述性统计结果如表5－2所示。

表5－2 主要变量的描述性统计

变量	N值	最小值	最大值	平均值	标准差
INV	2421	1.270	6.905	3.651	1.148
BC	2421	－1.034	1.005	0.005	0.004
SCE	2421	0.102	2.599	0.669	0.461
SIZE	2421	19.945	25.648	21.989	1.204
LEV	2421	0.040	0.840	0.440	0.209
ROA_{t-1}	2421	－0.095	0.194	0.049	0.044
IPOAGE	2421	2.000	23.000	9.268	5.859
CEOP	2421	－1.342	1.938	－0.003	0.059
ESH	2421	0.000	0.617	0.055	0.126

续表

变量	N值	最小值	最大值	平均值	标准差
COMP	2421	12.532	15.857	14.097	0.681
INDIR	2421	0.300	0.800	0.418	0.104
OATC	2421	0.000	0.091	0.015	0.017
INST	2421	0.000	0.752	0.187	0.184
PFIVES	2421	0.014	0.624	0.175	0.124
SOE	2421	0	1	0.430	0.495
GDP	2421	0.206	6.230	3.270	1.765

表5-3为主要变量的相关系数分析，数据显示，董事会资本（BC）与监督效应（SCE）在1‰的水平上显著正相关，这表明企业董事会资本的提升有助于提升董事会的监督效应；监督效应（SCE）与企业投资效率（INV）在1‰的水平上显著正相关，这表明董事会监督治理职能的有效发挥会对企业投资效率产生积极影响；董事会资本（BC）与企业投资效率（SCE）在1‰的水平上显著正相关，这表明企业董事会资本的提升有助于改善企业投资效率。上述三个变量之间的相关关系，在一定程度上隐含着监督效应（SCE）可能在董事会资本（BC）与企业投资效率（SCE）之间发挥中介作用。此外，各变量之间的两两相关系数绝对值均小于0.4（最大值为0.398），表明各变量之间相互影响的重叠程度不高，初步表明不存在多重共线性问题。因此，适合进行进一步的多元统计回归分析。

表5-3 主要变量的相关性分析

变量	BC	SCE	SIZE	LEV	ROA_{t-1}	IPOAGE	CEOP	ESH
INV	0.170***	0.184***	0.131***	0.147***	-0.057**	0.175***	-0.048*	-0.071***
BC	1	0.108***	0.029	-0.056**	0.063**	-0.139***	-0.032	0.058**
SCE		1	0.022	0.145***	0.126***	0.111***	-0.040+	-0.118***
SIZE			1	0.375***	0.070**	0.314**	-0.209***	-0.264***
LEV				1	-0.214***	0.319***	-0.195***	-0.280***
ROA_{t-1}					1	-0.044*	0.028	0.035+
IPOAGE						1	-0.250***	-0.310***
CEOP							1	0.377***

续表

变量	COMP	INDIR	OATC	INST	PFIVES	SOE	GDP
INV	0.068 **	0.027	0.072 ***	-0.028	0.012	0.073 ***	0.055 **
BC	0.126 ***	0179 ***	0.032	0.136	0.018	-0.173 ***	0.051 *
SCE	0.114 ***	-0.062 **	0.027	0.050 *	0.074 ***	0.102 ***	0.027
SIZE	0.343 ***	-0.024	0.079 ***	0.166 ***	0.290 ***	0.398 ***	-0.042 *
LEV	0.146 ***	-0.013	0.205 ***	-0.016	0.094 ***	0.308 ***	-0.027
ROA_{t-1}	0.250 ***	-0.028	-0.055 **	0.193 ***	0.073 ***	-0.028	-0.039 +
IPOAGE	0.189 ***	-0.076 ***	0.072 ***	-0.007	-0.017	0.369 ***	-0.102 ***
CEOP	-0.043 *	-0.349 ***	-0.031	-0.115 ***	0.049 *	-0.254 ***	0.085 ***
ESH	-0.073 **	0.067 **	-0.048 *	-0.161 ***	-0.051 *	-0.352 ***	0.101 ***
COMP	1	-0.018 ***	0.071 **	0.206 ***	0.097 ***	0.145 ***	0.110 ***
INDIR		1	-0.034 +	0.031	0.034 +	-0.076 ***	0.035 +
OATC			1	0.017	-0.042 *	-0.032	-0.011
INST				1	0.037 +	0.070 **	0.031
PFIVES					1	0.155 ***	-0.003
SOE						1	-0.183 ***

注：+、*、**、***分别表示相应系数的显著性水平为 $p<0.10$、$p<0.05$、$p<0.01$、$p<0.001$（双尾）。

二、回归结果与分析

为了有效检验和比较董事会资本影响企业投资效率的机制，我们采用了如下研究策略：首先，检验企业董事会资本的提高是否提升了董事会的监督效应。其次，识别董事会资本影响企业投资效率的具体作用机制。最后，比较不同影响机制的重要性。

（一）董事会资本与监督效应

我们使用模型（5-1）来检验董事会资本配置水平的提高，是否能够提升董事会的监督效应。表5-4是对模型（5-1）进行检验的数据结果。结果显示，自变量和控制变量的方差膨胀因子（VIF）均小于4（最大值为3.500），小于普遍可接受的限值10，这表明数据不存在多重共线性问题。全样本回归D.W.值为1.975，说明模型不存在自相关问题。经过White检验，模型不存在异方差问题，无须修正模型。全样本检验的F值在1‰的显著性水平上显著，Adj-R^2为0.285。

为观察结果的稳定性，我们通过逐步加入控制变量和年度虚拟变量、行业虚拟变量的方式进行检验。在表5-4中可以发现：在列（1）中，在不加任何控制变量的情况下，解释变量董事会资本（BC）的系数在1‰的显著性水平上显著为正，估值系数为0.118。我们在列（2）中加入相关控制变量后，解释变量董事会资本（BC）的系数在1‰的显著性水平上显著为正，估值系数为0.157。我们在列（3）中进一步加入行业、年度虚拟变量后，解释变量董事会资本（BC）的系数在1‰的显著性水平上依然显著为正，估值系数为0.152。上述结果说明，企业增加董事会资本配置有助于其发挥监督职能，提升董事会的监督效应。

表5-4 董事会资本的监督效应

变量	系数（1）	系数（2）	系数（3）	VIF（4）
Constant	0.669*** (7.750)	1.841*** (7.445)	1.343*** (4.546)	—
BC	0.118*** (5.356)	0.157*** (7.127)	0.152*** (7.144)	1.140
SIZE		-0.115*** (-8.395)	-0.091*** (-8.063)	2.609
LEV		-0.588*** (-8.231)	-0.563*** (-8.979)	1.955
ROA_{t-1}		1.715*** (7.928)	1.491*** (6.991)	1.270
IPOAGE		0.005** (2.653)	0.003+ (1.654)	1.884
CEOP		0.015 (0.530)	0.008 (0.314)	3.500
ESH		-0.282* (-2.332)	-0.258* (-2.211)	3.059
COMP		0.069*** (4.464)	0.067*** (4.438)	1.480
INDIR		0.285* (2.433)	0.283* (2.463)	2.012
OATC		-0.252 (-0.477)	-0.391 (-0.750)	1.131

续表

变量	系数（1）	系数（2）	系数（3）	VIF（4）
INST		0.033 (0.637)	0.040 (0.801)	1.172
PFIVES		0.360*** (4.730)	0.356*** (4.755)	1.210
SOE		0.082*** (3.713)	0.086*** (3.996)	1.600
GDP		0.011* (2.048)	0.014*** (2.756)	1.123
IND/YEAR	不控制	不控制	控制	
F值	28.686***	22.893***	16.299***	
Adj - R^2	0.091	0.212	0.285	

注：+、*、**、***分别表示相应系数的显著性水平为 $p<0.10$、$p<0.05$、$p<0.01$、$p<0.001$（双尾），括号中为t值。

在表5-4中，我们发现控制变量的估计结果也符合经济直觉。企业规模（SIZE）与监督效应（SEC）在1%的显著性水平上负相关，估值系数为-0.091。这是因为，企业规模（SIZE）越大，企业的代理链条越长，企业内部治理越复杂，监督效应越差；企业资产负债率（LEV）与监督效应（SEC）在1%的显著性水平上负相关，估值系数为-0.563。因为，企业资产负债率（LEV）越高，企业董事会越需要发挥其资源供给职能，为企业获得资金支持提供帮助，这在一定程度上会分散其监督精力；董事会独立性（IDIR）与监督效应（SEC）在5%的显著性水平上正相关，估值系数为0.283。这说明董事会独立性越高，企业董事会的监督效应越好，这与已有研究结果基本相符合。

此外，高管持股比例（ESH）与监督效应负相关，高管薪酬（COMP）与监督效应正相关。这以数据检验结果表明：企业高管薪酬的增加，在一定程度上能够激励高管更加努力工作，从而降低了企业的代理成本。给予高管股权并没有产生激励相容的情况，反而因为高管持有股权，在一定程度上增加了高管权力及影响力，从而导致董事会对其监督控制的难度加大，降低了董事会的监督效应。这在一定程度上反映出薪酬激励和股权激励效应的差异性。

（二）董事会资本影响企业投资效率的机制检验

借鉴Almeida等（2004）的研究策略，使用模型（5-2）、模型（5-3）检验企业董事会资本是如何影响企业投资效率的。在模型（5-2）中，主要关注董事会资本是否能够影响企业投资效率，也就是关注董事会资本变量（BC）系数 λ_0 的符号及其显著性。假如 λ_0 显著为正，就表明董事会资本的提高能够改善投资效率。

在模型（5－3）中，主要分析董事会资本影响企业投资效率的基本机制。做法是在模型（5－2）的解释变量中同时引入董事会资本变量（BC）、监督效应变量（SCE）。在不控制 SCE 的情况下，BC 的估计系数 λ_0 包含了董事会资本的监督效应与资源效应。一旦通过控制变量 SCE 分离出监督效应，BC 的估计系数 λ_0 仅仅表示资源效应。检验的基本逻辑是：在模型（5－3）中，假如控制了 SCE 后，BC 的估计系数 λ 不再显著，则表明监督效应占主导；假如 SCE 的系数 v 不显著，而 BC 的估计系数 λ 显著，则表明资源效应占主导。假如 λ 和 v 都显著，则表明监督效应和资源效应都扮演了重要角色，需进一步比较两者之间的相对重要性。

表 5－5 是对模型（5－2）和模型（5－3）进行检验的数据结果。模型(5－2）和模型（5－3）的检验结果显示，自变量和控制变量的方差膨胀因子（VIF）均小于 4（最大值为 3.500），小于普遍可接受的限值 10，这表明数据不存在多重共线性问题。全样本回归 D. W. 值分别为 1.917 和 1.951，说明模型不存在自相关问题。经过 White 检验，模型不存在异方差问题，无须修正模型。全样本检验的 F 值在 1‰的显著性水平上显著，Adj－R^2 分别为 0.289 和 0.318。

表 5－5 董事会资本影响企业投资效率的机制检验

变量	系数（5）	VIF（6）	系数（7）	VIF（8）
Constant	2.375** (3.045)	—	1.696* (2.206)	—
BC	0.239*** (4.257)	1.140	0.163** (2.912)	1.165
SCE			0.505*** (9.516)	1.246
SIZE	0.066* (2.206)	2.609	0.112*** (3.768)	2.680
LEV	0.252+ (1.692)	1.955	－0.032 (－0.217)	2.037
ROA_{t-1}	－0.406 (－0.720)	1.270	－1.159* (－2.075)	1.296

续表

变量	系数（5）	VIF（6）	系数（7）	VIF（8）
IPOAGE	0.020*** (3.895)	1.844	0.019*** (3.643)	1.846
CEOP	0.151* (2.155)	3.500	0.147* (2.134)	3.500
ESH	−0.531+ (−1.726)	3.059	−0.401 (−1.326)	3.065
COMP	−0.009 (−0.225)	1.480	−0.043 (−1.090)	1.492
INDIR	0.558+ (1.839)	2.012	0.702** (2.350)	2.017
OATC	2.359+ (1.713)	1.131	2.566+ (1.891)	1.131
INST	−0.240+ (−1.828)	1.172	−0.260* (−2.018)	1.172
PFIVES	−0.176 (−0.890)	1.210	−0.356+ (−1.825)	1.222
SOE	0.070 (1.223)	1.600	0.026 (0.466)	1.611
GDP	0.035* (2.574)	1.123	0.027* (2.081)	1.126
IND/YEAR	控制		控制	
F值	17.219***		19.735***	
Adj−R^2	0.289		0.318	

注：+、*、**、***分别表示相应系数的显著性水平为 $p<0.10$、$p<0.05$、$p<0.01$、$p<0.001$（双尾），括号中为t值。

根据表5−5的检验结果，在第（5）列中，董事会资本（BC）的系数在1‰的显著性水平上显著为正，估值系数为0.239。这表明企业强化董事会资本配置、提高董事会资本水平能够显著改善企业投资效率。第（7）列数据则清楚地表明了董事会资本影响企业投资效率的基本机制：董事会资本通过监督效应和资源效应显著改善了企业投资效率。从数据检验结果来看，SCE的估计系数 v 在1‰的显著性水平上显著为正，估值为0.505，说明董事会监督效应越好，企业代理成本越低，企业投资效率就越高。在上一节中，表5－4的检验结果显示：董事会资本（BC）与董事会监督效应显著正相关。因此，董事会资本能够通过监督效应促进企业生产率的提升。这一结果支持了本章的研究假设5－1。

假如董事会资本仅仅通过监督效应发挥作用，那么在控制代理成本变量（SCE）之后，董事会资本变量（BC）的系数应当不再显著。但根据检验结果，我们发现董事会资本（BC）的估值系数 λ 在1‰的显著性水平上依然显著为正。这表明即便控制董事会资本的监督效应，企业投资效率依然能够受益于董事会资本水平的改善。因此，资源效应也是影响企业投资效率的重要机制。这一结果支持了本章的研究假设5－2。

接下来，我们从数量上检验董事会资本的监督效应和资源效应的相对重要性。首先，分别检验董事会资本通过监督效应和资源效应引起的企业投资效率的变动情况。其次，对两者之间的差异进行比较。其中，董事会资本通过资源效应引起的企业投资效率的变动，为模型（5－3）中董事会资本变量（BC）的估计系数 λ。通过监督效应引起的企业投资效率的变动，为模型（5－3）中监督效应变量（SCE）的估计系数 v 和模型（5－1）中董事会资本（BC）的估计系数 u 的乘积。参考 Cameron 和 Trivedi（2005）的做法，进行相关显著性检验，除检验 H_0：$k=0$ 由直接回归进行处理之外，其余均采用 Bootstrap 方法反复抽样1000次得到。检验结果如下：

表5－6显示，董事会资本通过资源效应引起的企业投资效率的 λ 约为0.1625（在1%的水平上显著）；通过监督效应引起的企业投资效率的变动 uv 约为0.0767（在1%的水平上显著）。差异性检验 H_0：$\lambda-uv=0$ 显示，两者之间的差异在5%的水平上显著，表明董事会资本的资源效应远远超过监督效应。前者约占董事会资本总效应的67.93%［=0.1625÷（0.1625+0.0767）］，后者约占32.07%，资源效应占主导地位。这一结果支持了本章的研究假设5－3b。

表5－6 董事会资本的监督效应与资源效应

影响效应	假设	（9）对应表5－5第（7）列
董事会资本通过资源效应引起的企业投资效率变动	λ H_0：$\lambda=0$	0.1625** （0.0036）
董事会资本通过监督效应引起的企业投资效率变动	uv H_0：$uv=0$	0.0767** （0.0016）
资源效应和监督效应所引起的投资效率变动之差	$\lambda-uv$ H_0：$\lambda-uv=0$	0.0858* （0.0209）

注：H_0 表示检验的原假设，括号内是相应检验的显著性p值，+、*、**、***分别表示相应系数的显著性水平为 $p<0.10$、$p<0.05$、$p<0.01$、$p<0.001$（双尾）。

三、稳健性检验

为了保证研究结论的稳定性和可靠性，首先，我们做了如下敏感性检验：一是企业投资效率计算模型中的企业成长性指标，由营业收入增长率改为托宾 Q 测量。二是采用了将企业监督效应的测量改为管理费用率进行测度。三是将董事会资本指标改为标准化处理后的算术平均值进行测量。我们对模型进行了重新检验，总体上，稳健性检验结果与本书结论无实质性差异。

其次，为了避免内生性问题可能给研究结论带来的负面影响，参考 Agrawal 和 Knoeber（1996）的做法，我们将模型（5－1）、模型（5－2）、模型（5－3）组成联立方程，采用三阶段最小二乘法（3SLS）进行检验。检验分两步：一是把模型（5－2）中的解释变量董事会资本（BC）替换为监督效应指标（SCE），检验董事会资本影响企业投资效率的监督效应机制。二是与前文采取的策略相似，我们在模型中同时引入董事会资本（BC）和监督效应（SCE）变量，检验除监督效应之外，董事会资本影响企业投资效率是否存在资源效应。

表 5－7 显示了检验结果。在第（10）列中，监督效应方程中 BC 的估计系数在 1‰的水平上显著为正，估值为 0.101；投资效率方程中 SCE 的估计系数依然在 1‰的水平上显著为正，估值为 0.569，从而再次确认了监督效应的存在。同时在第（11）列中，监督效应方程中 BC 正向显著，投资效率方程中 BC 和 SCE 均正向显著，又一次表明资源效应和代理成本效应均发挥了作用。采用与前文相同的分析方法进行检验发现，资源效应依然占据主导地位。

表 5－7　董事会资本影响投资效率的机制检验：3SLS

	（10）	（11）
投资效率方程估计结果（被解释变量 INV）		
SCE	0.569*** （4.003）	0.535*** （3.782）
BC		0.172** （2.829）
CONROLS	控制	控制
IND	控制	控制
YEAR	控制	控制
Adj－R^2	0.235	0.252

续表

	(10)	(11)
监督效应方程估计结果（被解释变量 SCE）		
BC	0.106*** (4.040)	0.101*** (3.835)
CONROLS	控制	控制
IND	控制	控制
YEAR	控制	控制
$Adj-R^2$	0.217	0.226

注：+、*、**、***分别表示相应系数的显著性水平为 $p<0.10$、$p<0.05$、$p<0.01$、$p<0.001$（双尾），括号中为 t 值。

第六章　政府治理与董事会资本在影响企业投资效率方面的关系

本章是在第三章理论分析以及第四章、第五章经验证据的基础上，进一步分析政府治理、董事会资本和企业投资效率之间的关系，并检验董事会资本是否在政府治理与企业投资效率之间发挥中介作用。当企业为了应对政府治理差异而调整董事会资本配置之后，董事会资本与政府治理的匹配性如何影响企业绩效？从而为关于“政府治理与企业董事会资本，两者在影响企业投资效率上的作用关系是什么”的问题提供解答和经验证据。

第一节　政府治理与企业投资效率：董事会资本的中介效应

一、研究假设

在前面章节中，本书假设政府治理水平会影响企业的董事会资本配置（详见第四章内容），董事会资本又会影响企业的投资效率（详见第五章内容）。这两个假设在一定程度上隐含着，董事会资本是政府治理影响企业投资效率的中间转化机制。董事会作为公司治理的核心机制，通过发挥其监督控制职能和战略参与职能，影响企业投资决策行为及其经济后果，董事会治理职能的有效发挥取决于董事会资本的配置情况（Haynes，Hillman，2010）。根据资源基础观，企业利用独特的资源和能力来实现企业的可持续竞争优势，其背后的逻辑在于企业内部的资源和能力增加了企业的效率和效力（罗明新等，2013）。正是企业董事会资本配置的不同，导致了董事会治理能力的差异，进而导致了企业投资效率差异。公司治理结构内生于制度环境，董事会资本配置作为公司治理的重要制度安排同样内生于制度环境。政府作为宏观制度环境的主要提供者和执行者，政府治理水平直接关系到制度环境的优劣，政府治理是制度环境背后的机制。

依据上述逻辑，差异性的政府治理水平导致不同地区的企业，在其董事会建设过程中，对董事会资本进行了不同情况的配置，董事会资本配置又会影响企业投资效率状况。事实上，从现有文献来看，以往研究从理论上分别肯定了政府治理状况对公司治理机制的影响作用，以及公司治理机制（包括董事会资本）对企业投资效率的影响。但较少有研究把两者相结合，将董事会资本视为政府治理影响企业投资效率的中间转化机制。现有的一些相关研究的部分观点为本书提供了启示，具体如下：

众所周知，企业总是生存在一定的环境之中，必须要对其所生存的外部环境进行分析并做出相应反应（Miles，Snow，1978；Peng，2003）。权变理论认为，组织应当根据所处的外部环境条件的变化，来调整内部管理模式。事实上，在一个相对稳定的制度环境中，企业的适应能力越好，越能够对宏观经济政策进行较好的预测，越能够在公共制度层面避免损失和获得市场机会。但对于转型经济国家而言，宏观公共政策的不可预测性和制度环境的不稳定性恰恰是其显著特征。企业所面临的制度环境越不完善，环境不确定性风险越高，企业就越有必要对制度环境进行分析，并在其治理结构方面做出相应的反应。

从当前中国国情来看，正如前文所述，中国特色的财税分权改革，对地方政府形成了发展经济的刺激。但由于社会历史发展差异和资源禀赋不同，不同地区在政府治理方面存在较大差异。在地区横向经济竞争压力下，地方政府发挥着“政治企业家”的作用，承担着进行地方公共治理制度改革、提高地区资源配置效率和促进经济增长的责任和义务（陈德球等，2011）。那么，在此情况下，干预企业的微观经济活动，就成为地方政府实现其行政目标的重要手段之一。特别是在中国这样的新兴市场国家，地方政府通过其所能提供的产权保护、法律执行、行政审批效率、税收政策等公共治理制度安排来影响企业的治理行为。

董事会资本包括人力资本和社会资本，董事会社会资本又可以分为商业性资本和政治性资本，这些董事会资本的不同维度之间存在着异质性，其主要作用也不一样。董事会人力资本直接关系董事会成员的治理能力和水平，董事会社会资本有利于直接或间接降低市场交易成本，获得特殊的市场权力。在政府治理水平较差的情况下，政府所提供的公共制度安排难以对企业契约的履行提供较好的保障。使得企业在获取融资便利、投资机会以及特殊资源等方面更加依赖于企业的社会资本，尤其是政治性社会资本。那么，在此情况下，在董事会建设过程中，企业对董事会社会资本的诉求会更强烈。

但是，董事会社会资本的积累本身也是需要成本的（白璇等，2012），而且这些社会资本的维持还会引起一定的“寻租”问题。在政府治理水平变好，市场交易机制的规范性较高，市场的公平性和竞争性增强的情况下，董事会的社会资本，尤其是政治性社会资本所发挥的作用越来越小，在此情况下，企业未必愿意花费巨额成本来寻求此类社会资本。从已有研究文献，如石军伟和付海燕（2010）、陈倩倩和尹义华（2014）等来看，也间接地为这一论断提供了经验证据。石军伟和付海燕（2010）的研究证实，在市场经济发达的地区，等级制社会资本（对应于本书的政治性社会资本）的影响作用在弱化。陈倩倩和尹义华（2014）的研究证实，随着制度环境的改善，企业对社会资本的依赖性在下降。那么，既然在政府治理较好的情况下，董事会社会资本的影响在弱化，作为一种理性选择，企业在董事会建设过程中，会弱化董事会社会资本尤其是董事会政治性社会资本的配置。也就是说，政府治理水平差异对企业董事会资本配置选择产生了不同的影响。

董事会资本是董事会治理职能有效发挥的保障（Haynes，Hillman，2010）。依据资源依赖理论，董事会是企业从内外部环境中获取资源性支持的一种机制。已有研究发现，董事会资本与董事会提供的四种资源正相关。拥有丰富人力资本和社会资本的董事会，能够为公司和外部组织的交流沟通提供更有效的途径；能够帮助企业及时获得有价值的市场信息；从而降低企业决策者所面临的不确定性，提高决策质量。合法性和资源性支持则直接关系到公司投资决策是否能够顺利实施。因此，董事会资本会影响董事会参与企业投资决策的有效性，进而影响企业投资效率。

同时，从委托—代理理论的视角来看，董事会是解决企业所有者和管理者之间代理问题的重要机制。如果董事会能够对管理层和企业投资决策进行有效的监督与控制，那么投资决策的经济效果将得以提高（Watts，Zimmerman，1980）。正如前文所述，董事会资本决定了董事会如何有效地评价和影响管理者行为，如何保证企业战略决策的有效实施（Kor，Sundaramurthy，2009）。Carpenter 和 Westphal（2001）发现，董事的经验知识技能会影响其工作效能，没有相应资本的董事缺乏识别和正确评价管理层及其投资决策行为的能力。董事会资本可以通过作用于董事会的监督与控制能力进而影响企业的投资效率。因此，董事会资本是影响企业投资效率的重要前置性因素，差异化的董事会资本配置也必然会导致企业投资效率出现差异。

综上所述，我们可以得到这样的逻辑线索：政府治理水平差异会影响企业的董事会资本配置选择，董事会资本直接关系董事会治理职能的有效发挥，进而会影响企业的投资效率。因此，我们认为，政府治理对企业投资效率的影响，部分地可以视作通过影响企业董事会资本来实现。基于此，我们提出如下研究假设：

H6-1：董事会资本在政府治理与企业投资效率关系中发挥中介作用。

二、数据与模型

（一）样本选择与数据来源

本书以2010~2014年中国上海证券交易所和深圳证券交易所A股上市公司为研究样本。其中，自变量政府治理水平的观测期间为2010~2012年，因变量董事会（社会/人力）资本的观测期间为2011~2013年。其原因是：考虑全球金融危机所引起的市场震荡状态，为了保持市场环境的相对稳定性，我们主要选择金融危机基本结束后的时期。同时，第十二届全国人民大表大会第一次会议于2013年3月5日开幕，即自2013年起，中国开始了新一届政府的执政时期。为了规避政府换届事件可能对研究稳定性产生的消极影响，所以，本书将政府治理水平的观测时间截至2012年。考虑到公司治理行为对政治环境变化的反应可能需要一定的时间，因此，本书将董事会资本相关指标观测时间滞后一期，观测期为2011~2013年。为了避免可能存在的内生性问题，以及考虑企业投资决策对外部环境变化和董事会治理变化可能需要一定的时间，本书将企业投资效率指标滞后两期，观测期为2012~2014年。

样本经过以下处理程序：①考虑ST企业财务处理的特殊性，对此类样本企业进行了删除。②考虑到金融类和公共事业类企业的特殊性，对此类样本企业进行了删除。③对数据严重缺失的样本企业进行了删除。最后，为消除异常值的影响，对研究所涉及的主要连续变量，上下1%的样本进行了Winsorize处理，最后得到三年共计2679个观测值。

本章数据的来源与第四章和第五章相同，主要来源于手工整理数据和相关数据库数据。手工整理数据主要来自于上市公司年报、《中国分省经营环境指数报告》等。数据库选用包括锐思数据库（RESSET）、色诺芬数据库（CCER）以及国泰安数据库（CSMAR）。

在数据收集整理过程中，为了保证数据的准确性和一致性，本书对从不同途径所获取的数据进行了对比分析。本章采用的统计方法为多元线性回归，统计软件采用Excel 2003、SPSS 20.0、Stata 11.0。

（二）变量设计

1. 被解释变量

企业投资效率（INV）。本章对企业投资效率的测量以Richardson（2006）投资水平测度模型为基础，参考McNichols和Stubben（2008）、Ahmed和Duellman（2011）、Badertscher等（2013）、Balakrishnan等（2014）、姜付秀等（2009）、张会丽和陆正飞等（2012）、王茂林等（2014）等的研究，采用企业实际投资水平与最优投资水平的偏离程度，对企业投资效率进行测量。具体计算过程请参见本书第三章第一节部分内容。

2. 解释变量

政府治理水平（GGL），主要用于测量不同地区的政府治理状况。具体测量指标选择与计算过程及方法，请参见第三章第一节部分内容，此处不再赘述。

董事会资本（BC），主要用于测度企业的董事会资本水平。具体测量指标选择与计算过程及方法，请参见本书第三章第一节部分内容，此处不再赘述。

董事会社会资本（BSC），主要用于测度企业董事会社会资本水平。具体测量指标选择与计算过程及方法，请参见第三章第一节部分内容，此处不再赘述。

董事会人力资本（BHC），主要用于测度企业董事会人力资本水平。具体测量指标选择与计算过程及方法，请参见本书第三章第一节部分内容，此处不再赘述。

3. 控制变量

鉴于本章是对第四章和第五章的综合分析，因此，本章主要选择了前两章中的控制变量。本章分别从公司层面、股东层面和董事会高管层面考虑相关控制因素，具体如表 6-1 所示。

表 6-1　变量设计

变量名称	符号	测量方式
企业投资效率	INV	参见本书第三章第一节部分内容
政府治理水平	GGL	参见本书第三章第一节部分内容
董事会资本	BC	参见本书第三章第一节部分内容
董事会社会资本	BSC	参见本书第三章第一节部分内容
董事会人力资本	BHC	参见本书第三章第一节部分内容
公司规模	SIZE	企业总资产的自然对数
财务杠杆	LEV	企业资产负债率
上期经营绩效	ROA_{t-1}	采用上一期企业资产收益率进行测量
企业上市年龄	IPOAGE	采用观测期与企业 IPO 年度之间的年限进行测量
CEO 权力	CEOP	将 CEO 任期、持股、两职性等标准化处理后计算均值
高管持股比例	ESH	高层管理者中持股高管的持股比例之和
高管薪酬	COMP	前三名高管薪酬总额的自然对数
董事会独立性	INDIR	董事会中独立董事所占比例
大股东占款	OATC	其他应收款与总资产的比值
机构持股比例	INST	机构投资者持股比例之和

续表

变量名称	符号	测量方式
股权集中度	PFIVES	公司前五位大股东持股比例的平方和
产权性质	SOE	公司终极控制人性质为国有时取值为1，否则为0
地区经济发展状况	GDP	地区 GDP 年度总值的自然对数
行业效应	IND	根据 CSRC 分类，设置行业哑变量
年度效应	YEAR	年度哑变量

（三）模型构建

根据上文理论分析，本书构建如下 3 个回归模型进行实证检验。具体如下：

模型 1，如式（6－1）所示：

$$INV = a_0 + kGGL + a_1SIZE + a_2LEV + a_3ROA_{t-1} + a_4IPOAGE + a_5CEOP + a_6ESH + a_7COMP + a_8INDIR + a_9OATC + a_{10}INST + a_{11}PFIVES + a_{12}SOE + a_{13}GDP + CONTROL\_IND + CONTROL\_YEAR + \varepsilon_1 \tag{6-1}$$

模型 2，如式（6－2）所示：

$$BC = b_0 + uGGL + b_1SIZE + b_2LEV + b_3ROA_{t-1} + b_4IPOAGE + b_5CEOP + b_6ESH + b_7COMP + b_8INDIR + b_9OATC + b_{10}INST + b_{11}PFIVES + b_{12}SOE + b_{13}GDP + CONTROL\_IND + CONTROL\_YEAR + \varepsilon_2 \tag{6-2}$$

模型 3，如式（6－3）所示：

$$INV = c_0 + k_0GGL + vBC + c_1SIZE + c_2LEV + c_3ROA_{t-1} + c_4IPOAGE + c_5CEOP + c_6ESH + c_7COMP + c_8INDIR + c_9OATC + c_{10}INST + c_{11}PFIVES + c_{12}SOE + c_{13}GDP + CONTROL\_IND + CONTROL\_YEAR + \varepsilon_3 \tag{6-3}$$

其中，a_0、b_0、c_0 分别为模型（6－1）～（6－3）的截距项，u、v、k、k_0、$a_1 \sim a_{13}$、$b_1 \sim b_{13}$、$c_1 \sim c_{13}$分别为模型（6－1）～（6－3）相应的变量系数，ε_{1-3}分别为模型（6－1）～（6－3）的残差，*CONTROL_IND* 和 *CONTROL_YEAR* 分别代表行业哑变量和年度哑变量。

根据本书第一章“研究方法”部分对中介效应检验方法的分析论证，本部分中介效应的检验采用有别于 Baron 和 Kenny（1986）的逐步法的新的检验程序，具体内容请参见本书第一章“研究方法”部分内容，在此不作赘述。

三、实证检验结果与分析

（一）描述性统计与相关分析

表 6－2 给出了样本公司在 2010～2014 年主要变量的描述性统计结果。企业投资效率（INV）的最小值为 1.271、最大值为 6.905、平均值为 3.810、标准差

为1.177，这说明不同企业的投资效率存在一定的差异。上市公司所在地区的政府治理水平（GGL）的最小值为0.555、最大值为9.666、均值为5.943、标准差为1.881，这表明不同地区的政府治理水平存在一定的差异。

全体样本上市公司的董事会资本（BC）的最小值为-1.034、最大值为1.005、平均值为0.005，标准差为0.004；董事会社会资本（BSC）的最小值为-0.925、最大值为1.963、均值为0.985、标准差为0.563；董事会人力资本（BHC）的最小值为-0.810、最大值为2.493、均值为0.720、标准差为0.689，这表明样本企业的董事会资本配置方面存在较大差异。

其余变量的描述性统计结果如表6-2所示。

表6-2 主要变量的描述性统计

变量	N值	最小值	最大值	平均值	标准差
INV	2679	1.271	6.905	3.810	1.177
GGL	2679	0.555	9.666	5.943	1.881
BC	2679	-1.034	1.005	0.005	0.004
BHC	2679	-0.810	2.493	0.720	0.689
BSC	2679	-0.925	1.963	0.985	0.563
SIZE	2679	19.875	25.521	21.776	1.181
LEV	2679	0.028	0.832	0.400	0.223
ROA_{t-1}	2679	-0.056	0.201	0.057	0.041
IPOAGE	2679	1.000	22.000	7.520	6.023
CEOP	2679	-2.078	1.872	-0.146	0.065
ESH	2679	0.000	0.630	0.071	0.014
COMP	2679	11.912	15.696	13.906	0.745
INDIR	2679	0.300	0.800	0.401	0.095
OATC	2679	0.000	0.098	0.013	0.017
INST	2679	0.000	0.721	0.171	0.170
PFIVES	2679	0.012	0.612	0.279	0.122
SOE	2679	0.000	1.000	0.400	0.390
GDP	2679	0.161	5.706	2.915	1.598

表6-3为主要变量的相关系数分析。从Pearson相关系数来看，表中数据显示，政府治理水平（GGL）与企业投资效率（INV）在5%的水平上显著正相关。政府治理水平（GGL）与董事会资本（BC）在1%的水平上显著正相关，政府治

理水平（GGL）与董事会人力资本（BHC）在1‰的水平上显著正相关，政府治理水平（GGL）与董事会社会资本（BSC）在1%的水平上显著负相关。

表6－3　主要变量的相关性分析

变量	GGL	BC	BHC	BSC	SIZE	LEV	ROA_{t-1}	IPOAGE
INV	0.021*	0.061**	0.058**	0.016*	0.191***	0.185***	−0.051**	0.198***
GGL	1	0.092***	0.082***	−0.062**	−0.061**	−0.103***	0.027	−0.114***
BC		1	0.292***	0.336***	0.016	−0.045*	0.071***	−0.148***
BHC			1	0.031	0.047*	−0.062**	0.068***	−0.144***
BSC				1	−0.035+	0.063**	0.074***	−0.089***
SIZE					1	0.361***	0.034+	0.357***
LEV						1	−0.196***	0.305***
ROA_{t-1}							1	−0.070***
变量	CEOP	ESH	COMP	INDIR	OATC	INST	PFIVES	SOE
INV	−0.067**	−0.094***	0.114***	0.025	0.038*	−0.003	0.002	0.109***
GGL	0.119***	0.114***	0.133***	−0.056***	−0.004	−0.022	0.060***	−0.146***
BC	0.082***	0.039*	0.081***	0.082***	0.016	0.108***	0.026	−0.175***
BHC	−0.006	−0.007	0.089***	0.010	−0.008	0.030	0.086***	−0.046*
BSC	0.054**	0.026	0.006	0.002	−0.014	0.051**	0.017	−0.132***
SIZE	−0.253***	−0.296***	0.353***	0.027	0.077***	0.164***	0.256***	0.318***
LEV	−0.234***	−0.322***	0.190***	0.016	0.223***	0.044*	0.068***	0.342***
ROA_{t-1}	0.033+	0.036+	0.196***	−0.013	−0.072**	0.175***	0.076***	−0.037+
IPOAGE	−0.319***	−0.333***	0.226***	0.010	0.123***	0.053**	−0.060**	0.497***
CEOP	1	−0.395***	−0.091***	−0.373***	−0.065**	−0.080***	−0.040*	−0.327***
ESH		1	−0.145***	0.039*	−0.073***	−0.156***	−0.055**	−0.368***
COMP			1	−0.017	0.048*	0.211***	0.081***	0.205***
INDIR				1	0.011	−0.008	0.050**	0.024
OATC					1	0.046*	−0.056**	0.012
INST						1	−0.015	0.106***
PFIVES							1	0.126***
SOE								1

注：+、*、**、***分别表示相应系数的显著性水平为 $p<0.10$、$p<0.05$、$p<0.01$、$p<0.001$（双尾）。

董事会资本（BC）、董事会人力资本（BHC）、董事会社会资本（BSC）均与企业投资效率（INV）显著正相关。这就预示着董事会资本配置，在政府治理水平与投资效率之间可能发挥中介作用。

各变量之间的两两相关系数绝对值均小于0.4（最大值为0.395），表明各变量之间相互影响的重叠程度不高，初步表明不存在多重共线性问题（本书将在后续回归中做进一步检验）。因此，适合进行进一步的多元统计回归分析。

（二）实证检验结果

1. 董事会资本中介效应的检验

采用模型（6-1）、模型（6-2）、模型（6-3），验证董事会资本在政府治理水平与企业投资效率之间的中介效应。结果显示，自变量和控制变量的方差膨胀因子（VIF）均小于4（最大值为3.952），小于普遍可接受的限值10，表明数据不存在多重共线性问题。模型（6-1）、模型（6-2）、模型（6-3）检验回归D.W.值分别为2.002、1.903和1.997，说明模型不存在自相关。经过White检验，模型不存在异方差，无须修正模型。模型检验的F值均在1‰的显著性水平上显著，$Adj-R^2$ 分别为0.189、0.188和0.192。

表6-4是对模型（6-1）、模型（6-2）、模型（6-3）进行检验的数据结果。在第（1）列中，政府治理水平（GGL）的系数在10%的显著性水平上显著为正，估值系数为0.024，这表明政府治理水平的提升有助于企业投资效率的改善。在第（2）列中，政府治理水平（GGL）的系数在5%的显著性水平上显著为正，估值系数为0.096，这表明政府治理水平的提升会促使企业加强董事会资本建设。在第（3）列中，我们将政府治理水平（GGL）和董事会资本（BC）纳入同一方程进行检验，政府治理水平（GGL）的估值系数在10%的水平上显著为正，估值系数为0.019，董事会资本（BC）的估值系数在1%的水平上显著为正，估值系数为0.057。

表6-4 董事会资本的中介效应

变量	投资效率INV（1）	BC（2）	INV（3）
Constant	1.713* (2.260)	-7.532** (-2.738)	1.846* (2.437)
GGL	0.024+ (1.922)	0.096* (2.103)	0.019+ (1.789)
BC			0.057** (3.312)

续表

变量	投资效率 INV（1）	BC（2）	INV（3）
SIZE	0.139*** (4.843)	0.329** (3.163)	0.133*** (4.640)
LEV	0.288* (2.146)	0.311 (0.639)	0.283* (2.109)
ROA_{t-1}	-0.251 (-0.430)	2.525 (1.189)	-0.296 (-0.507)
IPOAGE	0.012* (2.274)	-0.086*** (-4.570)	0.013* (2.563)
CEOP	-0.021 (-0.318)	0.046 (0.191)	-0.022 (-0.331)
ESH	0.070 (0.257)	-1.003 (-1.1017)	0.088 (0.323)
COMP	-0.012 (-0.336)	0.445** (3.334)	-0.020 (-0.551)
INDIR	0.366 (1.131)	3.011* (2.565)	0.313 (0.967)
OATC	-0.802 (-0.605)	3.927 (0.816)	-0.871 (-0.658)
INST	-0.219 (-1.603)	2.422*** (4.889)	-0.262+ (-1.912)
PFIVES	-0.203 (-1.030)	0.240 (0.336)	-0.207 (-1.054)
SOE	0.040 (0.701)	-1.565*** (-7.557)	0.068 (1.176)
GDP	0.007 (0.494)	-0.032 (-0.602)	0.008 (0.534)
IND/YEAR	控制	控制	控制
F 值	18.273***	18.260***	18.376***
$Adj-R^2$	0.189	0.188	0.192

注：+、*、**、***分别表示相应系数的显著性水平为 $p<0.10$、$p<0.05$、$p<0.01$、$p<0.001$（双尾），括号中为 t 值。

比较列（1）和列（3）的数据可以发现，当加入董事会资本变量后，政府治理水平与企业投资效率的正相关关系依然在10%的显著性水平上成立，但估值系数明显减弱（由0.024降低到0.019）。同时，因为模型（6-2）中政府治理水平（GGL）的系数 u 与模型（6-3）中董事会资本（BC）的系数 v 的乘积（uv），与模型（6-3）中的政府治理水平（GGL）的系数 k_0 同号，这表明董事会资本（BC）在政府治理水平（GGL）与企业投资效率（INV）的关系中发挥了中介作用，中介效应占总效应的22.8%（0.096×0.057/0.024）。

在上述检验中，我们可以发现，尽管检验结果表明董事会资本的中介效应的数值比较低，仅占总效应的22.8%。但不可否认，数据结果证实了本章的研究假设H6-1，即董事会资本在政府治理水平与企业投资效率关系中起中介作用。

需要指出的是，本书上述检验过程利用董事会资本（BC）总体水平进行数据分析，实际上忽视了董事会资本不同维度的具体特质。董事会资本的不同维度对政府治理的敏感性存在差异。在本书第四章的检验结果中清晰地看到，企业董事会人力资本（BHC）水平与政府治理水平（GGL）显著正相关，董事会社会资本（BSC）水平与政府治理水平（GGL）显著负相关。这种差异性的检验结果，要求我们必须做进一步的更细致的检验分析。

根据董事会资本的基本内涵，董事会资本包括人力资本和社会资本两部分。因此，为了更清晰地理解董事会资本在政府治理水平与企业投资效率之间的作用，我们对董事会资本的不同维度分别进行中介效应的检验。在模型建构方面，我们将模型（6-1）、模型（6-2）、模型（6-3）中的董事会资本（BC）变量分别替换为董事会人力资本（BHC）和董事会社会资本（BSC）变量，并以此为基础进行相关检验。

2. 董事会人力资本中介效应的检验

表6-5是对董事会人力资本中介效应的检验结果。在表6-5第（4）列中，政府治理水平（GGL）的系数在10%的显著性水平上为正，估值系数为0.024，这表明政府治理水平的提升有助于企业投资效率的改善。在第（5）列中，政府治理水平（GGL）的系数在5%的显著性水平上为正，估值系数为0.159，这表明政府治理水平的提升会促使企业加强董事会人力资本建设。在第（6）列中，将政府治理水平（GGL）和董事会人力资本（BHC）纳入同一方程进行检验，政府治理水平（GGL）的估值系数在10%的水平上显著为正，估值系数为0.018，董事会人力资本（BHC）的估值系数在1‰的水平上显著为正，估值系数为0.037。

表6-5　董事会人力资本的中介效应

变量	投资效率 INV（4）	BHC（5）	INV（6）
Constant	1.713 * (2.260)	-6.305 *** (-5.945)	2.019 ** (2.651)
GGL	0.024 + (1.922)	0.159 * (2.207)	0.018 + (1.775)
BHC			0.037 *** (3.592)
SIZE	0.139 *** (4.843)	0.600 *** (3.585)	0.132 *** (4.599)
LEV	0.288 * (2.146)	-1.669 * (-2.219)	0.308 * (2.294)
ROA_{t-1}	-0.251 (-0.430)	0.515 (0.880)	-0.257 (-0.441)
IPOAGE	0.012 * (2.274)	-0.185 *** (-6.118)	0.014 ** (2.676)
CEOP	-0.021 (-0.318)	-0.294 (-0.760)	-0.018 (-0.267)
ESH	0.070 (0.257)	-2.937 + (-1.852)	0.104 (0.383)
COMP	-0.012 (-0.336)	1.049 *** (4.885)	-0.025 (-0.666)
INDIR	0.366 (1.131)	1.295 (1.852)	0.351 (1.087)
OATC	-0.802 (-0.605)	9.373 (1.211)	-0.911 (-0.688)
INST	-0.219 (-1.603)	0.312 (0.391)	-0.222 (-1.633)
PFIVES	-0.203 (-1.030)	1.912 + (1.661)	-0.225 (-1.145)
SOE	0.040 (0.701)	-0.197 (-0.590)	0.042 (0.742)

续表

变量	投资效率 INV（4）	BHC（5）	INV（6）
GDP	0.007 （0.494）	0.204* （2.413）	0.005 （0.331）
IND/YEAR	控制	控制	控制
F 值	18.273***	18.756***	18.413***
Adj - R^2	0.189	0.194	0.193

注：+、*、**、*** 分别表示相应系数的显著性水平为 $p<0.10$、$p<0.05$、$p<0.01$、$p<0.001$（双尾），括号中为 t 值。

比较列（4）和列（6）的数据可以发现，当加入董事会人力资本变量后，政府治理水平与企业投资效率的正相关关系依然在 10% 的显著性水平上成立，但估值系数明显减弱（由 0.024 降低到 0.018）。同时，因为模型（6-2）中政府治理水平（GGL）的系数 u 与模型（6-3）中董事会人力资本（BHC）的系数 v 的乘积（uv）与模型（6-3）中的政府治理水平（GGL）的系数 k_0 同号，这表明董事会人力资本（BHC）在政府治理水平（GGL）与企业投资效率（INV）的关系中发挥中介作用，中介效应占总效应的 24.5%（0.159×0.037/0.024）。

3. 董事会社会资本中介效应的检验

表 6-6 是对董事会社会资本中介效应的检验结果。

在表 6-6 第（7）列中，政府治理水平（GGL）的系数在 10% 的显著性水平上显著为正，估值系数为 0.024，这表明政府治理水平的提升有助于企业投资效率的改善。在第（8）列中，政府治理水平（GGL）的系数在 1‰的显著性水平上显著为负，估值系数为 -0.257，这表明政府治理水平的下降会促使企业加强董事会社会资本建设。在第（9）列中，我们将政府治理水平（GGL）和董事会社会资本（BSC）纳入同一方程进行检验，政府治理水平（GGL）的估值系数在 5% 的水平上显著为正，估值系数为 0.026，董事会社会资本（BSC）的估值系数在 5% 的水平上显著为正，估值系数为 0.008。

表 6-6 董事会社会资本的遮掩效应

变量	投资效率 INV（7）	BSC（8）	INV（9）
Constant	1.713* （2.260）	4.877*** （4.068）	1.595* （2.098）

续表

变量	投资效率 INV（7）	BSC（8）	INV（9）
GGL	0.024^{+} (1.922)	−0.257*** (−4.324)	0.026* (2.081)
BSC			0.008* (1.971)
SIZE	0.139*** (4.843)	−0.382** (−2.760)	0.142*** (4.944)
LEV	0.288* (2.146)	2.290*** (4.162)	0.246^{+} (1.812)
ROA_{t-1}	−0.251 (−0.430)	1.285*** (3.645)	−0.333 (−0.568)
IPOAGE	0.012* (2.274)	−0.074** (−2.942)	0.012* (2.384)
CEOP	−0.021 (−0.318)	0.716* (2.237)	−0.027 (−0.404)
ESH	0.070 (0.257)	−2.630* (−2.006)	0.091 (0.334)
COMP	−0.012 (−0.336)	0.344^{+} (1.940)	−0.015 (−0.411)
INDIR	0.366 (1.131)	2.276 (1.459)	0.384 (1.187)
OATC	−0.802 (−0.605)	−4.640* (−2.289)	−0.686 (−0.517)
INST	−0.219 (−1.603)	1.607* (2.440)	−0.232^{+} (−1.696)
PFIVES	−0.203 (−1.030)	0.911 (0.958)	−0.210 (−1.067)
SOE	0.040 (0.701)	−1.656*** (−6.016)	0.053 (0.925)

续表

变量	投资效率 INV（7）	BSC（8）	INV（9）
GDP	0.007 （0.494）	-0.033 （-0.478）	0.007 （0.513）
IND/YEAR	控制	控制	控制
F 值	18.273***	16.954***	18.163***
$Adj-R^2$	0.189	0.174	0.190

注：+、*、**、***分别表示相应系数的显著性水平为 $p<0.10$、$p<0.05$、$p<0.01$、$p<0.001$（双尾），括号中为 t 值。

比较表 6-6 中第（7）列和第（9）列的相关数据可以发现，当加入董事会社会资本变量后，政府治理水平与企业投资效率的正相关关系依然在 5% 的显著性水平上成立，但估值系数增加（由 0.024 上升到 0.026）。同时，因为模型（6-2）中政府治理水平（GGL）的系数 u 与模型（6-3）中董事会社会资本（BSC）的系数 v 的乘积（uv）与模型（6-3）中的政府治理水平（GGL）的系数 k_0 异号，这表明董事会社会资本（BHC）在政府治理水平（GGL）与企业投资效率（INV）的关系中起遮掩作用，遮掩效应占总效应的 8.5% [=（-0.275×0.008）÷0.026]。

董事会社会资本之所以会对政府治理水平与企业投资效率的关系产生遮掩效应，我们认为可能的原因是：尽管政府治理水平越低，企业对董事会社会资本的诉求越强烈（本书第三章已经验证），但这不等于政府治理水平的改善，就会降低企业对董事会社会资本的需求。其原因可能是：在当前的中国行政管理体制下，地方官员为了实现政治晋升，很难放弃对企业经营活动的干预（李文贵、余明桂，2012）。因此，尽管政府治理的改善会对地区的制度环境产生积极影响，但并不一定就会很好地改善政府行为背后的实质性个体——官员的消极影响，从而出现“歪嘴和尚念经”的问题。在此情形下，企业依然需要通过强化董事会社会资本来加以应对。这隐含的一个可能性是，在政府治理改善的情况下，企业依然可以或能够通过董事会社会资本来获取超额收益。当企业能够依靠非市场的方式获取发展资源和超额利润，并进而形成竞争优势时，在一定程度上会遮掩掉市场环境改善对企业经营发展所带来的积极影响。

第二节　董事会资本与政府治理的匹配对企业投资效率的影响

一、研究假设

权变理论认为，企业组织是社会大系统中的一个开放型的子系统，企业组织必须根据所处的环境，采取相应的组织管理措施，使组织保持对环境的最佳适应（Woodwards et al.，1980）。因而，组织环境是组织形式的重要决定因素。战略管理的任务就是如何让组织更好地与环境相匹配（何铮等，2006）。就董事会治理研究来看，企业的董事会资本配置是否适当并有效，可以从该董事会资本配置状况，是否实现了企业与其所面对的组织权变因素之间的良好匹配（Fit or Alignment）来衡量。在本书中则归结为，作为内部治理机制的企业董事会资本配置，与作为外部治理机制的政府治理水平的匹配情况。

Hillman 和 Dalziel（2003）在整合代理理论和资源依赖理论的基础上，提出董事会资本概念时指出，董事会资本与董事会治理能力之间存在清晰的关系，但对于董事会资本与外部环境及企业经济后果之间的关系，并未进行深入探究，而是潜在地认为无论在何种情况下，董事会人力资本和社会资本都有助于企业经济后果（本书研究主要聚焦于企业投资效率这一经济指标）的改善。一般来讲，尽管匹配有时可能是偶然或运气的结果，但对处于转型经济背景下的中国企业来讲，政府依然控制着市场资源的微观配置权，从而能够在一定程度上影响企业部门的生产经营活动（赵静、郝颖，2014）。因而，企业仍然需要根据外部政府治理情境的变化，来调整董事会资本配置，使其成为企业重要而稀缺的组织资源。所以，企业董事会资本配置与政府治理情境密不可分。

从研究现状来看，关于企业董事会资本与政府治理情境之间的匹配，在对企业投资效率影响的研究中尚不多见。多数研究集中于探析企业社会资本与投资效率或其他经济绩效的关系，如何依赖于政府所提供的制度环境的问题。此类研究尽管与本书并不直接相关，但其研究逻辑却可以为本书提供间接证据。具体如下：

从已有相关研究来看，在法律和金融等正式制度不完善的地区，企业的社会资本更有利于提高企业投资效率（陈晓芸、吴超鹏，2013）。徐业坤等（2013）的研究证明，企业的政治关联等政治性资本会促进企业的投资支出，但两者之间的关系会受到政治不确定性等外在政治环境的影响。石军伟和付海燕（2010）的研究表明，在经济欠发达地区，企业更偏向于利用等级制社会资本获取市场权力，但在市场化程度较高的地区，等级制社会资本与企业经营效率显著负相关（石军伟、付海燕，2010）。陈倩倩和尹义华（2014）的研究证实，制度环境越差，企业越渴望加强其社会资本建设。同时，在制度环境较差的情况下，权力性社会资本对企业价值影响较大，在制度不断完善的情况下，市场性社会资本的影响越来越大（陈倩倩、尹义华，2014）。

从上述经验证据可发现，不同的企业社会资本对企业经济后果（投资效率或经济绩效）的影响存在差异，两者之间的关系又依赖于制度环境发生变化。我们以陈倩倩和尹以华（2014）的研究为例进行分析，可以得到这样的逻辑：在制度环境较差的情况下，企业在其社会资本配置中强化权力性社会资本，则有利于提升企业价值；在制度环境不断完善的情况下，企业在其社会资本配置中不断强化市场性社会资本，则有利于企业价值的提升。即企业需要根据外在环境变化，有选择地进行其社会资本配置，实现其与制度环境的匹配，从而有利于企业价值的提升。

从上述研究逻辑中我们可以得到这样的启示：从本书主题来看，一个企业如果能够在不同的政府治理情境下，有选择地强化董事会资本的不同配置，实现在董事会资本与外部政府治理情境之间进行良好的匹配，将有利于企业董事会发挥其监督控制和资源供给职能，缓解公司代理成本和政府代理成本，获取信息和资源，降低企业所面对的外部环境的不确定性风险，最终提升企业投资效率。

Venkatraman（1989）对“匹配”的概念内涵及其测量方法进行了整理，根据“匹配”概念涉及的变量个数及其测量标准，将“匹配”的观点分成六种情况：多变量的整体有机性（Gestalts）、多变量的协同变异（Covariation）、与理性模式的偏离状况（Profile Deviation）、两个相关变量之间的相配（Match）、调节或交互（Morderate or Interaction）、中介或干预（Intermediary or Intervention）（Venkatraman，1989）。从现有研究来看，当研究涉及两个变量之间的匹配并且以效率指标（如有效性、绩效等）作为测量标准时，较多地采用中介或调节的方式。

此外，调节/交互的观点较好地反映了一个隐含概念：等效性。“当从不同的最初状态出发，通过不同的方式实现最终状态的相同时，这一状况称之为等效性”（Katz，Kahn，1978）。根据等效性的观点，不同的董事会资本配置都可能对企业投资效率产生积极影响。企业投资效率不仅依赖于企业董事会资本本身，更依赖于董事会资本配置的有效性。因此，企业在进行董事会资本建构以提升投资效率的过程中，应当具有相当程度的董事会资本配置选择性和灵活性。

基于以上分析，本书将匹配视为两个变量的共同作用，即两个变量的交互作用。也就是说，企业可以有针对性地进行董事会资本配置，而不同的政府治理情境对企业的董事会资本要求不同。并且一般来说，即使企业的董事会资本再强，也不可能在所有的政府治理情境下都能够促进企业投资效率的提升。因此，当企业的董事会资本配置与外在政府治理情境相匹配时，企业投资效率改善才有可能。

鉴于中国当前的转型经济背景下，正式制度虽然日臻完善但依然欠缺，政府依然控制着市场资源的微观配置权，地方政府及其官员的行为，构成了企业外部治理环境的重要组成部分。我们预期在政府治理水平较低的地区，企业强化董事会社会资本配置，更有利于企业获取相关政策和资源性支持，缓解企业融资约束，增加企业的投资机会、提升企业投资效率。在政府治理水平较高的地区，政府职能逐渐到位，对微观经济组织的干预性行为相对较少，市场能更好地发挥对资源配置的基础性作用。较高的市场化程度和竞争压力要求企业配置较高的人力资本。那么在此情况下，企业强化董事会人力资本建设，更有助于提高企业投资决策质量，提升企业投资效率。基于以上分析，本书提出如下假设：

H6－2a：政府治理较好的情况下，企业强化董事会人力资本配置能够改善企业投资效率。

H6－2b：政府治理较差的情况下，企业强化董事会社会资本配置能够改善企业投资效率。

二、数据与模型

（一）样本选择与数据来源

本书以2010～2013年中国上海证券交易所和深圳证券交易所A股上市公司为研究样本。其中，自变量政府治理水平和董事会（社会/人力）资本的观测期间为2010～2012年，为了避免可能存在的内生性问题，以及企业投资决策对外部环境变化和董事会治理变化可能需要一定的时间，本书将企业投资效率指标滞后一期，观测期为2011～2013年。

样本经过以下处理程序：①考虑ST企业财务处理的特殊性，对此类样本企业进行了删除。②考虑到金融类和公共事业类企业的特殊性，对此类样本企业进行了删除。③对数据严重缺失的样本企业进行了删除。最后，为消除异常值的影响，对研究所涉及的主要连续变量，上下1%的样本进行了Winsorize处理，最后得到三年共计2421个观测值。

本章数据与第四章和第五章相同，主要来源于手工整理数据和相关数据库数据。手工整理数据主要来自于上市公司年报、《中国分省经营环境指数报告》

等。数据库选用包括锐思数据库（RESSET）、色诺芬数据库（CCER）以及国泰安数据库（CSMAR）。

在数据收集整理过程中，为了保证数据的准确性和一致性，本书对从不同途径获取的数据进行了对比分析。本章采用的统计方法为多元线性回归，统计软件采用 Excel 2003、SPSS 20.0、Stata 11.0。

（二）变量设计

1. 被解释变量

企业投资效率（INV），本章对企业投资效率的测量以 Richardson（2006）的投资水平测度模型为基础，参考 McNichols 和 Stubben（2008）、Ahmed 和 Duellman（2011）、Badertscher 等（2013）、Balakrishnan 等（2014）、姜付秀等（2009）、张会丽和陆正飞等（2012）、王茂林等（2014）等的研究，采用企业实际投资水平与最优投资水平的偏离程度，对企业投资效率进行测量。具体计算过程请参见本书第三章第一节部分内容。

2. 解释变量

政府治理水平（GGL），主要用于测量不同地区的政府治理状况。具体测量指标选择与计算过程及方法，请参见第三章第一节部分内容，此处不再赘述。

董事会社会资本（BSC），主要用于测度企业董事会社会资本水平。具体测量指标选择与计算过程及方法，请参见第三章第一节部分内容，此处不再赘述。

董事会人力资本（BHC），主要用于测度企业董事会人力资本水平。具体测量指标选择与计算过程及方法，请参见第三章第一节部分内容，此处不再赘述。

3. 控制变量

鉴于本章是对第四章和第五章的综合分析，因此，本章主要选择了前两章中的控制变量。具体如表 6-7 所示。

表 6-7　变量设计

变量名称	符号	测量方式
企业投资效率	INV	参见本书第三章第一节部分内容
政府治理水平	GGL	参见本书第三章第一节部分内容
董事会资本	BC	参见本书第三章第一节部分内容
董事会社会资本	BSC	参见本书第三章第一节部分内容
董事会人力资本	BHC	参见本书第三章第一节部分内容
公司规模	SIZE	企业总资产的自然对数
财务杠杆	LEV	企业资产负债率
上期经营绩效	ROA_{t-1}	采用上一期企业资产收益率进行测量
企业上市年龄	IPOAGE	采用观测期与企业 IPO 年度之间的年限进行测量

续表

变量名称	符号	测量方式
CEO 权力	CEOP	将 CEO 任期、持股、两职性等标准化处理后计算均值
高管持股比例	ESH	高层管理者中持股高管的持股比例之和
高管薪酬	COMP	前三名高管薪酬总额的自然对数
董事会独立性	INDIR	董事会中独立董事所占比例
大股东占款	OATC	其他应收款与总资产的比值
机构持股比例	INST	机构投资者持股比例之和
股权集中度	PFIVES	公司前五位大股东持股比例的平方和
产权性质	SOE	公司终极控制人性质为国有时取值为 1，否则为 0
地区经济发展状况	GDP	地区 GDP 年度总值的自然对数
行业效应	IND	根据 CSRC 分类，设置行业哑变量
年度效应	YEAR	年度哑变量

资料来源：本研究整理所得。

（三）模型构建

根据上文理论分析，构建了如下 2 个回归模型对假设进行实证检验。具体如下：

模型 1，如式（6－4）所示：

$$INV = a_0 + a_1 BHC + a_2 BGGL + a_3 BHC \times BGGL + a_4 SIZE + a_5 LEV + a_6 ROA_{t-1} + a_7 IPOAGE + a_8 CEOP + a_9 ESH + a_{10} COMP + a_{11} INDIR + a_{12} OATC + a_{13} INST + a_{14} PFIVES + a_{15} SOE + a_{16} GDP + CONTROL\_IND + CONTROL\_YEAR + \varepsilon_1 \quad (6-4)$$

模型 2，如式（6－5）所示：

$$INV = b_0 + b_1 BSC + b_2 WGGL + b_3 BSC \times WGGL + b_4 SIZE + b_5 LEV + b_6 ROA_{t-1} + b_7 IPOAGE + b_8 CEOP + b_9 ESH + b_{10} COMP + b_{11} INDIR + b_{12} OATC + b_{13} INST + b_{14} PFIVES + b_{15} SOE + b_{16} GDP + CONTROL\_IND + CONTROL\_YEAR + \varepsilon_2 \quad (6-5)$$

其中，a_0、b_0 分别为模型（6－4）～（6－5）的截距项，$a_1 \sim a_{16}$、$b_1 \sim b_{16}$ 分别为模型（6－4）～（6－5）相应的变量系数，ε_{1-2} 分别为模型（6－4）～（6－5）的残差，*CONTROL_IND* 和 *CONTROL_YEAR* 分别代表行业哑变量和年度哑变量。

三、实证检验结果与分析

（一）描述性统计与相关分析

表6－8给出了样本公司在2010～2013年主要变量的描述性统计结果。企业投资效率（INV）的最小值为1.270、最大值为6.905、平均值为3.651、标准差为1.148，这说明不同企业的投资效率存在一定的差异。全样本上市公司所在地区的政府治理水平（GGL）的最小值为0.555、最大值为9.666、年均值为5.943、标准差为1.881，这表明不同地区的政府治理水平存在一定的差异。全体样本上市公司的董事会社会资本（BSC）最小值为－0.985、最大值为1.955、年均值为0.959、标准差为0.585，这表明样本企业的董事会社会资本和董事会人力资本两方面均存在较大差异。

表6－8　主要变量的描述性统计

变量	N值	最小值	最大值	平均值	标准差
INV	2421	1.270	6.905	3.651	1.148
GGL	2421	0.555	9.666	5.943	1.881
BHC	2421	－0.835	2.804	0.679	0.681
BSC	2421	－0.985	1.955	0.959	0.585
SIZE	2421	19.875	25.521	21.850	1.195
LEV	2421	0.028	0.832	0.423	0.218
ROA_{t-1}	2421	－0.056	0.201	0.057	0.043
IPOAGE	2421	1.000	22.000	8.268	5.858
CEOP	2421	－2.078	1.872	－0.038	0.062
ESH	2421	0.000	0.630	0.059	0.133
COMP	2421	11.912	15.696	13.959	0.729
INDIR	2421	0.300	0.800	0.401	0.095
OATC	2421	0.000	0.098	0.014	0.018
INST	2421	0.000	0.721	0.177	0.172
PFIVES	2421	0.012	0.612	0.178	0.122
SOE	2421	0	1	0.430	0.496
GDP	2421	0.161	50707	2.937	1.621

高管持股（ESH）的平均值和标准差分别为0.059和0.133，这说明上市公司管理者持股比例比较有限，这与于东智和谷立日（2001）、胡铭（2003）的研

究结论一致。董事会独立性（INDIR）的最小值为0.300、最大值为0.800、平均值和标准差分别为0.401和0.095，这与中国上市公司独立董事相关制度所规定的上市公司董事会成员中独立董事的比例不小于1/3的要求基本一致。其余变量的描述性统计结果见表6－8。

表6－9为主要变量的相关系数分析，从Pearson相关系数的检验结果来看，表中数据显示，各变量之间的两两相关系数绝对值均小于0.4（最大值为0.399），表明各变量之间相互影响的重叠程度不高，初步表明不存在多重共线性问题（本文将在后续回归中做进一步检验）。因此，适合进行进一步的多元统计回归分析。

表6－9　主要变量的相关性分析

变量	BHC	BSC	GGL	SIZE	LEV	ROA_{t-1}	IPOAGE	CEOP
INV	0.077 ***	0.084 ***	0.014 *	0.160 ***	0.146 ***	−0.093 ***	0.175 ***	−0.028
BHC	1	0.007	0，122	0.066 **	−0.022	0.065 **	−0.100 ***	−0.030
BSC		1	−0.121	0.011	0.024	0.007	−0.062 **	0.059 **
GGL			1	−0.079 ***	−0.107 ***	0.006	−0.133 ***	0.142 ***
SIZE				1	0.339 ***	0.031	0.330 ***	−0.234 ***
LEV					1	−0.200 ***	0.348 ***	−0.202 ***
ROA_{t-1}						1	−0.062 **	0.035 +
IPOAGE							1	−0.296 ***

变量	ESH	COMP	INDIR	OATC	INST	PFIVES	SOE	GDP
INV	−0.070 **	0.079 ***	−0.039	0.049 *	−0.029	−0.018	0.074 ***	0.059 ***
BHC	−0.016	0.090 ***	0.038 +	0.011	0.041 *	0.091 ***	−0.017	0.015
BSC	0.024	0.053 **	−0.016	−0.014	0.059 **	0.042 *	−0.071 ***	0.065 ***
GGL	0.149 ***	0.172 ***	−0.041 *	−0.010	−0.011	0.053 **	−0.178 ***	0.233 ***
SIZE	−0.276 ***	0.335 ***	0.023	0.058 **	0.148 ***	0.271 ***	0.399 ***	−0.032
LEV	−0.291 ***	0.131 ***	0.007	0.201 ***	0.007	0.080 ***	0.304 ***	−0.043 *
ROA_{t-1}	0.042 *	0.211 ***	−0.009	−0.071 **	0.187 ***	0.071 ***	−0.035 +	−0.053 **
IPOAGE	−0.323 ***	0.163 ***	−0.003	0.093 ***	0.010	−0.051 *	0.374 ***	−0.103 ***
CEOP	0.373 ***	−0.036 +	0.393 ***	−0.050 *	−0.064 **	−0.044 *	−0.313 ***	0.135 ***
ESH	1	−0.074 ***	0.037 +	−0.059 **	−0.136 ***	−0.049 *	−0.358 ***	0.121 ***
COMP		1	−0.027	0.022	0.192 ***	0.089 ***	0.159 ***	0.144 ***
INDIR			1	−0.004	−0.003	0.047 *	0.022	−0.041 *
OATC				1	0.037 +	−0.055 **	−0.020	−0.039 +
INST					1	−0.005	0.076 ***	0.036 +
PFIVES						1	0.141 ***	0.007
SOE							1	−0.188 ***

注：+、*、**、***分别表示显著性水平为 $p<0.10$、$p<0.05$、$p<0.01$、$p<0.001$（双尾检验）。

（二）实证检验结果

本文采用模型（6-4），验证政府治理水平、董事会人力资本和企业投资效率之间的关系；采用模型（6-5），验证政府治理水平、董事会社会资本和企业投资效率之间的关系。结果显示，自变量和控制变量的方差膨胀因子（VIF）均小于4（最大值为3.985），小于普遍可接受的限值10，这表明数据不存在多重共线性问题。模型（6-1）和模型（6-2）检验回归D.W.值分别为2.039、2.029，说明模型不存在自相关问题。经过White检验，模型不存在异方差问题，无须修正模型。模型（6-1）和模型（6-2）检验的F值均在1‰的显著性水平上显著，Adj-R^2分别为0.196和0.192。

表6-10显示，根据第（1）列的检验结果可知，董事会人力资本（BHC）的系数估计值为0.107，政府治理水平（GGL）的系数估计值为0.010，而交互项BHC×GGL的系数在10%的水平上显著为正。

表6-10 董事会资本与政府治理水平的匹配性检验

变量	(1)	(2)
Constant	2.098** (2.766)	1.472+ (1.938)
BHC	0.107* (2.358)	
BSC		0.095+ (1.891)
GGL	0.010+ (1.763)	0.012* (2.225)
BHC×GGL	0.106+ (1.803)	
BSC×GGL		-0.190* (-2.395)
SIZE	0.120*** (4.412)	0.136*** (4.709)
LEV	0.142 (1.045)	0.068 (0.502)
ROA_{t-1}	-1.338* (-2.307)	-1.414* (-2.431)
IPOAGE	0.019*** (3.676)	0.016** (3.066)
CEOP	0.075 (1.092)	0.063 (0.917)
ESH	-0.168 (-0.574)	-0.192 (-0.655)
COMP	-0.026 (-0.699)	-0.018 (-0.475)
INDIR	-0.168 (-0.506)	-0.139 (-0.416)
OATC	1.147 (0.869)	1.476 (1.115)
INST	-0.261 (1.901)	-0.291* (-2.109)
PFIVES	-0.353+ (-1.751)	-0.318 (-1.576)
SOE	0.018 (0.322)	0.033 (0.581)
GDP	0.034* (2.286)	0.035* (2.343)

续表

变量	(1)	(2)
IND/YEAR	控制	控制
F值	7.793***	7.463***
Adj-R^2	0.196	0.192

注：+、*、**、***分别表示相应系数的显著性水平为 $p<0.10$、$p<0.05$、$p<0.01$、$p<0.001$（双尾），括号中为t值。

同时，从图6-1来看，将政府治理水平（以均值为区分标准）分为较好和较差两组时，发现董事会人力资本与企业投资效率之间的关系受政府治理水平的影响，两者在方向上没有明显变化，但其关系强度存在差异。在政府治理较好的地区，企业投资效率对董事会人力资本变动更敏感，较高的董事会人力资本水平能够改善企业的投资效率。这也就意味着，在政府治理水平较好的地区，企业加强董事会人力资本建设，更有助于提升企业投资效率。研究结果支持了本书的研究假设H6-2a。

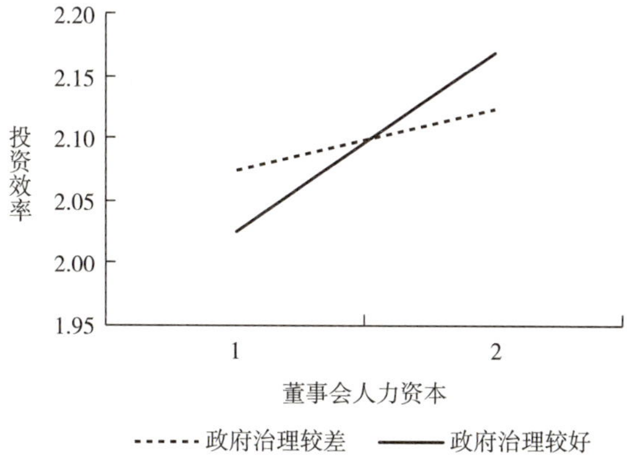

图6-1 董事会人力资本与政府治理水平的匹配

根据表6-10中第（2）列的数据检验结果可知，董事会社会资本（BSC）的系数估计值为0.095，政府治理水平（GGL）的系数估计值为0.012，而交互项BSC×GGL的系数在5%的显著性水平上显著为负。

同时，从图6-2来看，将政府治理水平（以均值为区分标准）分为较好和较差两组时，发现董事会社会资本与企业投资效率之间的关系受政府治理水平的影响，两者在方向上没有明显变化，但其关系强度存在差异。在政府治理较差的地区，企业投资效率对董事会社会资本变动更敏感，较高的董事会社会资本水平能够改善企业的投资效率。这也就意味着，在政府治理水平较差的地区，企业加强董事会社会资本建设，更有助于提升企业投资效率。研究结果支持了本书的研究假设 H6 –2b。

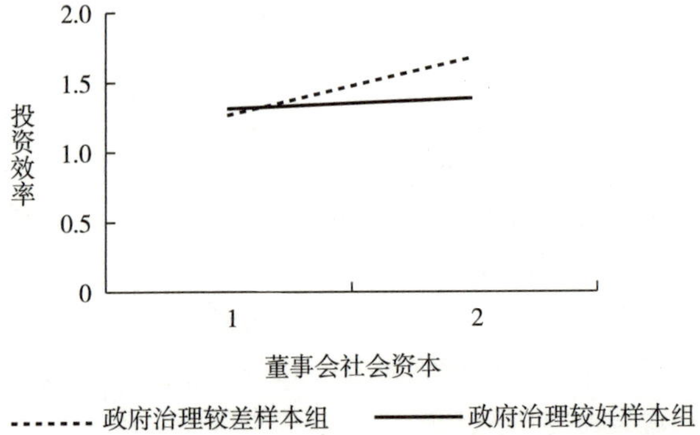

图 6 –2　董事会社会资本与政府治理水平的匹配

总之，企业的董事会资本配置是否适当并有效，可以从该董事会资本配置状况，是否实现了企业与其所面对的组织权变因素之间的良好匹配（Fit or Alignment）来衡量。在本书中则归结为，作为内部治理机制的企业董事会资本配置与作为外部治理机制的政府治理水平的匹配情况。研究结果表明，在政府治理水平较好的情况下，企业强化董事会人力资本建设有助于改善投资效率。在政府治理水平较差的情况下，企业需要通过强化董事会社会资本建设来促进投资效率的提升。

第七章　研究结论与建议

本章旨在对本书研究结果进行综合性总结。首先，概括和总结本书理论分析和实证检验的主要结论。其次，归纳研究所获得的启示，并提出相应的对策建议。最后，根据本书的具体研究情况，指出研究的局限性及未来可能获得突破的方向。

第一节　主要研究结论

本书围绕所提炼的科学问题“在中国经济转型背景下，地方政府治理差异是如何影响企业董事会资本配置，并进而影响企业投资效率的”运用公司治理领域具有代表性的代理理论、资源依赖理论以及制度理论的相关成果，以2010~2014年中国A股上市公司为研究样本。解读中国企业在不同的政府治理情境下，实现董事会治理有效性和投资决策有效性的内在逻辑。主要研究结论如下所述。

一、政府治理与董事会资本配置的关系

面对由于政府治理水平差异所导致的外部公共治理情境差异，企业在进行董事会建设的过程中，会采取相应的应对性措施，特别是对董事会资本配置进行相应的调整。检验结果显示：

在其他条件一定的情况下，政府治理水平与企业董事会社会资本显著负相关，这表明政府治理状况越差，企业对董事会社会资本的诉求越强烈。进一步分组检验发现，相对于固定资产比例较低的企业，政府治理水平变化对企业董事会社会资本配置的影响，在固定资产比例较高的企业中更大，这也反映出固定资产比例较高的企业对政府治理状况的变化更敏感。政府治理水平与企业董事会人力资本显著正相关，这表明政府治理状况越好，企业对董事会人力资本的诉求越强

烈，但这一影响并不依赖于企业的固定资产比例而发生变化。

数据结果还显示，相对于国有企业，民营企业更重视董事会社会资本配置。但政府治理状况对董事会社会资本以及董事会人力配置的影响关系，并不依赖于企业的产权性质而发生显著改变。即政府治理对董事会社会资本以及人力资本配置的影响，在国有企业和民营企业之间不存在显著差异。

二、董事会资本影响企业投资效率的机制

董事会资本是其履行治理职能的资源基础，董事会资本的异质性将直接影响董事会在企业投资决策过程中的治理作用的有效发挥，进而影响企业的投资效率表现。董事会资本水平的提升有助于改善企业投资效率，其作用机制在于监督效应和资源效应。

监督效应和资源效应的关键区别是：监督效应在于董事会资本的提高有助于董事会监督职能的有效发挥，使董事会能够对管理者的代理行为以及非理性投资决策进行有效的监控，从而最终有助于企业投资效率的改善。资源效应在于董事会资本能够引导众多资源的流动与流向，使其成为一种具有资源配置功能的基础性资源，帮助企业获取投资决策所需的政策、资金和信息，降低外部环境不确定性影响，缓解企业融资约束，最终有利于企业投资效率的改善。

经验证据表明，尽管董事会资本的监督效应对于影响企业投资效率发挥了一定的作用，但董事会资本的资源效应占据主导地位，董事会资本影响企业投资效率的关键在于资源效应。

三、政府治理与董事会资本在影响企业投资效率方面的关系

政府治理水平会影响企业的董事会资本配置，董事会资本作为董事会治理能力的资源基础，直接关系到董事会治理职能的有效发挥，并最终会影响企业的投资效率。因而，政府治理对于企业投资效率的影响，部分地可视作通过影响企业的董事会资本配置来实现。

检验结果显示，政府治理对企业投资效率的影响，部分地可以视作通过企业董事会资本的中介效应发挥作用。在此基础上，我们对董事会资本不同维度的中介效应进行了进一步检验。数据结果显示，董事会人力资本在政府治理水平和企业投资效率之间发挥中介作用，董事会社会资本则对政府治理水平与企业投资效率之间的关系产生了遮掩效应。

同时，研究还发现，企业如果能够在不同的政府治理情境下，有选择地强化董事会资本的不同配置，实现董事会资本与外部政府治理情境之间进行良好的匹配，将有利于企业董事会发挥其治理职能，最终有助于提升企业投资效率。研究

结果表明，在政府治理水平较好的情况下，企业强化董事会人力资本建设有助于改善投资效率；在政府治理水平较差的情况下，企业需要通过强化董事会社会资本建设来提升企业投资效率。

第二节 对策建议

本书的研究结果表明，地方政府治理情况会对企业的治理行为以及投资决策后果产生重要影响。在地方政府治理状况较好的情况下，能够为企业发展提供较好的市场环境和政治保障，也有助于缓解企业投资决策过程中所面临的融资约束和政策风险。这将促使企业更加注重强化董事会人力资本建设，并以此为基础，提高企业投资决策质量，改善投资效率。在地方政府治理状况较差的情况下，企业会更加重视社会资本的影响效应，并通过强化董事会社会资本建设，以此为基础，通过非市场化方式来改善企业投资效率。

这一结论在一定程度上意味着，在中国“权力＋市场”的转型体制中，企业投资效率的改善需要在两个方面有所突破：一是要提升作为决策主体的董事会在投资决策中的治理有效性（内治），二是要积极应对外部的政府干预行为（外攘）。即企业在“内治”和“外攘”之间的投资决策行为及其经济后果，内生于地方政府提供的公共治理环境。因此，改善地方政府治理水平，为企业发展提供更好的公共制度保障，是未来影响中国企业进行公司治理改革的关键。结合相关文献研究和本书的研究结果，我们提出如下建议。

一、对政府治理的建议

一是积极促进地方政府转变思想观念，加快由传统的政府统治职能向现代政府治理职能的转变，为企业发展提供良好的市场生态环境和外部治理机制。事实上，中国政治改革与经济改革不同步的特点，使得中国企业在发展过程中所面临的制度性约束，依然是学术界和实务界关注的焦点。伴随着国家治理能力现代化进程的加快，地方政府也需要对自身在公共治理方面所扮演的角色进行重新定位。作为公共资源的主要供给者和分配者，地方政府需要用一种更加创新的思维方式进行公共治理，为企业的正常生产经营行为保驾护航。

一般研究认为，在政府治理水平较好的情况下，企业才有积极性通过加强人力资本建设来实现企业经济绩效的改善。我们的研究发现，地方政府治理水平的改善能够激励企业通过强化董事会人力资本建设的方式，来实现企业投资效率的改善。因此，地方政府不应当仅仅以监管者的身份，监督和规范企业经营活动为其治理目标，更重要的是要为企业发展提供良好的制度保障。为此，地方政府需要从本地区的企业发展实际所面临的问题出发，总结和借鉴不同地区的经验和教训，通过多样化的方式方法将其转化为成熟的公共治理制度。通过有效的公共制度与服务供给，优化区域市场生态环境，为企业提供有效的外部治理机制。

二是进一步规范和限制地方政府对企业经营的行政干预行为。当地方政府对企业经营的干预较为严重，企业产权及其他利益难以得到有效保护时，企业将会为了保护自身利益不受侵害或为了获得准入身份，抢抓市场机遇，或为了获得政府相关扶持，而“被迫”进行“寻租”牟利行为。部分官僚机构及官员也将有更多的机会进行“权力寻租”。这将严重影响企业通过市场化方式获取资源、通过加强内部管理、进行创新投入等方式谋求发展的积极性。也会进一步恶化政府的腐败状况，并由此形成恶性循环。

本书的检验结果表明，在政府治理水平较差的情况下，会促使企业强化社会资本建设，通过非市场化的方式促进投资效率的提升。因此，应当进一步规范和限制地方政府介入企业经营活动的行政干预行为。积极制定和执行对政府部门及官员的监管政策与措施，防范和消除部分官僚机构或部分官员利用权力侵害企业利益的行为，为保障企业的正常经营活动不受干扰筑起围墙。在此基础上，通过提升政府的公共治理水平，促使企业回归到自身能力建设方面，进而促进企业投资效率的提升。

二、对企业董事会治理的建议

企业董事会建设过程中，应当充分重视董事会成员的优化配置问题。通过对样本企业的董事会特征分析，发现当前上市公司更为重视董事会结构的合规性。事实上，董事会结构的合规性并不能保证董事会治理职能的有效发挥。依据不同的制度环境，科学合理地配置董事会资本，才能使董事会治理职能得到有效发挥，进而有利于改善企业投资效率。

本书结果表明，在不同的政府治理状况下，企业不同的董事会资本配置会导致差异化的投资效率。在政府治理水平较好的情况下，企业强化董事会人力资本建设有助于改善投资效率，而在政府治理水平较差的情况下，企业需要通过强化董事会社会资本建设来促进投资效率的提升。因此，在董事会组建过程中，既要适应公司治理法则的基本要求，更要注意在不同的公共治理情境下，选择具有较高学历和专业技术经验，或不同于现有董事职业背景和社会关系的人进入公司董事会，以提高董事会决策的有效性和科学性，改善企业投资效率。

第三节 研究局限性及未来展望

本书回应理论与实践研究需要，从企业自身对政府治理和董事会资本的内生反应入手，剖析政府治理、董事会资本与企业投资行为及其经济后果之间的关系。解答“在中国经济转型背景下，地方政府治理差异是如何影响企业董事会资本配置，并进而影响企业投资效率的”的问题，为中国上市公司优化董事会建设，提高董事会治理有效性提供了经验证据。然而，政府治理、公司治理与企业投资决策问题是一个非常复杂的问题，本书的研究只是触及了冰山一角，依然存在较大的局限性和未来可突破的方面，具体如下。

一、政府治理的测量及进一步拓展

首先，在当前关于中国情境下对政府治理水平的测量方面，主要有以下几种数据来源：①世界银行 2007 年发布的研究报告 *Aggregating Governance Indicators* 对中国 1996~2006 年的政府治理状况进行了测度。②世界银行 2006 年发布的《政府治理、投资环境及和谐社会——中国 120 个城市竞争力调查报告》。③世界银行 2008 年发布的《营商环境报告》中关于中国部分的调查内容。④樊纲等（2010）编著的《中国市场化指数》。但上述数据来源在适用性和时效性方面的问题，使得本书难以直接采用。

在进行综合比较分析的基础上，本书关于政府治理水平的测量，采用《中国分省经营环境指数 2013 年报告》相关数据进行测量。尽管我们对该测量方法及数据来源的可靠性和合理性进行了论证（见本书第三章相关内容）。但我们依然难以保证，该测量方式能够真实地反映不同地区的政府治理状况。因此，在未来的研究中，如何更加科学、准确地构建政府治理水平的测量指标体系，是一个有待进一步推动的工作。

其次，本书主要是从政府层面讨论政府治理的影响，但政府行为的实际执行者是政府官员，这就导致在本书中可能会存在只见“政府”不见“官员”的问题。事实上，官员的行为在很大程度上决定了政府的执行行为及表现，未来研究可以从官员特征方面，进一步考察企业的投资效率问题。

二、董事会资本概念的理解与测量问题

首先，本书关于董事会资本的理解，基于当前学术界普遍接受的观点：董事

会资本由董事会人力资本和社会资本构成。但这一理解近年来受到一些研究人员的质疑，如 Nahapiet 和 Ghoshal（1998）的研究，认为董事会人力资本和社会资本之间存在交叉成分，同时两者之间具有相互依赖性。在此基础上，Haynes 和 Hillman（2010）对董事会人力资本和社会资本的构成要素进行整合，提出了一个董事会资本的高构概念：董事会资本由广度和深度两个维度构成。考虑董事会资本的高构概念，尚未在研究中得到普遍应用，因此，本书沿用了传统的对董事会资本概念的理解，且在研究中未考察董事会人力资本和社会资本之间的相互依赖性对本书主要变量关系所带来的影响。在未来研究中，可以考虑采用董事会资本的高构概念进行重新检验，并比较两者之间的差异性。

其次，本书关于董事会资本的测量数据，主要通过各数据库中所获取的上市公司董事个人经历整理所得。但我们难以排除个人资料的虚假性问题。同时，仅通过外在可观测的指标来进行董事会资本的衡量，难免与真实情况存在一定的差距。事实上，有相关研究指出，董事会资本可分为显性资本和隐性资本。可观测的指标主要反映了董事会的显性资本，难以反映其隐性资本。因此，在未来研究当中应当进一步优化董事会资本的数据来源，可以考虑采用访谈及实地调研等方式来获取更加真实的董事会资本测量数据。

参考文献

[1] 白璇，李永强，赵冬阳．企业家社会资本的两面性：一项整合研究[J]．科研管理，2012（3）：27－35.

[2] 包国宪，郎玫．治理、政府治理概念的演变与发展[J]．兰州大学学报（社会科学版），2009，37（2）：1－7.

[3] 边燕杰，丘海雄．企业的社会资本及其功效[J]．中国社会科学，2000（2）：87－99.

[4] 蔡宁，董艳华，刘峰．董事会之谜[J]．管理世界，2015（4）：155－165.

[5] 曹春方．政治权力转移与公司投资：中国的逻辑[J]．管理世界，2013（1）：143－157.

[6] 陈传明，孙俊华．企业家人口背景特征与多元化战略选择[J]．管理世界，2008（5）：124－133.

[7] 陈德球，陈运森．政府治理、终极产权与公司投资同步性[J]．管理评论，2013（1）：139－148.

[8] 陈德球，李思飞，钟昀珈．政府质量、投资与资本配置效率[J]．世界经济，2012（3）：89－110.

[9] 陈德球，李思飞．政府治理、产权偏好与资本投资[J]．南开管理评论，2012（1）：43－53.

[10] 陈冬华，章铁生，李翔．法律环境、政府管制与隐性契约[J]．经济研究，2008（3）：60－72.

[11] 陈夙，吴俊杰．管理者过度自信、董事会结构与企业投融资风险[J]．中国软科学，2014（6）：109－116.

[12] 陈晓红，王艳，关勇军．财务冗余、制度环境与中小企业研发投资[J]．科学学研究，2012，30（10）：1537－1545.

[13] 陈晓芸，吴超鹏．政治关系、社会资本与公司投资效率——基于投

资—现金流敏感度视角的分析［J］．山西财经大学学报，2013（6）：91－101.

［14］陈艳艳，罗党论．地方官员更替与企业投资［J］．经济研究，2012（2）：18－30.

［15］陈运森，谢德仁．网络位置、独立董事治理与投资效率［J］．管理世界，2011（7）：113－127.

［16］陈震，丁忠明．基于管理层权力理论的垄断企业高管薪酬研究［J］．中国工业经济，2011（9）：119－129.

［17］陈学恂，田正平．中国近代教育史资料汇编：留学教育［M］．上海：上海教育出版社，1991.

［18］程承坪，程鹏．国有企业性质：市场与政府的双重替代物［J］．当代经济研究，2013（1）：26－31.

［19］程新生，谭有超，刘建梅．非财务信息、外部融资与投资效率——基于外部制度约束的研究［J］．管理世界，2012（7）：137－150.

［20］程仲鸣，夏新平，余明桂．政府干预、金字塔结构与地方国有上市公司投资［J］．管理世界，2008（9）：37－47.

［21］邓建平，曾勇．政治关联能改善民营企业的经营绩效吗［J］．中国工业经济，2009（2）：98－108.

［22］邓新明．我国民营企业政治关联、多元化战略与公司绩效［J］．南开管理评论，2011（4）：4－15.

［23］董红晔，李小荣．国有企业高管权力与过度投资［J］．经济管理，2014（10）：75－87.

［24］董志强，魏下海，汤灿晴．制度软环境与经济发展——基于30个大城市营商环境的经验研究［J］．管理世界，2012（4）：9－20.

［25］窦欢，张会丽，陆正飞．企业集团、大股东监督与过度投资［J］．管理世界，2014（7）：134－143.

［26］多尔蒂．谁害怕亚当·斯密？［M］．江苏：南京大学出版社，2009.

［27］方军雄．市场化进程与资本配置效率的改善［J］．经济研究，2006（5）：50－61.

［28］方颖，赵扬．寻找制度的工具变量：估计产权保护对中国经济增长的贡献［J］．经济研究，2011（5）：138－148.

［29］冯天丽，井润田．制度环境与私营企业家政治联系意愿的实证研究［J］．管理世界，2009，21（8）：81－91.

［30］傅勇，张晏．中国式分权与财政支出结构偏向：为增长而竞争的代价［J］．管理世界，2007（3）：4－12.

［31］傅子恒．经济学边界、市场作用、政府治理、公平与效率新解——理论经济学四个命题的深层次思考［J］．现代财经：天津财经大学学报，2011（7）：5－16.

［32］高闯，刘冰．公司治理合约的制度基础、演进机理与治理效率［J］．中国工业经济，2003（1）：70－77.

［33］高鸿业，刘文忻．西方经济学：微观部分［M］．北京：中国人民大学出版社，2011.

［34］高明华，朱松，杜雯翠．财务治理、投资效率与企业经营绩效［J］．财经研究，2012（4）：123－133.

［35］高晓红．公共性的展开——论政府精神的谱系［J］．南京社会科学，2007（7）：82－88.

［36］郭剑花．中国企业的捐赠：自愿抑或摊派？［J］．财经研究，2012（8）：49－59.

［37］韩亮亮，李凯，宋力．高管持股与企业价值——基于利益趋同效应与壕沟防守效应的经验研究［J］．南开管理评论，2006（4）：35－41.

［38］侯青川，靳庆鲁，陈明端．经济发展、政府偏袒与公司发展——基于政府代理问题与公司代理问题的分析［J］．经济研究，2015（1）：140－152.

［39］郝颖，刘星，林朝南．我国上市公司高管人员过度自信与投资决策的实证研究［J］．中国管理科学，2005，13（5）：142－148.

［40］郝颖，刘星．政府干预、资本投向与结构效率［J］．管理科学学报，2011（4）：52－73.

［41］郝颖，辛清泉，刘星．地区差异、企业投资于经济增长质量［J］．经济研究，2014（3）：101－114.

［42］何强，陈松．董事会学历分布与 R&D 投入：基于制造业上市公司的实证研究［J］．软科学，2011，25（2）：121－126.

［43］何铮，谭劲松，陆园园．组织环境与组织战略关系的文献综述及最新研究动态［J］．管理世界，2006（11）：144－151.

［44］胡国柳，曹丰．高管过度自信程度、自由现金流与过度投资［J］．预测，2013（6）：29－34.

［45］胡怀国．亚当·斯密的思想渊源：一种被忽略的学术传统——兼论现代市场经济的内在逻辑［J］．经济学动态，2011（9）：110－120.

［46］胡奕明，唐松莲．独立董事与上市公司盈余信息质量［J］．管理世界，2008（9）：149－160.

［47］胡永平，张宗益．高管的政治关联与公司绩效：基于国有电力生产公

司的经验研究［J］．中国软科学，2009（6）：128－137.

［48］江雅雯，黄燕，徐雯．市场化程度视角下的民营企业政治关联与研发［J］．科研管理，2012（10）：48－56.

［49］姜付秀，伊志宏，苏飞等．管理者背景特征与企业过度投资行为［J］．管理世界，2009（1）：130－139.

［50］金祥荣．民营经济发展模式转型分析［M］．北京：经济科学出版社，2006.

［51］金鑫，雷光勇，王文忠．企业社会捐赠：政治资本还是代理成本？［J］．财经研究，2014（5）：122－132.

［52］凯恩斯．就业、利息与货币通论［M］．北京：商务印书馆，2005.

［53］李稻葵．官僚体制的改革理论［M］．北京：中信出版社，2002.

［54］李健，陈传明．企业家政治关联、所有制与企业债务期限结构——基于转型经济制度背景的实证研究［J］．金融研究，2013（3）：157－169.

［55］李寿喜．产权、代理成本和代理效率［J］．经济研究，2007（1）：102－113.

［56］李维安，李汉军．股权结构、高管持股与公司绩效［J］．南开管理评论，2006（9）：4－10.

［57］李维安，牛建波，宋笑扬．董事会治理研究的理论根源及研究脉络评析［J］．南开管理评论，2009（1）：130－145.

［58］李维安，牛建波．CEO 公司治理［M］．北京：北京大学出版社，2011.

［59］李维安，王鹏程，徐业坤．慈善捐赠、政治关联与债务融资——民营企业与政府的资源交换行为［J］．南开管理评论，2015（1）：4－14.

［60］李维安，徐业坤．政治身份的避税效应［J］．金融研究，2013（3）：114－130.

［61］李心合．对公司财务学理论及方法论局限性的认识与批判［J］．会计研究，2004（10）：3－8.

［62］李心合．财务管理学的困境与出路［J］．会计研究，2006（7）：45－51.

［63］李延喜，曾伟强，马壮等．外部治理环境、产权性质与上市公司投资效率［J］．南开管理评论，2015（1）：25－36.

［64］李焰，秦义虎，张肖飞．企业产权、管理者背景特征与投资效率［J］．管理世界，2011（1）：135－144.

［65］李云鹤，李湛．自由现金流代理成本假说还是过度自信假说？［J］．

管理工程学报，2011，25（3）：155－161.

［66］李增泉，余谦，王晓坤．掏空、支持与并购重组［J］．经济研究，2005（1）：95－105.

［67］林毅夫，李志赟．政策性负担、道德风险与预算软约束［J］．经济研究，2004（2）：12－23.

［68］林毅夫，刘明兴，章奇．政策性负担与企业的预算软约束：来自中国的实证研究［J］．管理世界，2004（8）：81－89.

［69］刘冰，高闯．高技术企业的权变治理、管理者更替与企业永续发展［J］．中国工业经济，2004（12）：75－82.

［70］刘行，李小荣．金字塔结构、税收负担与企业价值：基于地方国有企业的证据［J］．管理世界，2012（8）：91－104.

［71］刘浩，唐松，楼俊．独立董事：监督还是咨询？——银行背景独立董事对企业信贷融资影响研究［J］．管理世界，2012（1）：141－156.

［72］刘慧龙，吴联生，王亚平．国有企业改制、董事会独立性与投资效率［J］．金融研究，2012（9）：127－140.

［73］刘瑞明，白永秀．晋升激励、宏观调控与经济周期：一个政治经济学框架［J］．南开经济研究，2007（5）：15－31.

［74］刘小元，金媛媛．董事会战略参与的研究进展与展望［J］．管理学报，2014（2）：302－312.

［75］刘星，刘理，窦炜．融资约束、代理冲突与中国上市公司非效率投资行为研究［J］．管理工程学报，2014（3）：64－73.

［76］刘颖，钟田丽，张天宇．连锁董事网络、控股股东利益侵占与融资结构关系——基于我国中小板上市公司的实证检验［J］．经济管理，2015（4）：148－158.

［77］刘煜辉，熊鹏．股权分置、政府管制和中国 IPO 抑价［J］．经济研究，2005（2）：85－95.

［78］刘志远，花贵如．政府控制、机构投资者持股与投资者权益保护［J］．财经研究，2009（4）：119－130.

［79］鲁倩，贾良定．高管团队人口统计学特征、权力与企业多元化战略［J］．科学学与科学技术管理，2009（5）：181－187.

［80］雷光勇，王文．政府治理、风险承担与商业银行经营业绩［J］．金融研究，2014（1）：110－123.

［81］陆正飞，祝继高，樊铮．银根紧缩、信贷歧视与民营上市公司投资者利益损失［J］．金融研究，2009（8）：124－136.

[82] 逯东，孙岩，杨丹等．政绩诉求、政府控制与边际社会性支出——基于地方国有上市公司的研究［J］．投资研究，2012（11）：108－123.

[83] 罗党论，黄琼宇．民营企业的政治关系与企业价值［J］．管理科学，2008，21（6）：21－28.

[84] 罗党论，唐清泉．政治关系、社会资本与政策资源获取：来自中国民营上市公司的经验证据［J］．世界经济，2009（7）：84－96.

[85] 罗明琦．企业产权、代理成本与企业投资效率［J］．中国软科学，2014（7）：172－184.

[86] 罗明新，马钦海，胡彦斌．政治关联与企业技术创新绩效——研发投资的中介作用研究［J］．科学学研究，2013，31（6）：938－947.

[87] 马连福，冯慧群．董事会资本对公司治理水平的影响效应研究［J］．南开管理评论，2014，17（2）：46－55.

[88] 毛寿龙．现代治道与治道变革［J］．南京社会科学，2001（9）：44－47.

[89] 茅铭晨．政府管制理论研究综述［J］．管理世界，2007（2）：137－149.

[90] 潘红波，夏新平，余明桂．政府干预、政治关联与地方国有企业并购［J］．经济研究，2008（4）：41－52.

[91] 潘越，戴亦一，吴超鹏．社会资本、政治关系与公司投资决策［J］．经济研究，2009（11）：82－94.

[92] 钱先航，曹廷求，李维安．晋升压力、官员任期与城市商业银行的贷款行为［J］．经济研究，2011（12）：72－85.

[93] 屈文洲，谢雅璐，叶玉妹．信息不对称、融资约束与投资—现金流敏感性［J］．经济研究，2011（6）：105－117.

[94] 冉春芳，冯政，冉光圭．董事会构成研究——基于联立方程模型的分析［J］．财经科学，2015（6）：119－132.

[95] 邵敏，包群．政府补贴与企业生产率——基于我国工业企业的经验分析［J］．中国工业经济，2012（7）：70－82.

[96] 沈红波，寇宏，张川．金融发展、融资约束与企业投资的实证研究［J］．中国工业经济，2010（6）：55－64.

[97] 石军伟，胡立君，付海艳．企业社会资本的功效结构：基于中国上市公司的实证研究［J］．中国工业经济，2007（2）：84－93.

[98] 石晓军，张顺明．商业信用、融资约束及效率影响［J］．经济研究，2010（1）：102－114.

[99] 世界银行．政府治理、投资环境与和谐社会［R］．北京：中国财政经济出版社，2006.

［100］斯蒂格利茨，曹荣湘．市场社会主义与新古典经济学［J］．马克思主义与现实，2001（3）：48－55.

［101］宋小保．股权集中、投资决策与代理成本［J］．中国管理科学，2013（4）：152－161.

［102］孙铮，刘凤委，李增泉．市场化程度、政府干预与企业债务期限结构——来自我国上市公司的经验证据［J］．经济研究，2005（5）：52－63.

［103］谭劲松，简宇寅，陈颖．政府干预与不良贷款——以某国有商业银行1988～2005年的数据为例［J］．管理世界，2012（7）：29－43.

［104］谭劲松，郑国坚，彭松．地方政府公共治理与国有控股上市公司控制权转移［J］．管理世界，2009（10）：135－151.

［105］谭劲松，郑国坚．产权安排、治理机制、政企关系与企业效率以“科龙”和“美的”为例［J］．管理世界，2004（2）：104－116.

［106］谭庆美，陈欣，张娜．管理层权力、外部治理机制与过度投资［J］．管理科学，2015（4）：59－70.

［107］唐清泉，罗党论．政府补贴动机及其效果的实证研究［J］．金融研究，2007（6）：149－163.

［108］唐松莲，林圣越，高亮亮．机构投资者持股情景、自由现金与投资效率［J］．管理评论，2015，27（1）：24－35.

［109］唐雪松，周晓苏，马如静．政府干预、GDP增长与地方国企过度投资［J］．金融研究，2010（9）：99－112.

［110］田高良，李留闯，齐保垒．连锁董事、财务绩效和公司价值［J］．管理科学，2011（24）：13－24.

［111］汪秋明，韩庆潇，杨晨．战略性新兴产业中的政府补贴与企业行为［J］．财经研究，2014（7）：43－53.

［112］王珺．增长取向的适应性调整：对地方政府行为演变的一种理论解释［J］．管理世界，2004（8）：53－60.

［113］王茂林，何玉润，林慧婷．管理层权力、现金股利与企业投资效率［J］．南开管理评论，2014（2）：13－22.

［114］王明琳，徐萌娜，王河森．利他行为能够降低代理成本吗？［J］．经济研究，2014（3）：144－157.

［115］王山慧，王宗军，田原．管理者过度自信与企业技术创新投入关系研究［J］．科研管理，2013，34（5）：1－10.

[116] 王霞，张敏，于富生．管理者过度自信与企业投资行为异化［J］．南开管理评论，2008（2）：77－83.

[117] 王贤彬，徐现祥，周靖祥．晋升激励与投资周期［J］．中国工业经济，2010（12）：16－26.

[118] 王永进，盛丹．政治关联与企业的契约实施环境［J］．经济学（季刊），2012（3）：1193－1218.

[119] 王争，史晋川．中国私营企业的生产率表现和投资效率［J］．经济研究，2008（1）：114－126.

[120] 温忠麟，叶宝娟．中介效应分析：方法和模型发展［J］．心理科学进展，2014，22（5）：731－745.

[121] 魏下海，董志强，张永璟．营商制度环境为何如此重要？——来自民营企业家“内治外攘”的经验证据［J］．经济科学，2015（2）：105－116.

[122] 吴斌，刘灿辉，史建梁．政府背景、高管人力资本特征与风险投资企业成长能力：基于典型相关方法的中小板市场经验证据［J］．会计研究，2011（7）：78－84.

[123] 吴文锋，吴冲锋，刘晓薇．中国民营上市公司高管的政府背景与公司价值［J］．经济研究，2008（7）：130－141.

[124] 吴慧．中国商业通史（第五卷）［M］．北京：中国财政经济出版社，2004.

[125] 夏立军，方轶强．政府控制、治理环境与公司价值——来自中国证券市场的经验证据［J］．经济研究，2005（5）：40－51.

[126] 谢家智，刘思亚，李后建．政治关联、融资约束与企业研发投入［J］．财经研究，2014（8）：81－92.

[127] 徐现祥，李郇．中国省区经济差距的内生制度根源［J］．经济学（季刊），2005，18（4）：83－100.

[128] 徐业坤，钱先航，李维安．政治不确定性、政治关联与民营企业投资——来自市委书记更替的证据［J］．管理世界，2013（5）：116－130.

[129] 徐玉德，周玮．不同资本结构与所有权安排下的投资效率测度——来自我国A股市场的经验证据［J］．中国工业经济，2009（11）：131－140.

[130] 许为宾，周建．董事会战略介入回顾与展望［J］．现代管理科学，2014（11）：27－29.

[131] 薛有志，李国栋．多元化战略、高管持股分布设计与公司治理［J］．管理科学，2009（2）：2－13.

[132] 向锐．CFO财务执行力与企业过度投资——基于董事会视角的分析

[J]. 会计研究，2015（7）：56－64.

[133] 杨德明，林斌，王彦超. 内部控制、审计质量与代理成本 [J]. 财经研究，2009，35（12）：40－49.

[134] 杨华军，胡奕明. 制度环境与自由现金流的过度投资 [J]. 管理世界，2007（9）：99－106.

[135] 杨记军，逯东，杨丹. 国有企业的政府控制权转让研究 [J]. 经济研究，2010（2）：69－81.

[136] 杨瑞龙. 国有企业治理结构创新的经济学分析 [M]. 北京：中国人民大学出版社，2001.

[137] 姚德权，章剑辉. 政治关联、贷款融资与民营企业绩效研究 [J]. 财经问题研究，2014（12）：84－90.

[138] 姚伟峰. 独立董事制度真的有效吗？——基于上市公司行业数据的实证研究 [J]. 管理评论，2011（10）：31－35.

[139] 易纲，林明. 理解中国经济增长 [J]. 中国社会科学，2003（2）：45－60.

[140] 于富生，王成方. 国有股权与 IPO 抑价——政府定价管制视角[J]. 金融研究，2012（9）：155－167.

[141] 余明桂，潘红波. 政府干预、法治、金融发展与国有企业银行贷款 [J]. 金融研究，2008（9）：1－22.

[142] 俞红海，徐龙炳，陈百助. 终极控股股东控制权与自由现金流过度投资[J]. 经济研究，2010（8）：103－114.

[143] 俞可平. 治理与善治引论 [J]. 马克思主义与现实，1999（5）：37－41.

[144] 俞可平. 中国离“善治”有多远——“治理与善治”学术笔谈：治理和善治分析的比较优势 [J]. 中国行政管理，2005（9）：15－25.

[145] 严子淳，薛有志. 董事会社会资本、公司领导权结构对企业 R&D 投入程度的影响研究 [J]. 管理学报，2015（4）：509－516.

[146] 詹雷，王瑶瑶. 管理层激励、过度投资与企业价值 [J]. 南开管理评论，2013（3）：36－46.

[147] 张洪辉，王宗军. 政府干预、政府目标与国有上市公司的过度投资 [J]. 南开管理评论，2010（3）：101－108.

[148] 张会丽，陆正飞. 现金分布、公司治理与过度投资——基于我国上市公司及其子公司的现金持有状况的考察 [J]. 管理世界，2012（3）：141－150.

[149] 张敏，张胜，申慧慧等. 政治关联与信贷资源配置效率——来自我国

民营上市公司的经验证据［J］．管理世界，2010（11）：143－153.

［150］张庆，朱迪星．投资者情绪、管理层持股与企业实际投资［J］．南开管理评论，2014（4）：120－127.

［151］张西征，刘志远，王静．政府管制负担、融资约束与企业增长——基于企业调查数据的经验分析［J］．当代经济科学，2012（4）：95－102.

［152］张兆国，何威风，闫炳乾．资本结构与代理成本——来自中国国有控股上市公司和民营上市公司的经验证据［J］．南开管理评论，2008（11）：39－47.

［153］张兆国，刘永丽，谈多娇．管理者背景特征与会计稳健性［J］．会计研究，2011（7）：11－18.

［154］章卫东，赵琪．地方政府干预下国有企业过度投资问题研究——基于地方政府公共治理目标视角［J］．中国软科学，2014（6）：182－192.

［155］赵驰，周勤，汪建．信用倾向、融资约束与中小企业成长［J］．中国工业经济，2012（9）：77－88.

［156］赵静，郝颖．政府干预、产权特征与企业投资效率［J］．科研管理，2014，35（5）：84－92.

［157］赵玮，温军．风险投资、高管薪酬及董事会特征［J］．现代财经，2015（4）：34－44.

［158］郑国坚，魏明海．公共治理、公司治理与大股东的内部市场——基于我国上市公司的实证研究［J］．中大管理研究，2007（2）：1－21.

［159］中共中央编写组．中共中央关于全面深化改革若干重大问题的决定［M］．北京：人民出版社，2013.

［160］钟海燕，冉茂盛，文守逊．政府干预、内部人控制与公司投资［J］．管理世界，2010（7）：98－108.

［161］周建，金媛媛，刘小元．董事会资本研究综述［J］．外国经济与管理，2010（12）：27－35.

［162］周建，任尚华，金媛媛等．董事会资本对企业 R&D 支出的影响研究——基于中国沪深两市高科技上市公司的经验证据［J］．研究与发展管理，2012，24（1）：67－78.

［163］周建，金媛媛，袁德利．董事会人力资本、CEO 权力对企业研发投入的影响研究［J］．科学学与科学技术管理，2013（3）：170－180.

［164］周建，许为宾，余耀东．制度环境、CEO 权力与企业战略风格［J］．管理学报，2015（6）：807－813.

［165］周建，许为宾．政府治理影响民营企业生产率的机制：市场效应还是

代理成本效应［J］．经济理论与经济管理，2016（1）：84－97.

［166］周黎安．晋升博弈中政府官员的激励与合作［J］．经济研究，2004（6）：33－40.

［167］周黎安．中国地方官员的晋升锦标赛模式研究［J］．经济研究，2007（7）：36－50.

［168］周雪光．逆向软预算约束：一个政府行为的组织分析［J］．中国社会科学，2005（2）：132－143.

［169］周业安．中国制度变迁的演进论解释［J］．经济研究，2000（5）：3－11.

［170］周翼翔．董事会结构与公司绩效关系的再探索——基于动态内生性视角的实证［J］．科学学与科学技术管理，2011（9）：131－137.

［171］Acemoglu D.，Golosov M.，Tsyvinski A.. Political Economy of Mechanisms［J］. Econometrica，2008，76（3）：619－641.

［172］Acemoglu D.，Johnson S.，Robinson J. A.. The Colonial Origins of Comparative Development：An Empirical Investigation［R］. National Bureau of Economic Research，2000.

［173］Acemoglu D.，Johnson S.. Unbundling Institutions［J］. Journal of Political Economy，2005，113（5）：949－995.

［174］Acemoglu D.，Robinson J. A.. The Colonial Origins of Comparative Development：An Empirical Investigation：Reply［J］. American Economic Review，2001，91（6）：1369－1401.

［175］Aguilera R. V.，Filatotchev I.，Gospel H.，et al.. An Organizational Approach to Comparative Corporate Governance：Costs，Contingencies and Complementarities［J］. Organization Science，2008，19（3）：475－492.

［176］Aguilera R. V.，Jackson G.. The Cross－National Diversity of Corporate Governance：Dimensions and Determinants［J］. Social Science Electronic Publishing，2002，28（3）：447－465.

［177］Andrew F. Hayes. Beyond Baron and Kenny：Statistical Mediation Analysis in the New Millennium［J］. Communication Monographs，2009，76（4）：408－420.

［178］Angmin Kim，Albert A.，Cannella Jr.. Toward a Social Capital Theory of Director Selection［J］. Corporate Governance：An International Review，2008，16（4）：282－293.

［179］Baker M.，J. Stein，J. Wurgler. When Does the Market Matter? Stock

Prices and Investment of Equity – dependent Firms [J] . Quarterly Journal of Economics, 2003, 118 (3): 969 – 1006.

[180] Burgess R. , Venables A. J. . Towards A Microeconomics of Growth [J] . General Information, 2004.

[181] Banks J. S. , Sundaram R. K. . Optimal Retention in Agency Problems [J] . Journal of Economic Theory, 1998, 82 (2): 293 – 323.

[182] Barney J. . Firm Resources and Sustained Competitive Advantage [J] . Journal of Management, 1991, 17 (3): 99 – 120.

[183] Baysinger B. D. , Butler H. N. . The Role of Corporate Law in the Theory of the Firm [J] . Journal of Law & Economics, 1985, 28 (1): 179 – 191.

[184] Becker G. S. . A Theory of Competition among Pressure Group for Political Influence [J] . Quarterly Journal of Economics, 1983, 98 (3): 371 – 400.

[185] Bekaert G. , Harvey C. R. , Lundblad C. . Does Financial Liberalization Spur Growth? [J] . Journal of Financial Economics, 2005, 77 (1): 3 – 55.

[186] Bethel J. E. , Liebeskind J. P. . Diversification and the Legal Organization of the Firm [J] . Organization Science, 1998, 9 (1): 49 – 67.

[187] Bhagat S. , Bolton B. , Romano R. . The Promise and Peril of Corporate Governance Indices [J] . Columbia Law Review, 2008, 108 (8): 1803 – 1882.

[188] Boeker W. , Goodstein J. . Organizational Performance and Adaptation: Effects of Environment and Performance on Changes in Board Composition [J] . Academy of Management Journal Academy of Management, 1991, 34 (4): 805 – 826.

[189] Bohren O. , Strom R. O. . Governance and Politics: Regulating Independence and Diversity in the Board Room [J] . Journal of Business Finance & Accounting, 2010, 37 (9): 1281 – 1308.

[190] Boyd B. . Corporate Linkages and Organizational Environment: A Test of the Resource Dependence Model [J] . Strategic Management Journal, 1990, 11 (6): 419 – 430.

[191] Bradley M. , Chen D. . Does Board Independence Reduce the Cost of Debt? [J] . Financial Management, 2015, 44 (1): 15 – 47.

[192] Brandt L. , Li H. . Bank Discrimination in Transition Economies: Ideology, Information or Incentives? [J] . Ssrn Electronic Journal, 2002, 31 (3): 387 – 413.

[193] Brown Robert J. . The Demythification of the Board of Directors [J] . American Business Law Journal, 2015, 52 (1): 131 – 200.

[194] Bunderson J. S.. Team Member Functional Background and Involvement in Management Teams: Direct Effects and the Moderating Role of Power Centralization [J]. Academy of Management Journal, 2003, 46 (4): 458-474.

[195] Caprio L., Faccio M., Mcconnell J. J.. Sheltering Corporate Assets from Political Extraction [J]. Social Science Electronic Publishing, 2010, 29 (2): 332-354.

[196] Certo S. T., Daily C. M., Dalton D. R.. Signaling Firm Value through Board Structure: An Investigation of Initial Public Offerings [J]. Entrepreneurship Theory and Practice, 2001, 26 (2): 33-50.

[197] Chen H. L.. Board Capital, CEO Power and R&D Investment in Electronics Firms [J]. Corporate Governance: An International Review, 2014, 22 (5): 422-436.

[198] Claessens S., Laeven L.. Financial Development, Property Rights and Growth [J]. The Journal of Finance, 2003, 58 (6): 2401-2436.

[199] Coleman J. S.. Social Capital in the Creation of Human Capital [J]. American Journal of Sociology, 1988, 94 (1): 95-120.

[200] Crabtree R. G., Gomolka E. G.. Accounting Career Cycles: Implications for Accounting Firms and Their Small Business Clients in Improving Customer Service [J]. Journal of Customer Service in Marketing & Management, 1996 (2): 91-105.

[201] Crabtree R. G.. Predicting Organizational and Decision - Maker Demographic Barriers to Outside Consultant Utilization: An Extension of the Consultation Process Model [J]. Journal of Professional Services Marketing, 1995 (6): 107-125.

[202] Cull R., Xu L. C.. Who Gets Credit? The Behavior of Bureaucrats and State Banks in Allocating Credit to Chinese State - Owned Enterprises [J]. Journal of Development Economics, 2003, 71 (2): 533-559.

[203] Daily C. M., Schwenk C.. Chief Executive Officers, Top Management Teams and Boards of Directors: Congruent or Countervailing Forces? [J]. Journal of Management, 1996, 22 (2): 185-208.

[204] De Maere J., Jorissen A., Uhlaner L. M.. Board Capital and the Downward Spiral: Antecedents of Bankruptcy in a Sample of Unlisted Firms [J]. Corporate Governance: An International Review, 2014, 22 (5): 387-407.

[205] Degirmenci S.. Do Institutions Matter for Regional Economic Growth and Development? The Case of Turkey [C]. ERSA conference papers European Regional

Science Association, 2011.

[206] Dennis C. Mueller. Public Choice Ⅱ [M]. Cambridge: Cambridge University Press, 1989.

[207] Desender K. A., Aguilera R. V., Lópezpuertas – Lamy M., et al.. A Clash of Governance Logics: Foreign Ownership and Board Monitoring [J]. Strategic Management Journal, 2016, 37 (2): 349 –369.

[208] Durnev A., Fauver L.. Stealing from Thieves: Firm Governance and Performance when States are Predatory [J]. McGill University Working Paper, 2009.

[209] Eisenhardt K. M.. Agency Theory: An Assessment and Review [J]. Academy of Management Review, 1989, 14 (3): 57 –74.

[210] Faccio M.. Politically Connected Firms [J]. The American Economic Review, 2006, 96 (1): 369 –386.

[211] Fama E. F., Jensen M. C.. Separation of Ownership and Control [J]. Journal of Law & Economics, 1983, 26 (2): 301 –325.

[212] Fan J. P. H., Wong T. J., Zhang T.. Politically Connected CEOs, Corporate Governance and Post – IPO Performance Of China's Newly Partially Privatized Firms [J]. Journal of Financial Economics, 2007, 84 (2): 330 –357.

[213] Fan J. P. H., Jun Huang, Morck R., Yeung B.. The Visible Hand behind China's Growth [J]. Working Paper, The Chinese University of Hong Kong, 2011.

[214] Fan J. P. H., Wong T. J., Zhang T.. Institutions and Organizational Structure: The Case of State – Owned Corporate Pyramids [J]. Journal of Law, Economics & Organization, 2013, 29 (6): 1217 –1252.

[215] Fazzari S. M., Poterba J. M.. Financing Constraints and Corporate Investment [J]. Brookings Papers on Economic Activity, 1987, 19 (1): 141 –206.

[216] Filatotchev I., Allcock D.. Corporate Governance and Executive Remuneration: A Contingency Framework [J]. Academy of Management Perspectives, 2010, 24 (1): 20 –33.

[217] Filatotchev I., Nakajima C.. Internal and External Corporate Governance: An Interface between an Organization and its Environment [J]. British Journal of Management, 2010, 21 (3): 591 –606.

[218] Finkelstein S.. Power in Top Management Teams: Dimensions, Measurement and Validation [J]. Academy of Management Journal, 1992, 35 (3): 505 – 538.

[219] Frye T., Shleifer A.. The Invisible Hand and the Grabbing Hand [J]. American Economic Review, 1997, 87 (2): 354-358.

[220] Gales L. M., Kesner I. F.. An Analysis of Board of Director Size and Composition in Bankrupt Organizations [J]. Journal of Business Research, 1994, 30 (3): 271-282.

[221] Gentry R. J., Shen W.. The Impacts of Performance Relative to Analyst Forecasts and Analyst Coverage on Firm R&D Intensity [J]. Strategic Management Journal, 2013, 34 (1): 121-130.

[222] Gilchrist S., Himmelberg C. P., Hubennan G.. Do Stock Price Bubbles Influence Corporate Investment [J]. Journal of Monetary Economics, 2005, 52 (4): 805-827.

[223] Glaser M., SchäFers P., Weber M.. Managerial Optimism and Corporate Investment: Is the CEO Alone Responsible for the Relation? [J]. Working Paper, 2007.

[224] Golden B. R., Zajac E. J.. When Will Boards Influence Strategy? Inclination × Power = Strategic Change [J]. Strategic Management Journal, 2001, 22 (12): 1087-1111.

[225] Gordon Tullock. The Welfare Costs of Tariffs, Monopoly and Theft [J]. Western Economic Journal [J]. 1967, 5 (3): 224-232.

[226] Granovetter M.. Economic Action and Social Structure: The Problem of Embeddedness [J]. American Journal of Sociology, 1985, 91 (3): 481-510.

[227] Grant R. M.. The Resource-Based Theory of Competitive Advantage: Implications for Strategy Formulation [J]. Knowledge and Strategy Ed. M. Zack, 1991 (33): 3-23.

[228] Spencer S. J., Zanna M. P., Fong G. T. Establishing A Causal Chain: Why Experiments are Often More Effective than Mediational Analyses in Examining Psychological Processes [J]. Journal of Personality & Social Psychology, 2005, 89 (6): 845-851.

[229] Hall R. E., Jones C. I.. Why Do Some Countries Produce So Much More Output Per Worker Than Others? [J]. Quarterly Journal of Economics, 1998, 114 (1): 83-116.

[230] Hambrick D. C., Mason P. A.. Upper Echelons: The Organization as a Reflection of its Top Managers [J]. Social Science Electronic Publishing, 1984, 9 (2): 193-206.

[231] Hambrick D., D'aveni R.. Top Team Deterioration as Part of the Downward Spiral of Large Corporate Bankrupt - Cies [J]. Management Science, 1992, 38 (3): 1445 - 1466.

[232] Hamori Monika, Koyuncu Burak. Experience Matters? The Impact of Prior CEO Experience on Firm Performance [J]. Human Resource Management, 2015, 54 (1): 23 - 44.

[233] Haunschild P. R., Beckman C. M.. When Do Interlocks Matter? Alternate Sources of Information and Interlock Influence [J]. Administrative Science Quarterly, 1998, 43 (4): 815 - 844.

[234] Haynes K. T., Hillman A.. The Effect of Board Capital and CEO Power on Strategic Change [J]. Strategic Management Journal, 2010, 31 (11): 1145 - 1163.

[235] Hillman A. J., Cannella A. A., Paetzold R. L.. The Resource Dependence Role of Corporate Directors: Strategic Adaptation of Board Composition in Response to Environmental Change [J]. Journal of Management Studies, 2000, 37 (2): 235 - 256.

[236] Hillman A. J., Dalziel T.. Boards of Directors and Firm Performance: Integrating Agency and Resource Dependence Perspectives [J]. Academy of Management review, 2003, 28 (3): 383 - 396.

[237] Hillman A. J., Zardkoohi A., Bierman L.. Corporate Political Strategies and Firm Performance: Indications of Firm - Specific Benefits from Personal Service in the US Government [J]. Strategic Management Journal, 1999, 20 (1): 67 - 81.

[238] Hooghiemstra R., Hermes N., Emanuels J.. National Culture and Internal Control Disclosures: A Cross - country Analysis [J]. Corporate Governance: An International Review, 2015, 23 (4): 357 - 377.

[239] Horton J., Millo Y., Serafeim G.. Resources or Power? Implications of Social Networks on Compensation and Firm Performance [J]. Journal of Business Finance & Accounting, 2015, 148 (4): 399 - 426.

[240] Hoshi T., Scharfstein D.. Corporate Structure, Liquidity and Investment: Evidence from Japanese Industrial Groups [J]. Quarterly Journal of Economics, 1991, 106 (1): 33 - 60.

[241] Heaton J. B.. Managerial Optimism and Corporate Finance [J]. Financial Management, 2002, 31 (2): 33 - 46.

[242] James M. Buchanan. The Constitution of Economic Policy [J]. American

Economic Review, 1987, 77 (3): 243 -250.

[243] Ang J. S. , Cole R. A. , Lin J. W. . Agency Cost and Ownership Structure [J] . Journal of Finance, 2000, 55 (1): 81 -106.

[244] Jensen M. C. , Meckling W. H. . Theory of the Firm: Managerial Behavior, Agency Costs and Ownership Structure [J] . Economic Analysis of the Law Selected Readings, 1976, 3 (76): 305 -360.

[245] Jensen M. , Zajac E. J. . Corporate Elites and Corporate Strategy: How Demographic Preferences and Structural Position Shape the Scope of the Firm [J] . Strategic Management Journal, 2004, 25 (6): 507 -524.

[246] Johnny Jermias. Board Capital, Board Characteristics and Managerial Share Ownership: Impact on Firm Performance [J] . Ssrn Electronic Journal, 2008, 15 (9): 1 -31.

[247] Johnson J. L. , Catherine M. Daily, Ellstrand A. E. . Boards of Directors: A Review and Research Agenda [J] . Journal of Management, 1996, 22 (3): 409 -438.

[248] Kaczmarek S. , Kimino S. , Pye A. . Board Task - related Faultlines and Firm Performance: A Decade of Evidence [J] . Corporate Governance: An International Review, 2012, 20 (4): 337 -351.

[249] Katz D. , Kahn R. L. . The Social Psychology of Organizations [M] . New York: Wiley, 1978.

[250] Kaufmann D. , Kraay A. , Zoido - Lobatón P. . Aggregating governance indicators [M] . World Bank Publications, 1999.

[251] Kaufmann D. . Governance Redux: The Empirircal Challenge [J] . Law & Economics, 2004, 9 (13 -15): 1 -72.

[252] Kelnert T. M. M. , Silva C. D. C. . Reinventing Government: How The Entrepreneurial Spirit is Transforming the Public Sector [J] . Revista De Administração De Empresas, 1992, 33 (6): 59 -60.

[253] Kim Y. U. , Ozdemir S. Z. . Structuring Corporate Boards for Wealth Protection and/or Wealth Creation: The Effects of National Institutional Characteristics [J] . Corporate Governance an International Review, 2014, 22 (3): 266 -289.

[254] Kor Y. Y. , Sundaramurthy C. . Experience - Based Human Capital and Social Capital of Outside Directors [J] . Journal of Management, 2008, 8 (12): 2 -43.

[255] Krause R. , Semadeni M. , Cannella A. A. . CEO Duality a Review and

Research Agenda [J] . Journal of Management, 2014, 40 (1): 256 -286.

[256] Kravchuk R. S. , Schack R. W. . Designing Effective Performance - Measurement Systems under the Government Performance and Results Act of 1993 [J] . Public Administration Review, 1996, 56 (4): 348 -358.

[257] Kwoka J. E. . The Comparative Advantage of Public Ownership: Evidence from US Electric Utilities [J] . Canadian Journal of Economics/Revue canadienne d' éConomique, 2005, 38 (2): 622 -640.

[258] La Porta R. , Lopez - De - Silanes F. , Shleifer A. , et al. . Law and Finance [M] . Springer Berlin Heidelberg , 2001.

[259] La Porta R. , Lopez - De - Silanes F. , Shleifer A. , et al. . The Quality of Government [J] . Journal of Law, Economics and Organization, 1999, 15 (1): 222 -279.

[260] Leana C. R. , Van Buren H. J. . Organizational Social Capital and Employment Practices [J] . Academy of Management Review, 1999, 24 (3): 538 - 555.

[261] Lee S. H. , Barney J. B. . Bankruptcy Law and Entrepreneurship Development: A Real Options Perspective [J] . Academy of Management Review, 2007, 32 (1): 257 -272.

[262] Leuz C. , Oberholzer - Gee F. . Political Relationships, Global Financing and Corporate Transparency: Evidence from Indonesia [J] . Journal of Financial Economics, 2006, 81 (2): 411 -439.

[263] Li H. , Zhou L. A. . Political Turnover and Economic Performance: The Incentive Role of Personnel Control in China [J] . Journal of Public Economics, 2006, 89 (9 -10): 1743 -1762.

[264] Li J. , Harrison J. R. . National Culture and the Composition and Leadership Structure of Boards of Directors [J] . Corporate Governance: An International Review, 2008, 16 (5): 375 -385.

[265] Li Y. , Peng M. W. . Developing Theory from Strategic Management Research in China [J] . Asia Pacific Journal of Management, 2008, 25 (3): 563 - 572.

[266] Line Courtemanche, Louise Cote, Eduardo Schiehll. Board Contribution to Strategic Turnaround: A Longitudinal Case Study [J] . Canada: CCAAA Annual Conference, 2009.

[267] Liu W. M. , Yang X. . Effects of Political Monopoly on Economic Develop-

ment [J] . Pacific Economic Review, 2007, 12 (1): 69 –78.

[268] Lucas R. E.. Expectations and the Neutrality of Money [J] . Journal of Economic Theory, 1972, 4 (2): 103 –124.

[269] Maheshwari S. K., Ahlstrom D.. Turning Around a State Owned Enterprise: The Case of Scooters India Limited [J] . Asia Pacific Journal of Management, 2004, 21 (1 –2): 75 –101.

[270] Mauro P.. Corruption and Growth [J] . Quarterly Journal of Economics, 1997, 2 (3): 681 –712.

[271] Mcnulty T., Pettigrew A.. Strategists on the Board [J] . Organization Studies, 1999, 20 (1): 47 –74.

[272] Mitchell M. L., Mulherin J. H.. The Impact of Industry Shocks on Takeover and Restructuring Activity [J] . Journal of Financial Economics, 1996, 41 (2): 193 –229.

[273] Mueller D. C.. Individualism, Contractarianism and Morality [J] . Social Justice Research, 1989, 3 (1): 1 –19.

[274] Myers S. C., Majluf N. S.. Corporate Financing and Investment Decisions When Firms Have Information that Investors Do Not Have [J] . Journal of Financial Economics, 1983, 13 (2): 187 –221.

[275] Myers S. C.. Determinants of Corporate Borrowing [J] . Journal of Financial Economics, 1977, 5 (77): 147 –175.

[276] Nahapier J., Ghoshal S.. Social Capital, Intellectual Capital and the Organizational Advantage [J] . Academy of Management Review, 1998, 23 (2): 242 –266.

[277] Nguyen T., Nguyen H. G., Yin X.. Corporate Governance and Corporate Financing and Investment during the 2007 –2008 Financial Crisis [J] . Financial Management, 2015, 44 (1): 115 –146.

[278] North D. C.. Institutions, Institutional Change and Economic Performance [M] . Cambridge University Press, 1990.

[279] Peng M. W., Heath P. S.. The Growth of the Firm in Planned Economies in Transition: Institutions, Organizations and Strategic Choice [J] . Academy of Management Review, 1996, 21 (2): 492 –528.

[280] Peng M. W., Luo Y.. Managerial Ties and Firm Performance in a Transition Economy: The Nature of a Micro – Macro Link [J] . Academy of Management Journal, 2000, 43 (3): 486 –501.

[281] Peng M. W., Quan J. M.. A Micro – Macro Link During Institutional Transitions [J]. Research in the Sociology of Work, 2009 (19): 203 – 224.

[282] Peng M. W.. Institutional Transitions and Strategic Choices [J]. Academy of Management Review, 2003, 28 (2): 275 – 296.

[283] Peng Mike W., Sun Sunny Li, Markóczy Lívia. Human Capital and CEO Compensation during Institutional Transitions [J]. Journal of Management Studies, 2015, 52 (1): 117 – 147.

[284] Pfeffer J., Salancik G. R.. The External Control of Organizations: A Resource Dependence Perspective [M]. Harper and Row Press, 1978.

[285] Pfeffer J.. Organization Theory and Structural Perspectives on Management [J]. Journal of Management, 1991, 17 (4): 789 – 803.

[286] Platt H., Platt M.. Corporate Board Attributes and Bankruptcy [J]. Journal of Business Research, 2012, 65 (8): 1139 – 1143.

[287] Polk C., Sapienza R.. The Stock Market and Corporate Investment: A Test of Catering Theory [J]. Review of Financial Studies, 2009, 22 (1): 187 – 217.

[288] Prendergast C., Stole L.. Impetuous Youngsters and Jaded Old – Timers: Acquiring a Reputation for Learning [J]. Journal of Political Economy, 1996, 104 (6): 1105 – 1134.

[289] Pugliese A., Bezemer P. J., Zattoni A., et al.. Boards of Directors' Contribution to Strategy: Aliterature Review and Research Agenda [J]. Corporate Governance: An International Review, 2009, 17 (3): 292 – 306.

[290] Qian Y., Weingast B. R.. China's Transition to Markets: Market – Preserving Federalism, Chinese Style [J]. The Journal of Policy Reform, 1996, 1 (2): 149 – 185.

[291] Qian Y., Weingast B. R.. Federalism as A Commitment to Perserving Market Incentives [J]. The Journal of Economic Perspectives, 1997 (4): 83 – 92.

[292] Rajan R. G., Zingales L.. What Do We Know about Capital Structure? Some Evidence from International Data [J]. Journal of Finance, 1995, 50 (5): 1421 – 1460.

[293] Reeb D. M., Zhao W.. Director Capital and Corporate Disclosure Quality [J]. Journal of Accounting and Public Policy, 2013, 32 (4): 191 – 212.

[294] Richardson S.. Over – investment of free cash flow [J]. Review of Accounting Studies, 2006, 11 (2 – 3): 159 – 189.

[295] Rindova V. P., Fombrun C. J.. Constructing Competitive Advantage: The Role of Firm – Constituent Interactions [J]. Strategic Management Journal, 1999, 20 (8): 691 – 710.

[296] Sarkar J., Sarkar S.. Multiple Board Appointments and Firm Performance in Emerging Economies: Evidence From India [J]. Pacific – Basin Finance Journal, 2009, 17 (2): 271 – 293.

[297] Shen C., Jin J., Zou H.. Fiscal Decentralization in China: History, Impact, Challenges and Next Steps [J]. Annals of Economics and Finance, 2012, 13 (1): 1 – 51.

[298] Shleifer A., Vishny R. W.. Politicians and Firms [J]. Quarterly Journal of Economics, 1994, 109 (4): 995 – 1025.

[299] Shleifer A., Vishny R. W.. The Grabbing Hand: Government Pathologies and Their Cures [M]. Harvard University Press, 2002.

[300] Shleifer A., Vishny R. W. Politicians and Firms [J]. Quarterly Journal of Economics, 1994, 109 (4): 995 – 1025.

[301] Shleifer A., Vishny R. W.. Management Entrenchment: The Case of Manager – Specific Investments [J]. Journal of Financial Economics, 1989, 25 (89): 123 – 139.

[302] Strike Vanessa M., Berrone Pascual, Sapp Stephen G., et al.. Socioemotional Wealth Approach to CEO Career Horizons in Family Firms [J]. Journal of Management Studies, 2015, 52 (4): 555 – 583.

[303] Stuart T. E., Yim S.. Board Interlocks and the Propensity To Be Targeted in Private Equity Transactions [J]. Journal of Financial Economics, 2010, 97 (1): 174 – 189.

[304] Stulz, R.. The Limits of Financial Globalization [J]. Journal of Finance, 2005, 60 (4): 1595 – 1938.

[305] Su Y. S., Tsang E. W. K., Peng M. W.. How do Internal Capabilities and External Partnerships Affect Innovativeness? [J]. Asia Pacific Journal of Management, 2009, 26 (2): 309 – 331.

[306] Sundaramurthy C., Lewis M.. Control and Collaboration: Paradoxes of Governance [J]. Journal of the Academy of Management, 2003, 28 (3): 397 – 415.

[307] Tang J., Crossan M., Rowe W. G.. Dominant CEO, Deviant Strategy and Extreme Performance: The Moderating Role of a Powerful Board [J]. Journal of

Management Studies, 2011, 48 (7): 1479 - 1503.

[308] Dalziel T., Gentry R. J., Bowerman M.. An Integrated Agency - Resource Dependence View of the Influence of Directors' Human and Relational Capital on Firms' R&D Spending [J]. Journal of Management Sduties, 2011, 48 (6): 1217 - 1242.

[309] Tuschke A., Sanders W. G.. Antecedents and Consequences of Corporate Governance Reform: The Case of Germany [J]. Strategic Management Journal, 2015, 24 (7): 631 - 649.

[310] U. Malmendier, G. Tate. CEO Overconfidence and Corporate Investment [J]. Journal of Finance, 2005, 60 (6): 2661 - 2700.

[311] Watts R. L., Zimmerman J. L.. Agency Problems, Auditing and the Theory of the Firm: Some Evidence [J]. Journal of Law & Economics, 1983, 26 (3): 613 - 633.

[312] Westphal J. D., Graebner M. E.. A Matter of Appearances: How Corporate Leaders Manage the Impressions of Financial Analysts about the Conduct of Their Boards [J]. Academy of Management Journal, 2010, 53 (1): 15 - 44.

[313] Westphal J. D.. Collaboration in The Boardroom: Behavioral and Performance Consequences of CEO - Board Social Ties [J]. Academy of Management Journal, 1999, 42 (1): 7 - 24.

[314] Wiersema M. F., Bantel K. A.. Top Management Team Demography and Corporate Strategic Change [J]. Academy of Management journal, 1992, 35 (1): 91 - 121.

[315] Wiwattanakantang Y., Kali R., Charumilind C.. Connected Lending: Thailand before the Financial Crisis [J]. The Journal of Business, 2006, 79 (1): 181 - 218.

[316] Yoshikawa T., Rasheed A. A.. Convergence of Corporate Governance: Critical Review and Future Directions [J]. Corporate Governance: An International Review, 2009, 17 (3): 388 - 404.

[317] Yoshikawa T., Zhu H., Wang P.. National Governance System, Corporate Ownership and Roles of Outside Directors: A Corporate Governance Bundle Perspective [J]. Corporate Governance: An International Review, 2014, 22 (3): 252 - 265.

[318] Young Un Kim, Salih Zeki Oxdemir. Structuring Corporate Boards for Wealth Protection and/or Wealth Creation: The Effects of National Institutional Charac-

teristics [J]. Corporate Governance: An International Review, 2014, 22 (3): 266-289.

[319] Zahra S. A., Pearce J. A.. Boards of Directors and Corporate Financial Performance: A Review and Integrative Model [J]. Journal of Management, 1989, 15 (2): 291-334.

后　记

多年以后，当我再读这篇文章时，会是怎样的一种感受？

2012 年，初秋，微热。阳光正穿过树叶留下斑驳的投影，我来到了南开大学。说来这也是我中学时候曾经向往的学校。然而，彼时的心里并没有多少激动，更多的是一种焦虑不安。薄弱的基础，背负的期望以及面对未来的犹豫，是如此让人惆怅。只记得彼时写下的文字是这样的：

谁上西楼又道凉，漫天黄叶漫天黄，怎敢极目望残阳？

小楼昨夜风又至，涩涩残茶无余香，只道寻常不寻常。

不管怎么样，总是来了，那就既来之，则安之吧。

入得师门，导师周建教授教诲谆谆。至今依然记得和老师的第一次谈话："入门在师，修身在己，导师更多的是起到一个引导和引路的作用，关键还在于你自身。"老师是一个很有学问的人，老师也是一个要求很严格的人，严格得让我这个学生感到一丝不喜。到今日，我却开始感激老师的这种严格要求。正是这种严格，让我从一个对学术研究懵懵懂懂的人，变成了一个最起码知道好的学术研究是什么样的人；正是这种严格，让我从一个大错不犯小错不断的人，变成了一个做事严谨规范而有条理的人；也正是这种严格，让我从一个并不成熟的人，变成了一个能够经常审视自我的人。今天围绕在我们身边的人，总是告诉我们哪里做得好，很少告诉我们哪里做得不好，真正的诤友毕竟是少的。能够有一个经常指出自己不足的老师，是何其幸运？真心地说一声：谢谢老师的教诲！

读博的过程很难被描述成一个令人愉悦的过程，总会有一些苦闷和烦恼。选题未出的焦虑、数据整理的烦琐、论文的反复修改和退稿以及整夜整夜的失眠。还好，在这苦闷与烦恼的过程中，总有一些人给予我关心和帮助，使我最终走出了困境。师母陈晓燕在生活方面给了我很多的关心和帮助；同门金媛媛、尹翠芳、杨帅、余耀东、郭卫锋、张双鹏、刘常建、吕星嬴、罗肖依、雷佳楠在研究方法和研究思路上给了我很多帮助。即使他们当中有的已经毕业，也经常打电话关心我的论文写作进展，并分享他们在学术研究方面的经验和教训。没有他们的关心和帮助，我这四年的博士生涯将会是怎样的一种状态，难以想象。请接受我诚挚的感谢：谢谢你们！

感谢我的博士同学梁馨月、严子淳，在我面临数据收集困难的时候给予的鼎力帮助。感谢李娅、庞仙君、熊凌云、吴超等同学在学习期间的关心。正是有了他们的关心和帮助，让我终于能够完成学业。谢谢你们！

感谢曾经教导过我的薛有志教授、程新生教授、牛建波副教授在课程学习上的知识和经验的传授；感谢李建标教授、程新生教授、黄福广教授、武立东教授、吴德胜副教授在我的论文开题和写作过程中，为我提出了宝贵的修改意见；感谢学院的其他老师和工作人员为我四年学习生活提供的帮助。谢谢你们！

最后，感谢我的父母和爱人，感谢他们对我读博期间很少回家的体谅和支持，感谢他们在我读博期间给予的物质和精神上的支持和帮助。谢谢你们！

“渤海之滨，白河之津，巍巍我南开精神……”这样的歌声曾经陪伴着我在南开园的每一个清晨。以后很难再听到了，我想我会很怀念它的。

博士毕业后，我回到了母校贵州大学，尽管它不是什么名牌大学，但我始终是爱贵州大学的，因为在这里有曾经教授我的老师，有曾经的师姐弟。我和我的爱人也是在这里相识、相知、相爱的。我读博期间就写过一首词来表达这种思念：

千山秀水思无涯，盼相逢，意匆匆，佳人何在？桃花笑春风，为问灯火阑珊处，人不见，蓦然同。

津河三月水溶溶，绕南开，去黔中，回首筑城，云岩与南明，寄我相思般般情，流不到，花溪东。

不知不觉已回到贵州大学两年了，与领导、同事和学生相处起来关系融洽。所以，尽管有些忙碌，倒也不亦乐乎。我想我是爱这份工作的，所以才有心情将读博和工作期间的旧文进行整理，出版成册。一方面，方便与学界友人的学术交流；另一方面，也是对自己这几年科研工作的总结。同时，本书也是教育部人文社科重点研究基地重大项目“政府治理对我国企业董事会资本配置与战略决策机制的影响研究”（项目号：15JJD630002）的阶段性研究成果。

多年以后，当我再读到这篇文章时，我想会是这样的一种感受：

多年以后
当我想起今天的时候
只记得
处处春风，柳绿花红
不经时光雕琢的美好
终成彼端记忆的永恒

人生若能定格
我想停在相识的那一刻
一个转身，已越千年
那时，你我人生正当红

当我写下这最后一行文字的时候，阳光明媚，天色正好。

祝福祖国！祝福南开！祝福贵大！

许为宾

二〇一八年八月十八日于贵州大学